高等职业教育城市轨道交通专业规划教材

城市轨道交通通信信号设备运用

Chengshi Guidao Jiaotong Tongxin Xinhao Shebei Yunyong

谢正媛　孙承旭　主　编
李伶伶　陈锦生　王　博　副主编
王　皓[中铁第四勘察设计院集团有限公司]　主　审

人民交通出版社股份有限公司
China Communications Press Co.,Ltd.

内容提要

本书为高等职业教育城市轨道交通专业规划教材,根据《城市轨道交通通信信号设备运用》课程标准编写。主要内容包括:城市轨道交通通信信号系统概述、城市轨道交通信号系统基础设备、联锁设备、闭塞、列车运行自动控制系统和通信系统。

本书为城市轨道交通专业核心教材,可供高职、中职院校教学选用,也可作为城市轨道交通行业岗位培训或自学用书,同时可供城市轨道交通行业从业人员参考。

* 本书配有多媒体课件,读者可通过加入职教轨道教学研讨群(QQ 群 129327355)索取。

图书在版编目(CIP)数据

城市轨道交通通信信号设备运用/谢正媛,孙承旭主编. —北京:人民交通出版社股份有限公司,2017.1
高等职业教育城市轨道交通专业规划教材
ISBN 978-7-114-13593-4

Ⅰ.①城… Ⅱ.①谢… ②孙… Ⅲ.①城市铁路—交通信号—信号设备—高等职业教育—教材 Ⅳ.①U239.5

中国版本图书馆 CIP 数据核字(2016)第 313682 号

高等职业教育城市轨道交通专业规划教材

书　　名:	城市轨道交通通信信号设备运用
著 作 者:	谢正媛　孙承旭
责任编辑:	袁　方
出版发行:	人民交通出版社股份有限公司
地　　址:	(100011)北京市朝阳区安定门外外馆斜街 3 号
网　　址:	http://www.ccpress.com.cn
销售电话:	(010)59757973
总 经 销:	人民交通出版社股份有限公司发行部
经　　销:	各地新华书店
印　　刷:	北京鑫正大印刷有限公司
开　　本:	787×1092　1/16
印　　张:	15.25
插　　页:	1
字　　数:	372 千
版　　次:	2017 年 1 月　第 1 版
印　　次:	2020 年 1 月　第 5 次印刷
书　　号:	ISBN 978-7-114-13593-4
定　　价:	42.00 元

(有印刷、装订质量问题的图书由本公司负责调换)

PREFACE 前言

城市轨道交通具有运能大、速度快、能耗低、污染少、安全、准点等特点,已成为缓解城市交通压力的最主要工具。近几年,轨道交通建设已进入快速发展时期。目前国内正在建设或者规划轨道交通的城市数量已经达到了39个,2020年将有超过50个城市兴建轨道交通设施。"十三五"期间国内城市轨道交通投资总规模将接近2.2万亿人民币。

城市轨道交通运营人才缺口很大,而城市轨道交通通信信号系统又是实现轨道运营的重要工具及途径,为适应城市轨道交通通信信号技术日新月异的变革以及对城市轨道交通技术性运营人才的需求,本书系统地阐述城市轨道交通通信信号系统主要运营技术,具有紧迫好的现实性、并有很强的可实施性。其研究成果紧密连接一线现场实际运营,可作为教学实践基础资料,指导理论教学及实践课程,提高城市轨道交通运营管理专业毕业生的综合技术素质,使教学与实际运营更加贴近。

本书基于地铁运营基础技术理论及概念研究,重点突出实际工程及运营现实环节,以城市轨道交通信号系统及行车作业运营为核心,以实际运营成果及在建工程案例为依托,形成系统、创新、专业、贴近一线运营生产的教材成果。

本书共分为六个项目:项目一概述,介绍信号系统组成和信号系统设备分布;项目二信号基础设备部分,介绍了继电器、轨道电路、信号机、计轴器、转辙机、应答器等基础信号设备;项目三联锁设备,介绍了正线车站和车辆段的联锁设备功能、原理、操作使用;项目四闭塞,介绍了城市轨道交通常用闭塞法的种类,工作原理及设备;项目五列车运行自动控制系统,介绍了ATC系统各子系统功能,重点阐述了CBTC系统的工作原理,及后备运营功能;项目六通信系统,介绍了城市轨道交通通信系统的组成、工作原理及应用。

本书由武汉铁路职业技术学院谢正媛负责全书的统稿工作,中铁第四勘察设计院集团有限公司通号处高级工程师王皓对全书进行了审阅。编写分工如下:项目一由北京铁路电气化学校李伶伶编写;项目二由吉林铁道职业技术学院孙承旭编写;项目三由武汉铁路职业技术学院谢正媛、北京铁路电气化学校李伶伶编写;项目四由武汉铁路职业技术学院张美晴编写;项目五由武汉铁路职业技术学院王博编写;项目六由湖南高速铁路职业技术学院陈锦生、旷利平编写。

本书参考引用了有关从事城市轨道交通运营管理研究专家、学者的著作和成果,在此表示衷心的感谢!

鉴于水平、经验有限,书中存在疏漏和不当之处,恳请读者予以指正,以便修订和完善。

编 者
2016 年 10 月

CONTENTS 目录

项目一 城市轨道交通通信信号系统概述 ·········· 1
    任务一　城市轨道交通信号系统认知 ·········· 1
    任务二　城市轨道交通通信系统认知 ·········· 11
    思考与实训 ·········· 15

项目二 城市轨道交通信号系统基础设备 ·········· 16
    任务一　继电器 ·········· 16
    任务二　信号机 ·········· 22
    任务三　轨道电路 ·········· 33
    任务四　转辙机 ·········· 37
    任务五　计轴器 ·········· 42
    任务六　应答器 ·········· 48
    思考与实训 ·········· 52

项目三 联锁设备 ·········· 59
    任务一　联锁的概念、内容及设备分类 ·········· 59
    任务二　车辆段联锁设备 ·········· 63
    任务三　正线联锁设备 ·········· 81
    思考与实训 ·········· 124

项目四 闭塞 ·········· 129
    任务一　闭塞的基本概念 ·········· 129
    任务二　自动站间闭塞 ·········· 132
    任务三　准移动闭塞 ·········· 134
    任务四　移动闭塞 ·········· 135
    思考与实训 ·········· 143

项目五 列车自动控制系统 ·········· 145
    任务一　ATC 系统的组成和功能 ·········· 145
    任务二　ATC 系统的分类 ·········· 158
    任务三　基于通信的列车运行控制（CBTC）系统 ·········· 162
    任务四　信号系统的后备运营 ·········· 173
    任务五　信号系统的控制模式 ·········· 176

  思考与实训 ·· 182
项目六　通信系统 ·· 184
  任务一　传输系统 ·· 184
  任务二　电话系统 ·· 193
  任务三　无线通信系统 ·· 204
  任务四　视频监视系统 ·· 211
  任务五　广播系统 ·· 216
  任务六　乘客信息系统 ·· 220
  任务七　时钟系统 ·· 224
  思考与实训 ·· 225
《城市轨道交通通信信号设备运用》课程标准 ·································· 230
参考文献 ·· 238

项目一　城市轨道交通通信信号系统概述

　教学目标

1. 对城市轨道交通信号系统和通信系统的作用有所了解。
2. 掌握两种系统的特点、系统组成。
3. 对城市轨道交通列车运行原理有基本认知。

　任务描述

城市轨道交通通信信号系统是保证列车安全、准时、有序运行的重要机电设备。本项目主要从系统特点、作用、组成等多个方面展开阐述,使学生对信号系统、通信系统的作用、组成及其发展有一个全面的了解,为后续工作任务的掌握奠定基础。

　学习任务

1. 了解城市轨道交通信号与通信系统的作用。
2. 认知城市轨道交通信号与通信系统的组成。
3. 明确城市轨道交通信号与通信系统的发展。

任务一　城市轨道交通信号系统认知

城市轨道交通信号系统保障着列车运行的安全,担负着指挥列车运行、提高运输效率、保证服务质量的重要任务,是城市轨道交通的重要机电设备。城市轨道交通安全、快捷、准时、速达的特性要求城市轨道交通信号系统具有智能化、数字化、现代化等特点。英国伦敦在1863年建成世界上第一条地下铁道以后,城市轨道交通经历了曲折的发展历程。多年来,随着科学技术的进步和城市化的快速发展,世界各国的城市轨道交通都得到了迅速发展,已成为现代化城市发展必不可少的交通工具。目前,北京、上海、广州、深圳、天津、南京、武汉等多个城市已建成档次和规模不同的轨道交通。我国的城市轨道交通出现了前所未有的建设高潮,前景十分广阔。城市轨道交通信号系统概述见二维码1。

一、城市轨道交通信号系统的特点

城市轨道交通的信号系统沿袭铁路的制式,但由于其自身的特点,与铁路的信号系统有一定的区别。城市轨道交通信号系统的特点是:

1. 具有完善的列车速度监控功能

城市轨道交通所承担的客运量巨大,对行车间隔的要求远高于铁路,最小行车间隔达

90s,甚至更小,因此对列车运行速度监控的要求极高。

2. 速度传输速率较低

城市轨道交通的列车运行速度远低于铁路干线的列车运行速度,最高运行速度通常为80km/h,所以信号系统可以采用速率较低的数据传输系统。但是,随着城市轨道交通信号自动化技术的不断发展,对信息需求越来越多,信号系统也逐步采用速率较高且独立的数据传输系统。

3. 联锁关系较简单但技术要求高

城市轨道交通的大多数车站没有配线,不设道岔,甚至也不设地面信号机,仅在少数有岔联锁站及车辆段才设置道岔和地面信号机,故联锁设备的监控对象远少于铁路车站的监控对象,联锁关系远没有铁路复杂。除折返站外,全部作业仅为旅客乘降,非常简单。通常一个控制中心即可实现全线的联锁功能。

城市轨道交通信号自动控制最大的特点,是把联锁关系和ATP编/发码功能结合在一起,且包含一些特殊的功能,如自动折返、自动进路、紧急关闭、扣车等,增加了技术难度。

4. 车辆段独立采用联锁设备

城市轨道交通的车辆段类似于铁路区段站的功能,包括列车编解、接发列车和频繁的调车作业,且线路较多、道岔较多、信号设备较多,一般独立采用一套联锁设备。

5. 自动化水平高

由于城市轨道交通的线路长度短、站间距离短,列车种类较少,行车规律性很高,因此它的信号系统中通常包括自动排列进路和运行自动调整的功能,自动化程度高,人工介入极少。

二、城市轨道交通信号系统组成(相关教学资源见二维码2)

二维码2

城市轨道交通信号系统是城市轨道交通最基础的控制系统,不仅影响着轨道交通的行车速度及列车运行间隔,而且影响列车通过能力及输送能力,同时信号系统也是安全行车的重要保证。根据城市轨道交通高密度、短间隔的特点,城市轨道交通信号系统已经发展成一个具有列车自动防护(ATP)、列车自动驾驶(ATO)和列车自动监控(ATS)等功能的综合自动化系统。

城市轨道交通信号系统通常由列车自动控制系统(ATC)和车辆段信号控制系统两大部分组成,用于实现列车进路控制、列车间隔控制、调度指挥、信息管理、设备工况检测及维护管理等。城市轨道交通信号系统的基本组成,如图1-1所示。

1. 列车自动控制系统(ATC)

城市轨道交通具有行车密度大、站间距离短的特点,这对其信号系统提出了很高的要求。目前修建的大部分城市轨道交通,往往都提出了2min(甚至90s)的列车间隔要求。为了安全可靠的指挥行车,城市轨道交通主要通过先进的计算机控制系统实现速度控制、追踪间隔调整和定位停车等。实现这一功能的系统就是列车自动控制系统(ATC)。

列车自动控制系统(ATC)包括列车自动防护(ATP)[以下简称ATP系统]、列车自动驾驶(ATO)[以下简称ATO系统]和列车自动监控(ATS)[以下简称ATS系统]三个子系统,简称"3A"。这三个子系统既相互独立又相互联系。

(1)ATP系统的主要功能是列车的速度监控和超速防护,通过实时的测速和测距,保证列车在安全的速度下行驶,必要时给出各种信号的提醒,甚至自动启动紧急制动;同时还能对列车进行安全性停车点防护和列车车门的控制,在列车不能停稳时不允许列车运动等。

(2) ATO 系统的主要功能是完成站间自动运行,进行列车速度调节和进站定点停车,对车门和屏蔽门的控制,接受控制中心(OCC)的运行调度命令,实现站台扣车、站台跳停等。ATO 系统帮助列车处于一个最佳的运行状态,提高列车的正点率和乘客的舒适度。

(3) ATS 系统是整个城市轨道交通系统的运营核心,在 ATP 系统、ATO 系统的支持下完成对列车状态的监督和控制。其主要功能有:运行图的管理、运行调整、仿真培训、旅客向导等。

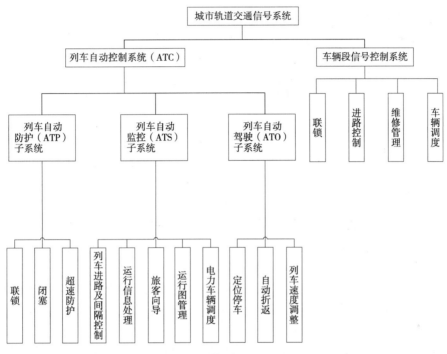

图 1-1　城市轨道交通信号系统的组成

2. 车辆段联锁设备

车辆段信号控制系统设一套联锁设备,用以实现车辆段的进路控制,并通过 ATS 系统车辆段分机与行车指挥中心交换信息。大部分的城市轨道交通系统的车辆段联锁设备在前期多采用 6502 电气集中联锁,近年来均采用计算机联锁。

先进的车辆段信号控制系统的特点是信号一体化,包括联锁系统、进路控制设备、接近通知、终端过走防护和车次号传输设备等。这些设备由局域网连接并经过光缆与调度中心相通。列车的整备、维修与运行相互衔接成一个整体,保证了城市轨道交通的高效率和低成本。

车辆段内试车线与正线设置相同的 ATP 系统轨旁设备和 ATO 系统地面设备,用于对车载列车自动控制系统(ATC)设备进行静、动态试验。

三、城市轨道交通信号系统的设备分布

城市轨道交通信号设备,按所在地域可划分为控制中心设备、车站及轨旁设备、车载设备、车辆段设备、停车场设备、试车线设备、维修和培训中心设备。

1. 控制中心设备

控制中心设备为 ATS 系统的中央设备,其设备组成及功能应满足全线运营组织的功能

需求。ATS 系统应有网络安全防范功能,并应与整个地铁系统的时钟同步,如图 1-2 所示。

控制中心设备是信号系统监控的核心部分。其设备主要包括:ATS 系统中心设备、培训设备、维护设备及电源设备。其主要设备的描述如下:

(1)应用服务器。应用服务器为 ATS 系统的数据处理中枢,它获得全线车站、停车场以及外部系统的数据后,将站场图显示、告警、列车状态等各种信息发往各车站 ATS 系统工作站和表示屏显示。应用服务器满足中心自动控制、调度员人工控制以及车站控制的要求;满足地铁行车指挥及运营管理的需要;系统处理能力及处理方式满足可靠性、实时性和可维护性的要求;系统能力具有可扩展性、可与其他自动化控制系统(如综合监控系统)接口。服务器为双机热备设计,备机实时从主机获得同步的各种数据,可以实现无扰切换。

图 1-2　控制中心

(2)通信服务器。提供 ATS 系统与其他 CBTC 系统和外部系统间的接口和协议转换。这些外部系统接口包括:无线通信系统、PIS(乘客信息系统)、综合监控、FAS(火灾自动报警系统)、BAS(环境设备监控系统)和广播系统等。其他 CBTC 系统接口包括:ATP、ATO、计算机联锁。

(3)数据库服务器和磁盘阵列。控制中心的两台数据库服务器为双机冗余,在数据库服务器上运行并行数据库例程,数据库例程接受数据库访问。数据库数据如计划数据、列车运行数据、列车编组信息等存放在磁盘阵列上,以便系统调用和查看。

(4)大屏接口计算机。它用于实现信号系统与大屏幕显示系统的接口,实现在大屏幕上显示全线线路配线情况、列车位置和车次号、列车进路、轨道区段、道岔和信号机的状态,信号系统设备的工作状态等信息。

(5)调度员及调度长工作站。控制中心设多台调度员工作站和 1 台调度长工作站,通过操作口令所有调度员(长)工作站可分台工作也可并台工作。各个调度工作站在硬件和软件上具有相同的结构,根据登录用户角色和控制区域的不同来完成不同的功能,如果一台调度员工作站故障,另一台调度员工作站可以接管其控制区域。

(6)运行图工作站。时刻表编辑工作站用于运行计划人员编制及修改列车运行图和时刻表。系统通过人机对话可以实现对运行图、时刻表的编辑、修改及管理。

运行图显示工作站主要用于显示计划运行图和实迹运行图,提供与运行图相关的操作,如运行图修改、打印等。

(7)培训/模拟工作站。培训/模拟工作站含有模拟服务器和培训工作站,内配有各种系统编辑、装配、连接和系统构成工具以及列车运行仿真的软件,并可与调度员工作站具有相同的显示内容和相同的控制内容,但不参与在线列车的控制。该工作站还能模拟仿真列车在线运行及各种异常情况,实习操作员可通过此台模拟实际操作。

(8)培训服务器。它存储培训所需的相关数据,包括车站、停车场以及外部系统的相关数据,将站场图显示、列车状态等各种信息发往培训工作站用于培训。

(9)维护工作站。它主要用于 ATS 系统维护、ATC 系统故障报警处理和车站、车辆段、停车场信号设备的监测;用于显示全线站场图、系统设备状态、故障报警、重要事件等,并进行数据存储管理、ATS 系统管理和网络管理等。

(10)通信前置机。它作为控制中心 ATS 系统的通信枢纽,负责为控制中心的外部系统(无线、广播、PIS、时钟、综合监控等)提供接入 ATS 的接口。

(11)打印机。控制中心配备激光网络打印机,用于输出运行图及各种报表。

(12)电源设备。在控制中心配备一套智能电源屏及 UPS 设备,将全线电源系统工作状态及故障报警信息纳入维修监测系统统一管理。

控制中心设备构成示意图,如图 1-3 所示。

2. 车站及轨旁设备

车站分为集中联锁站和非集中联锁站。集中联锁站一般为有道岔车站,但也可能是无道岔车站。非集中联锁站一般为无道岔车站,但有道岔车站根据需要也可以由邻近车站控制,而成为非集中联锁站。

以 CBTC 系统为例,正线车站及轨旁设备主要包括:ATS 车站设备、ATP/ATO 设备、联锁设备、数据通信设备、维护监测设备、计轴设备及电源设备等。其主要设备描述如下:

(1)ATS 车站设备

①ATS 分机。在集中联锁站设置车站 ATS 分机,用于采集车站的各种表示信息、传送中心的控制命令及存储由中心下载的时刻表或根据列车识别号和目的地号进行控制,并实现车站进路自动控制的功能。

ATS 分机与控制中心、车站联锁系统之间进行数据传输,能根据运行图或目的地自动触发列车进路;当列车到达站台后,ATS 分机将正确驱动发车计时器的显示。

ATS 分机采用双机热备结构,备机实时从主机获得同步的各种数据,可实现无扰切换。

②现地控制工作站。在设备集中站和联锁站设置现地控制工作站(ATS 与联锁合用)。现地控制工作站用于显示系统设备状态、站场图、车次号,用来显示和操作联锁单元,控制操作列车自动进路排列,列车监视和追踪,进行相关控制操作。它还能进行职责交接和授权等操作,界面与控制中心基本一致。

现地控制工作站还具有运行图显示功能,主要用于显示计划运行图和实迹运行图,提供与运行图相关的查询操作。

③ATS 监视工作站。在非联锁站设置 ATS 监视工作站。它用于监视相应区域的列车运行信息,可显示系统管辖区域内的设备状态、站场图,显示车次号等。

(2)ATP/ATO 设备

ATP 系统是地铁列车控制系统中保障列车运行安全的关键设备。轨旁 ATP/ATO 计算机是 ATP 系统的轨旁控制设备,用于实时处理以下重要的安全相关功能:

①列车移动授权的计算。

②与联锁接口,实现轨旁设备状态和列车位置相关数据的交互。

③与 ATS 接口,实现列车运行信息(列车状态、准备模式、调整、扣车和折返等)的交互。

④通过无线系统,实现与列车车载设备的通信。

(3)计算机联锁设备

在设备集中站、联锁站各设置一套计算机区域联锁设备和现地操作工作站(正线车站的 ATS 和联锁操作员工作站合二为一),用以实现管辖车站的进路控制功能,控制室外设备如道岔、轨道空闲检测、信号机等。

车站计算机联锁设备能接受车站值班员和 ATS 子系统的控制,并与 ATP/ATO 车站计算机接口。

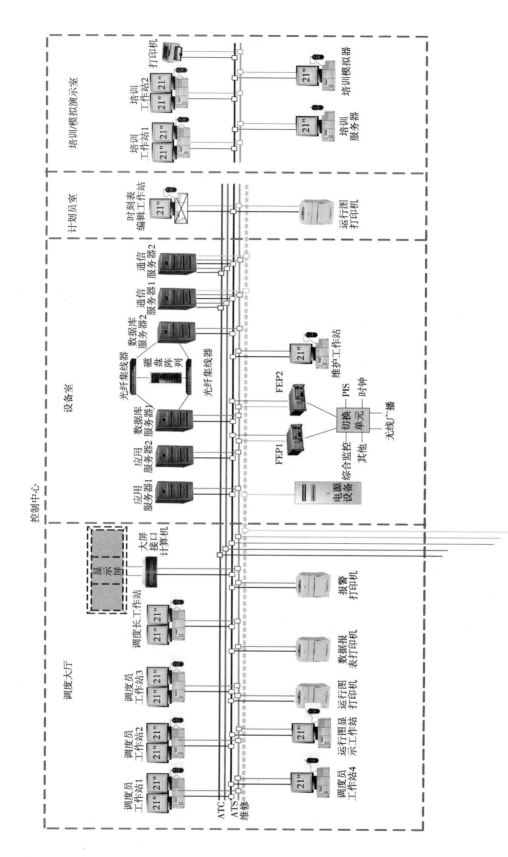

图 1-3 控制中心设备构成示意图

(4)数据通信设备

数据通信子系统主要由骨干网、无线网络组成,均按照冗余网络配置。骨干网络由交换机或专用传输设备构建;无线网络由无线接入交换机、轨旁 AP 与车载 AP 组成,均为冗余配置,轨旁 AP 接入无线接入交换机。轨旁无线通信设备,主要包括无线控制器和 AP 设备。

①无线控制器。设置冗余的无线控制器用于对全线无线 AP 设备进行管理和认证以及监控。并提供本地维护、远程维护、集中维护等多种维护手段,以及完备的告警、测试、诊断、跟踪、日志等功能,方便用户的日常维护管理。

②无线 AP 设备。它用于实现轨旁的无线覆盖。无线 AP 的设置原则是:列车在轨道上的任何一点都能至少检测到冗余网络 AP 发送的信号。根据经验沿线大约每隔 200m 左右安装一个无线 AP。

同时,为全线配置骨干网网络管理平台、无线网络管理平台,确保对数据通信子系统各层设备进行网络管理。

(5)信号集中监测子系统设备

信号集中监测子系统,作为信号系统的设备状态监测和维护辅助工具,主要用于维护信息的采集,帮助维修调度人员对故障设备进行定位,管理维修作业。调度员可借助信号集中监测子系统制订计划与安排维修工作,达到比传统人工方式更加有效的效果。

集中监测子系统的车站设备为维护工作站。维护工作站设置在设备集中站的设备室。ATS 维护工作站与集中监测子系统的维护工作站共用同一设备。

(6)计轴设备

在设备集中站集中设置计轴室内设备,在室外轨旁设置辅助的列车位置检测设备,实现 ATP/ATO 无法正常工作时后备的列车位置检测功能。

(7)站台紧急停车按钮

在车站的上、下行站台的适当位置和车站综合控制室内,分别设置站台紧急停车按钮。在紧急情况下,乘客按压该侧站台处或车站值班员按压综控室的紧急停车按钮,使进入或驶出该站台的列车紧急停车。并可通过综控室 IBP(综合后备盘)上的紧急停车取消按钮进行取消。如图 1-4 和图 1-5 所示。

图 1-4 紧急停车按钮

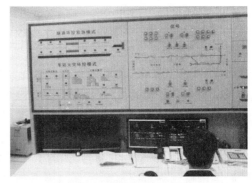

图 1-5 综合后备盘(IBP)

(8)现地控制盘

在正线各车站综合控制室内设置现地控制盘。该盘可与综合监控系统设置的控制盘(IBP)合并,由综合监控系统统一设置。通过操作盘上按钮,可实现 ATS 扣车与扣车解除等功能;还可以通过设置紧急关闭按钮等,实现相应的辅助功能。如图 1-5 所示。

(9) 正线地面信号机

正线地面信号机应根据各信号系统的制式和特点来设置,原则上正线地面信号机的设置如下:在道岔区段设置道岔防护信号机;在每个车站出站方向设置出站信号机,若出站外方设有道岔,则出站信号机兼做道岔防护信号机;长区间降级模式下为满足必要的追踪间隔设置区间分隔信号机,折返阻挡信号机,出场(入正线)信号机;线路尽头、折返进路终端设置阻挡信号机。

(10) 发车计时器

每个车站正向出站方向的站台侧列车停车位置前方适当地点各设一个发车计时器,用于显示发车时机。发车计时器采用发光二极管 LED 作为光源全屏显示。ATS 系统可以采集发车计时器的状态信息,并可根据需要在中心和车站的模拟表示屏及各工作站上显示。如图 1-6 所示。

图 1-6　发车计时器

(11) 电动转辙机

转辙机用于转换道岔,使车站的列车进路得以建立。

转辙机分为直流电动转辙机、交流电动转辙机和交流电液转辙机等几种类型。直流转辙机由于采用直流驱动以及受本身结构和加工工艺水平的影响,该系列转辙机经国家铁路多年使用表明,存在着日常维修工作量较大、大修周期短等缺陷。交流电动转辙机由于采用交流三相电机作动力,具有动作可靠,电机故障率低,维修工作量小的特点,现国内已有成熟、可靠且适合地铁安装和运营的交流转辙机产品。电液转辙机在轨道交通应用较少。

(12) 电源设备

正线车站各设置一套 UPS 及智能电源屏设备。UPS 的供电范围为所有信号室内外信号设备,UPS 电池的后备持续时间为 30min。电源监测信息纳入维修监测系统统一管理。

车站设备构成示意图,如图 1-7 所示。

3. 车载设备

在每列列车的头、尾车各设一套车载设备,包括 ATP/ATO 计算机、操作和显示单元、车载无线设备(包括交换机及天线)、测速装置和应答器天线等。车载设备用来接收轨旁设备传送的 ATP/ATO 信息,计算列车运行曲线,测量列车运行速度和走行距离,实现列车运行超速防护以及列车自动运行,来保证行车安全和为列车提供最佳运行方式。另外,为保证列车折返功能和驾驶模式建立的连续性,需要敷设一定数量的列车线,以满足车载 ATP 相关信息的传输。

车载 ATP/ATO 系统的结构,如图 1-8 所示。

4. 车辆段设备

车辆段/停车场信号设备,包括计算机联锁及微机监测设备、ATS 设备、DCS(数据通信)设备、轨道占用检测设备、信号机、转辙机、电源设备等。

(1) 计算机联锁及微机监测设备

车辆段/停车场设置一套计算机联锁设备(含联锁现地控制工作站),用于实现段内的进路控制,通过 ATS 分机与控制中心系统交换信息。

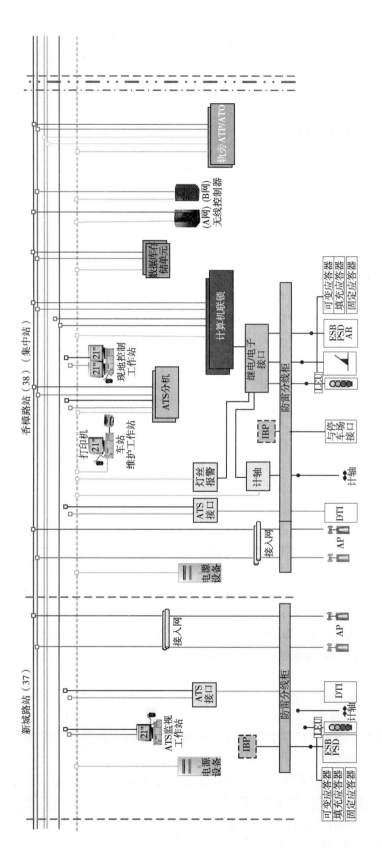

图 1-7 车站设备构成示意图

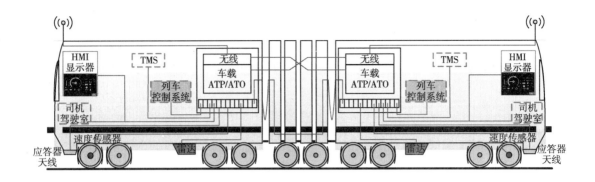

图 1-8 车载设备的结构

车辆段/停车场设置一套计算机监测系统设备,采用信号微机监测设备,用于实现对停车场室内、外信号基础设备状态的监督与检测。

(2) ATS 设备

车辆段/停车场纳入 ATS 的监视,在段/场内设一台 ATS 分机,用于采集段/场内列车运行占用信息、信号机的状态信息等,实现段/场内列车车组号的跟踪功能。控制中心表示屏及调度员工作站均可以显示车辆段/停车场进路办理、轨道占用等详细显示信息。

车辆段/停车场派班室内和信号楼控制台室内分别设 ATS 工作站,与车辆段/停车场 ATS 分机相连。其主要实现功能如下:

①每日由车辆段/停车场派班室值班员根据当日的列车时刻表,将当天的列车编组情况、车辆识别号由终端设备输入,产生列车运用表传至控制中心和信号楼;车辆维修周期等情况也可由此终端机输入,送至控制中心,生成车辆维修统计报告。

②信号楼接到派班室列车运用表之后,在每列列车进入运营线之前的一定时间内(暂定15min),提醒值班员提前办理列车出段/场进路。

③显示停车库线内列车的车组号。

(3) 数据通信设备

车辆段/停车场有线骨干传输纳入正线网络,相应设置与正线一致的通信设备,并与正线设置的节点连接在一起,形成全线的自愈环网络结构,实现全线骨干节点之间的数据传输。

(4) 信号机

车辆段入口处设进段信号机,出口处设出段信号机,存车库线中间进段方向设列车阻挡信号机,段内其他地点根据需要设调车信号机。

(5) 电动转辙机

车辆段/停车场内每组道岔用转辙机来扳动道岔。

(6) 列车占用检测设备

采用计轴设备或者轨道电路,用于检查列车的占用和空闲情况。

(7) 日检设备

在车辆段/停车场的停车列检库内设置车载信号设备的日检设备,对每天投入运行列车的车载 ATP/ATO 设备进行全功能静态测试,并将测试检查的数据及结果传至维修中心及控制中心。为此在停车列检库内设置无线通信室内外设备。同时,为使列车在到达转换轨之前提前建立车地通信,在库外亦设置无线通信室外设备。

(8)电源设备

车辆段/停车场信号楼及停车列检库内各配备一套智能电源系统设备及 UPS 设备,UPS 的供电范围为所有信号室内外信号设备;UPS 电池的持续时间为 30min。派班室 ATS 工作站及车载维护部的供电由停车列检库电源设备提供。

车辆段/停车场设备的构成,如图 1-9 所示。

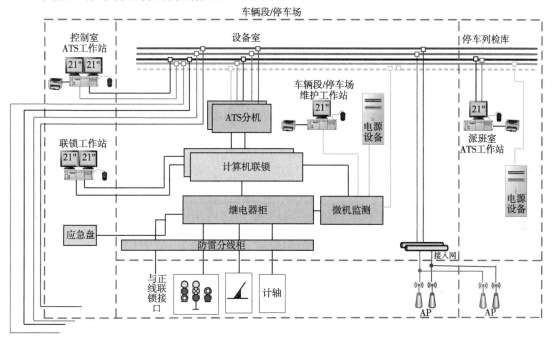

图 1-9　车辆段/停车场设备的构成

5. 试车线设备

在试车线设置与正线相同的 ATP/ATO、联锁等室内及室外设备,并适应双向试车的需要,用于对车载设备进行静、动态试验;试车线控制室内设置控制台。试车线联锁与车辆段信号楼联锁之间按照非进路调车设计,试车前后必须与车辆段联锁进行授权作业。

任务二　城市轨道交通通信系统认知

城市轨道交通通信系统与信号系统共同完成行车调度指挥,并为城市轨道交通的其他各子系统提供信息传输通道和时标(标准时间)信号。此外,通信系统是城市轨道交通内部公务联络的主要通道,使构成城市轨道交通内部的各个子系统能够紧密联系,以提高整个系统的运行效率。当然,通信系统也是城市轨道交通内、外联系的通道。

在发生灾害、事故或恐怖活动的情况下,城市轨道交通通信系统是进行应急处理、抢险救灾和反恐的主要手段。城市轨道交通越是在发生事故、灾害或恐怖活动时,越是需要通信联系,但若在常规通信系统之外再设置一套防灾救护通信系统,势必要增加投资,而且长期不使用的设备亦难以保持良好的运行状态。所以,在正常情况下,通信系统能为运营管理、指挥、监控等提供通信联络的手段,为乘客提供周密的服务;在突发灾害、事故或恐怖活动的情况下,能够集中通信资源,保证有足够的容量以满足应急处理、抢险救灾的特殊通信需求。

一、城市轨道交通对通信系统的要求

城市轨道交通对通信系统的要求是能迅速、准确、可靠地传递和交换各种信息。

(1)对于行车组织,通信系统应能保证将各站的客流情况、工作状况、线路上各列车运行状况等信息准确、迅速地传输到控制中心。同时,将控制中心发布的调度指挥命令与控制信号及时、可靠地传送至各个车站及行进中的列车上。

(2)对于城市轨道交通运行的组织管理,通信系统应能保证各部门之间、上下级之间保持畅通、有效、可靠的信息交流与联系。

(3)通信系统应能保证本系统与外部系统之间便捷、畅通的联系。

(4)通信系统主要设备和模块应具有自检功能,并采取适当的冗余配置,故障时能自动切换和报警,控制中心可监测和采集各车站设备运行和检测的结果。

二、城市轨道交通通信的分类

1. 按业务分类

(1)传输系统

传输系统是城市轨道交通通信系统的基础,是系统各站点与中心及站与站之间的信息传输,不同线路的信息交换的通道。

(2)公务电话通信

公务电话通信是城市轨道交通内部的电话网,相当于企业总机,供一般公务联络使用,以及提供与外界通信网的连接。

(3)有线广播通信

有线广播通信是城市轨道交通运行组织的辅助通信网。日常工作中,向乘客报告列车运行信息,扩放音乐;在紧急情况下,可进行应急指挥和引导乘客疏散。

(4)闭路电视

闭路电视是城市轨道交通的现场监控系统,用以监视车站各部位、客流情况及列车停靠、车门开闭和启动状况;在紧急情况下,用以实时监视事故现场。

(5)无线通信

无线通信提供对位置不固定的相关业务工作人员以及列车司机的通信联络,作为固定设置的有线通信网的强有力的补充。

(6)其他通信

时钟系统,使整个系统在统一的时间下运转;会议通信系统,提供高效的远程集中会议通信,如电话会议、可视电话会议等;数据通信系统,用以传送文件和数据。

2. 按传输媒介分类

城市轨道交通通信按传输媒介可分为有线通信和无线通信。

有线通信的传输媒介为光缆、电缆。有线通信包括:光纤传输、程控交换、广播、闭路电视等。

无线通信利用空间电磁波进行传输。无线通信包括:无线集群通信、无线局域网(WLAN)、移动电视和公众移动通信网等。

三、城市轨道交通通信网

城市轨道交通通信系统应是一个能够承载音频、视频、数据等各种信息的综合业务数字通信网。一般情况下一条城市轨道交通线路建立一个独立的通信网,一个城市建立多条线路的情况下,可通过数字交叉连接设备(DXC)和中继线路连接各条城市轨道交通线路的通信网。

四、城市轨道交通通信系统的功能

(1)传输系统功能。传输系统是整个通信网络的纽带,它给通信各子系统以及电力系统、信号系统、AFC自动售检票系统、消防报警系统、办公网络等提供传输通道,将各车站、车辆段、停车场的设备与控制中心的设备连接起来。

(2)公务电话系统功能。公务电话系统为轨道交通运营提供办公电话、传真等业务,同时在控制中心、车站、段场等也设置公务电话,既可作为办公电话使用,也可以作为有线调度电话的备份,一旦调度电话故障,临时应急使用。

(3)专用有线调度系统功能。专用有线调度电话是为行车指挥、维修、抢险等设置的专用通信系统。

(4)无线列车调度系统功能。无线调度系统主要是用于解决固定人员(调度员、值班员)与流动人员(司机、维修人员与列检人员等)之间的通话。

(5)闭路电视监控系统功能。闭路电视监控系统是轨道交通运营管理及保证运输安全的重要手段,它给控制中心的调度员、各车站值班员、公安值班人员等提供有关列车运行、旅客疏导、防灾救火、突发事件等情况下的现场视频信息。

(6)广播系统功能。广播系统为乘客提供列车到发时间、安全提示信息的同时,还能在紧急情况或突发事件时为乘客提供疏散信息。

(7)时钟系统功能。时钟主要是为行车组织提供统一的标准时间,并向其他系统提供标准时间信号。

(8)旅客引导显示系统。旅客引导显示系统主要功能是为旅客提供关于行车时刻表、安全提示、视频等的文字或多媒体视频信息。

(9)防雷系统功能。防雷系统为其他通信子系统提供防雷保护,当设备遭到雷击或强电干扰后防雷系统通过隔离保护、均压、屏蔽、分流、接地等方法减少雷电对设备的损害。

(10)光纤在线监测系统功能。光纤在线监测系统主要为光缆传输通道进行实时在线监测,维护人员可以通过网管监控设备监测光缆状态,并能在故障时判断故障点。

(11)动力环境监测系统功能。动力环境监测系统对通信机房的温湿度、烟雾、空调等工作环境进行监测以及对通信系统UPS电源设备的工作参数进行监控,通过传输设备将车站内通信机房的信息传至控制中心网络管理终端,以便维护工作人员能够实时监测车站。

(12)UPS不间断电源系统功能。UPS不间断电源系统主要为其他通信子系统提供稳定的电源,当市电或UPS主机故障时,通过电池组为设备供电,保证通信设备正常运行。

知识拓展

我国城市轨道交通信号系统和通信系统的发展状况

1. 我国城市轨道交通信号系统的发展

我国城市轨道交通信号系统的发展大致可以分为以下3个阶段:

(1)自主研发的初创阶段

我国的地铁信号系统是随着北京地铁兴建而起步的。1965年7月1日,我国第一条地下铁道——北京地铁一期工程动工兴建,1971年通车。根据当时的国情,决定全部设备由国内自己研制,同时要求设备必须具有较高的技术水平。信号项目主要为自动闭塞(包括机车信号和自动停车)、调度集中、列车自动驾驶和继电联锁。通过这几项技术实现行车集中调度、集中监控和列车运行自动化。在20世纪70年代,结合北京地铁二期工程,我国又相继研发了ATP和ATO等列车自动控制系统,以实现列车行车指挥和运行的自动化,虽然系统的研制在当时接近国际先进水平,但由于当时我国的电子工业整体水平比较落后,调度集中设备在1984年进行了大修后使用到1996年。

(2) 早期设备改造和ATP的研制过渡阶段

20世纪80年,我国对北京地铁一期(北京地铁1号线)苹果园到复兴门段进行了技术改造。1990年对环线调度集中设备进行了改造,研制微机调度集中系统。1998年对北京地铁环线的车载设备进行了改造,自主研发了ATP车载系统,该设备极大地提高了列车运行的安全性,也在一定程度上减小了操作人员的工作强度。

(3) 引进与发展阶段

进入21世纪以来,随着我国改革开放的深入,经济的快速发展,城市人口的膨胀,开始进入了建设城市轨道交通的高潮。通过引进国外先进的地铁信号设备,信号系统得到了快速发展。北京、上海、广州、深圳、重庆和南京等新建的城市轨道交通项目相继引进阿尔卡特公司、美国US&S公司、德国西门子公司、法国阿尔斯通公司和日本信号公司等各具特色的先进的信号系统设备。这些设备的引入,大大缩短了行车间隔,提高了运输的效率,提高了安全程度和通过能力。但也带来了诸多的问题,如造价昂贵,设备更新维护费用高,返修渠道不畅,备件不能保证,维修十分困难;制式混乱,给线网的扩张带来不便。

从1999年起,我国开始推行引进吸收国产化策略,近几年有了较快发展。如在通信信号一体化系统——基于通信的列车运行控制系统(CBTC)方面,在借鉴世界各国经验的基础上,结合中国国情和地域情况,我国部分轨道交通发达的城市已着手制定中国版的CBTC技术标准和规范。目前,除采用引进的西门子、阿尔卡特、阿尔斯通、USSI、庞巴迪等公司的CBTC系统外,北京交通大学研制开发了国产的LCF-300型CBTC系统,并在北京地铁亦庄线投入使用。

2. 我国城市轨道交通通信系统的发展

我国城市轨道交通通信系统的建设始于北京地铁一期工程,当时70%以上的设备属于试验性产品。在通信的业务上只考虑了单一模拟制,一律是话音实线传输,设备统一为机电式,设备组网上基本上是分散多址、封闭型状态,通信手段只有有线一种方式。虽然1981年建成150MHz调频、三话路、数话兼容、异频、双工电台,但是面对巨大沉重的运输任务,已不适应联动、协调的要求。

20世纪90年代初,为了满足地铁运营安全、大容量、快捷的要求,必须要更换陈旧、损耗严重、质量低劣、故障频繁的设备,增加通信设备容量,扩大通信能力,提高通信的安全保障,建立光纤传输系统,光电复用,电视图像与文字、数据和传真兼容,有线和无线立体通信的多种业务的一体化网络。但是,这个阶段的设备仍然存在故障多、性能不稳定、设备功能不完善的状况。

进入21世纪,随着现代通信技术的快速发展和城市轨道交通的大规模兴建,通信系统已经成为由传输系统、电话系统、无线集群调度系统、录音系统、广播系统、闭路电视监控系统、时钟系统、旅客向导系统、商用通信系统等组成的一个功能强大的、一体化的集语音、文字、图像等多种媒体于一身的综合通信网系统。

思考与实训

一、填空题

1. 英国伦敦在_____年建成世界上第一条地下铁道。
2. 城市轨道交通信号系统通常由_____和_____两大部分系统组成。
3. 列车运行自动控制系统(ATC)包括_____、_____及列车自动监控(ATS)3个子系统。
4. 控制中心设备主要包括：ATS中心设备、_____、_____及电源设备。
5. 以CBTC系统为例，正线车站及轨旁设备主要包括_____、ATP/ATO设备、_____、数据通信设备、维护监测设备、_____及电源设备等。
6. 城市轨道交通通信系统主要由通信传输系统、_____、无线调度通信系统、_____、_____、闭路电视监控系统、_____、_____、商用通信系统等组成。

二、简答题

1. 城市轨道交通信号系统的特点有哪些？
2. 车辆段的主要功能是哪些？

三、知识树展示

1. 城市轨道交通信号系统的组成。
2. 展示城市轨道交通信号系统的设备分布。

项目二　城市轨道交通信号系统基础设备

 教学目标

1. 认识继电器。
2. 记住信号机的命名和意义。
3. 学会转辙机的动作原理。
4. 知道轨道电路的作用。
5. 熟悉计轴器在信号系统中的作用及工作原理。
6. 掌握应答器的作用及工作原理。

 任务描述

通过阅读学习资料,能认识继电器,知道继电器的作用;能背诵信号机的命名及显示意义;学会转辙机的动作原理和轨道电路的作用,掌握计轴器和应答器的使用。

 学习任务

1. 记住信号机的命名及显示意义。
2. 能认识各种继电器。
3. 学会转辙机的动作原理。
4. 知道轨道电路的作用。
5. 掌握计轴器和应答器的作用及工作原理。

任务一　继　电　器

一、继电器的组成及工作原理

继电器是一种电磁开关,能以较小的电信号控制执行电路中的大功率设备,是实现自动控制和远程控制的重要设备,见图 2-1。继电器构造见二维码 3。

继电器类型有很多,都由电磁系统和触点系统两部分组成。其中电磁系统主要包括线圈、铁芯以及可动的衔铁等;触点系统由动触点和静触点组成。

二维码 3

继电器工作原理,如图 2-1 所示。当线圈中通入规定的电流后,根据电磁原理,线圈中产生磁性,衔铁被吸引;当线圈中没有电流时,衔铁由于重力作用被释放。衔铁上的触点称为动触点。随着衔铁的动作,动触点与静触点接通或断开,从而实现对其他设备的控制。

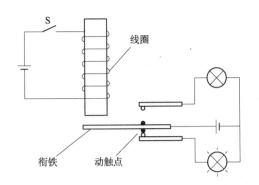 

图 2-1 继电器原理

二、继电器的分类及特点

1. 按动作原理分类

(1) 电磁继电器是利用电流通过线圈产生的磁场来实现动作的继电器。信号设备中使用的大多是这类继电器。

(2) 感应继电器是利用电流通过线圈产生的交变磁场与其翼板中的另一交变磁场所感应的电流相互作用,使翼板转动而动作的继电器。例如,相敏轨道电路所使用的交流二元继电器。

2. 按动作电流分类

(1) 直流继电器是由直流电源供电的继电器。大部分信号继电器都是直流继电器。

(2) 交流继电器是由交流电源供电的继电器。例如,信号机点灯电路中用于监督信号机是否灭灯的灯丝继电器,用于信号机灯泡主、副灯丝转换的灯丝转换继电器等。

3. 按动作时间分类

(1) 正常动作继电器衔铁动作时间为 0.1~0.3s,大部分信号继电器属于此范围。

(2) 缓动继电器包括缓吸和缓放两种,衔铁动作时间超过 0.3s。

4. 按工作可靠程度分类

(1) 安全型继电器依靠自身结构满足系统的安全要求,主要是依靠重力作用释放衔铁。

(2) 非安全型继电器断电后依靠弹力保证继电器落下,又称为弹力式继电器。

三、安全型继电器

城市轨道交通信号系统大多使用安全型继电器以确保设备具有"故障--安全"特性。安全型继电器一般为电磁继电器,可采用直流电也可采用交流电,根据需要还可使继电器具有缓动功能。

1. 直流无极继电器

我国轨道交通信号中应用较多的是 AX 系列继电器,其基本结构属于直流无极继电器。

(1) 结构

安全型直流无极继电器的结构,如图 2-2 所示。它由直流电磁系统和触点系统两部分构成。

直流电磁系统由线圈、铁芯、轭铁等组成。线圈分为前圈和后圈,可根据电路需要设置单线圈控制、双线圈串联控制或双线圈并联控制。通电时线圈产生磁通,吸引衔铁;断电后线圈失磁,衔铁依靠重力作用可靠释放。

触点系统包括拉杆和触点组。触点组分为静止的前触点、后触点和固定在拉杆上的动触点。触点的接通情况可以反映继电器的状态,同时用于控制其他设备。直流无极继电器一般有8组触点,彼此独立但动作一致。

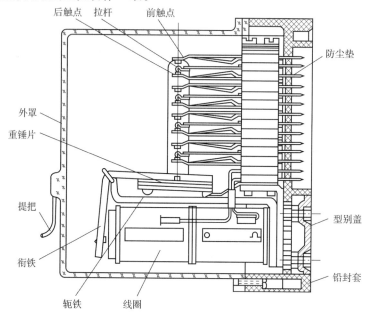

图2-2 直流无极继电器的结构

（2）工作原理

当线圈通以直流电后,产生磁通,经铁芯、轭铁、衔铁和气隙,形成闭合磁路,使铁芯对衔铁产生吸引力。当此吸引力增大到足以克服重锤片和拉杆等重力时,就能将衔铁吸向铁芯,于是衔铁带动拉杆推动动触点向上动作,使动触点与前触点闭合,此时称继电器处于励磁状态（又称为吸起状态）。

当线圈中的电流减少或断电时,磁路的磁通随之减少,铁芯对衔铁的吸引力相应减少；当吸引力不足以克服重锤片和拉杆的重力时,衔铁即释放,使动触点与前触点断开并与后触点闭合,此时称继电器处于失磁状态（又称为落下状态）。

这种继电器使用直流电,同时继电器的动作与通入线圈的电流方向无关,故称直流无极继电器。继电器图形符号和电路画法,见表2-1。

继电器图形符号和电路画法　　　　表2-1

名　称	图形符号	名　称	图形符号		
			形象图	工程图	原理图
无极继电器（两线圈串接）	○	前接点闭合			
无极继电器（两线圈分接）	⊖	前接点断开			
无极缓放继电器（两线圈串接）	◐	后接点断开			

续上表

名称	图形符号	名称	图形符号		
			形象图	工程图	原理图
无极缓放继电器（两线圈分接）	◐	后接点闭合			
加强接点缓放继电器	◐	极性定反位接点组（定闭合、反断开）	112 111	112 111	112 111
有极加强继电器	⊘	极性定反位接点组（定断开、反闭合）	111 112	112 111	112 111
极性保持加强接点继电器	⊘	非自复式按钮按下闭合接点			
偏极继电器	4⊙1	非自复式按钮拉出闭合接点			
整流式继电器	▷|	自复式按钮按下闭合接点			
半导体时间继电器	—(3′)—	电气连接与端子			

注：半导体时间继电器中的3′表示延时3min。

2. 整流式继电器

整流式继电器应用于交流电路中，其电磁系统、触点系统、动作原理与直流无极继电器基本相同。它在直流无极继电器的基础上增加整流电路，一般采用4个二极管组成桥式整流电路，如图2-3所示，将交流电源整流后输入继电器线圈。整流式继电器线圈符号参见表2-1；其触点符号与直流无极继电器相同。

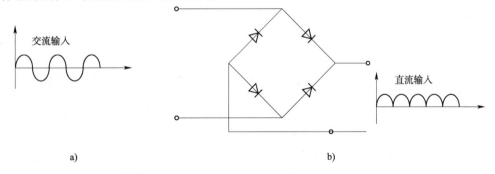

图2-3 桥式整流电路

3. 有极继电器

有极继电器根据线圈中电流极性不同而具有定位和反位两种稳定状态，这两种稳定状态在线圈中电流消失后，仍能继续保持，所以又称为极性保持继电器。它的特点是在电磁系统中增加了永久磁钢。在线圈中通以规定极性的电流时，继电器吸起，断电后衔铁仍能保持在吸起位置；通以反向电流时，继电器落下，断电后仍保持在落下位置。

有极继电器的触点系统与直流无极继电器相同；其线圈及触点的图形符号参见表2-1。

当电路的电流较大时,触点断开过程中在触点间会产生电弧。电弧温度过高,会引起触点表面氧化,造成接触不良。为了通断较大电流,可采用改进型的有极继电器,其主要特点是动触点片改为面接触,以增大接触面积,触点系统配备永久磁钢材料的磁吹弧装置,如图2-4所示。

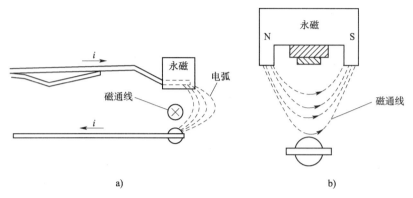

图2-4 磁吹弧装置

4. 偏极继电器

偏极继电器是为了满足信号电路中鉴别电流极性的需要而设计的。它与无极继电器不同,衔铁的吸起与线圈中电流的极性有关,只有通过规定方向的电流时,衔铁才吸起,电流方向与要求的方向相反时,衔铁不动作。它只有一种稳定状态,衔铁靠电磁力吸起,若断电立即落下。

偏极继电器的两组线圈串联使用,接线方式与无极继电器相同。

偏极继电器的触点系统与无极继电器完全相同,具有8组触点。

5. 交流二元继电器

交流二元继电器属于交流感应式继电器,具有两个既相互独立又相互作用的交变电磁系统,故称二元继电器,有吸起和落下两种状态。根据不同频率,交流二元继电器分为25Hz和50Hz两种。

交流二元继电器的结构,如图2-5所示。它由电磁系统、翼板、触点等组成。

交流二元继电器的电磁系统,包括局部电磁系统和轨道电磁系统。局部电磁系统由局部线圈和局部铁芯组成;轨道电磁系统由轨道线圈和轨道铁芯组成。

交流二元继电器与前面介绍的继电器工作原理完全不同,只有在其局部线圈和轨道线圈中输入电流频率相同且局部线圈中电流相位超前轨道线圈中电流相位90°时,翼板中才能产生正方向的转矩,接通前触点,其他情况下,翼板不产生转矩,继电器将保持原来的位置而不动作。

交流二元继电器具有如下两个特点。

(1)具有频率选择特性。当交流二元继电器局部线圈中电流频率为50Hz时,只有在轨道线圈接收到50Hz电流时,继电器才可能动作。除

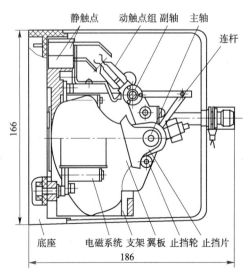

图2-5 交流二元继电器(尺寸单位:mm)

此之外,翼板中平均转矩为零,继电器不动作。

(2)具有相位选择特性。即使轨道线圈与局部线圈中的电流频率相同,继电器并不一定吸起,只有局部线圈电流相位超前轨道线圈相位0°~180°时,翼板中才产生正转矩,使继电器能够吸起。通过计算可知,当相位超前90°时正转矩最大。

交流二元继电器应用于相敏轨道电路,这种故障-安全特性不仅能够解决轨道电路轨端绝缘的破损防护问题,还能防止牵引电流及其他频率的干扰。通过计算可以知道,当轨道线圈的电流频率为局部线圈电流频率的 n 倍时,不论电压多高,翼板均不能产生转矩使继电器误动。

随着我国城市轨道交通中逐渐引进国外信号设备,相应配套了一定数量的国外继电器。国外继电器设备与国产设备工作原理基本一致,但关键器件强度更大,具有更高的可靠性。

四、继电器的作用(相关教学资源见二维码4)

"故障-安全"原则是轨道交通信号设备必须遵循的原则,当系统任何部分发生故障时,应确保系统的输出导向安全状态。随着电子技术的迅速发展,电子器件尤其是计算机以其速度快、体积小、容量大、功能强等技术优势,在相当大程度上逐渐取代继电器构成自动控制和远程控制系统,使技术水准大大提高。但与电子器件相比,继电器仍存在一定优势,尤其是具有"故障-安全"性能,因此不仅现在,而且在未来一定时期内,继电器在轨道交通信号领域仍将起着重要作用。

二维码4

继电器能够以极小的电信号控制执行电路中相当大的对象,能够控制数个对象和数个回路,也能控制远距离的对象。有着良好的开关性能:闭合阻抗小、断开阻抗大;有"故障-安全"性能,能控制多回路、抗雷击性能强、无噪声、温度影响小等。在以继电技术构成的系统中大量使用,在以电子元件和微机构成的系统中,作为接口部件,将系统主机与信号机、轨道电路、转辙机等执行部件接合起来。

目前轨道交通信号设备中,继电器的作用主要表现在以下几方面。

1. 表示功能

利用不同继电器表示线路的占用和空闲、信号的开放和关闭、道岔是否在规定位置、区间是否闭塞等状态。例如,车站每组联锁道岔均设置定位表示继电器(DBJ)和反位表示继电器(FBJ),当有关继电器吸起时表示该道岔在定位或在反位,进而利用继电器触点接通控制台或显示屏的相关表示灯,并实现有关设备间的相互控制关系。

2. 驱动功能

目前轨道交通信号设备中主要被控对象是信号机和转辙机,不论车站是采用继电器联锁还是计算机联锁,均利用继电器控制相应设备。例如,车站的联锁道岔控制电路中设置有定位操纵继电器(DCJ)和反位操纵继电器(FCJ),当条件满足,有关继电器吸起时,能够驱动道岔向定位或反位转换。

3. 实现逻辑电路

在继电式车站联锁设备以及继电式区间半自动闭塞设备中,利用继电电路实现有关逻辑关系,以保证正线列车运行和车辆段内调车作业的安全。例如在6502电气集中联锁电路中,完全利用继电电路判断道岔位置是否正确、进路是否空闲等条件,从而确定能否开放信号;信号开放后,利用继电电路锁闭与之相敌对的信号,并实时检查联锁条件,必要条件下及时关闭有关信号,保证行车安全。

任务二 信 号 机

一、信号的分类（相关教学资源见二维码5）

二维码5

1. 按信号的接收效果分类

地铁信号按信号的接收效果分类，可分为视觉信号和听觉信号。

（1）视觉信号。它是以信号的颜色、显示数目及灯光状态等表达的信号。又可分为昼间、夜间和昼夜通用信号，昼间和夜间的信号分别以不同方式显示；公里标、曲线标、站段分界标、站界标、预告标等就属于昼夜通用信号，色灯信号也属于昼夜通用信号。

（2）听觉信号。它是以声音的强度、长短等方式来表示信号意义，如号角、口笛、响墩等发出的音响和机车的鸣笛声。例如某地铁公司的《行车组织规则》中关于列车鸣笛规定：

①鸣笛的作用是发出警告或要求协助，长声为3s，短声为1s，音响间隔为1s。重复鸣示时，须间隔5s以上。

②为避免对站内乘客及铁路沿途的居民造成滋扰，列车在正线上运行时只可在必要时鸣笛。

③表2-2中的情况下，必须按指定方式鸣笛。

列车鸣笛鸣示方式　　　　表2-2

情　况	鸣示方式	情　况	鸣示方式
表示看到手信号	1短声	列车倒车或退行时	2长声
发出警报（请求支援）	连续短声	呼唤信号（请求车站开放信号）	2短1长声
列车将不停站（通过开放站台）	1长声	回示启动信号	1短声
驶过危险信号之前	1短1长声		

2. 按照信号的位置确定能否被移动分类

按照信号的位置确定能否被移动，可以将其分为固定信号、移动信号和手信号。

（1）固定信号。它是固定设置在规定位置的信号装置，如地面信号机等。

（2）移动信号。它是根据需要临时设置的信号装置，如实施临时限速时设置的限速告示牌和限速终止标牌等。

（3）手信号。它是行车有关人员拿信号旗或信号灯或直接用手臂显示的信号，用来表达相关含义，指示列车或车辆的允许和禁止条件，如表2-3所示。手信号的使用见二维码6。

二维码6

手信号的显示　　　　表2-3

序号	手信号		显示方式	
	类别		昼间	夜间
1	停车信号：要求列车停车		展开的红色信号旗；无红色信号旗时，两臂高举头上，向两侧急剧摇动	红色灯光；无红色灯光时，用白色灯光上、下急剧摇动
2	紧急停车信号：要求司机紧急停车		展开红旗下压数次；无信号旗时，两臂高举头上，向两侧急剧摇动	红色灯光下压数次；无红色灯光时，用白色灯光上下急剧摇动
3	减速信号：要求列车降低速度运行		展开的黄色信号旗；无黄色信号旗时，用绿色信号旗下压数次	黄色信号灯光；无黄色灯光时，用白色或绿色灯光下压数次
4	发车信号：要求司机发车		展开的绿色信号旗上弧线向列车方面作圆形转动	绿色灯光上弧线向列车方面作圆形转动

续上表

序号	手信号 类别	显示方式 昼间	显示方式 夜间
5	通过手信号:准许列车由车站通过	展开的绿色信号旗	绿色灯光
6	引导信号:准许列车进入车站或车辆段	展开黄色信号旗高举头上左右摇动	黄色灯光高举头上左右摇动
7	"好了"信号:某项作业完成	用拢起信号旗作圆形转动	白色灯光作圆形转动

3. 按照信号机设置的位置分类

按照信号机设置的位置不同,可以将其分为地面信号(图2-6)和车载信号(图2-7)。

（1）地面信号。它是设置在线路附近供司机辨识的信号。

（2）车载信号。它是将地面信号通过传输设备或其他方式传输引入列车的信号。车载信号设备安装在列车的两端。

图2-6 地面信号机

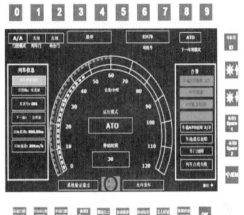

图2-7 车载信号

二、色灯信号机（相关教学资源见二维码7）

二维码7

色灯信号机以其灯光的颜色、数目和亮灯状态来表示信号。目前,城市轨道交通应用的色灯信号机有透镜式色灯信号机、组合式信号机和LED信号机。透镜式色灯信号机采用透镜组来将光源发出的光线聚成平行光束,由于它结构简单,安装方便,故得到广泛采用。组合式信号机则是为提高在曲线上显示距离而研制的信号机。多年来,我国一直采用传统的以白炽灯泡为光源的色灯信号机。其主要缺点是可靠性差、寿命短、易断丝、功效低。为了提高信号显示的可靠性和延长灯泡的使用寿命,建议采用发光二极管即LED技术研制开发城市轨道交通信号机（以下简称LED信号机）。

1. 透镜式色灯信号机

1）透镜式色灯信号机的结构

透镜式色灯信号机有高柱和矮型两种类型。其中高柱信号机的机构安装在信号机柱上,矮型信号机的机构安装在水泥基础或钢制基础上。

高柱透镜式色灯信号机,如图2-8所示。它由机柱、机构、托架、梯子等部分组成。机柱采用钢筋混凝土结构,用于安装机构和梯子。矮型透镜式色灯信号机,如图 2-9 所示。它由机构、基础等组成。

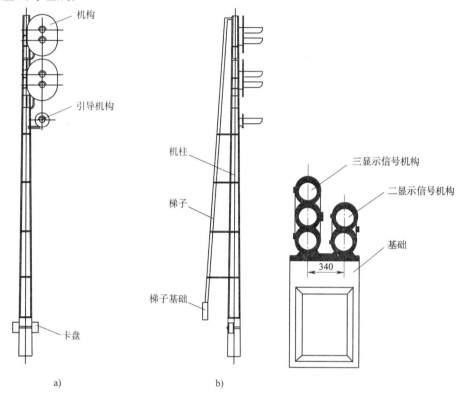

图 2-8 高柱透镜式色灯信号机　　　　图 2-9 矮型透镜式色灯信号机

2）透镜式色灯信号机的机构组成

透镜式色灯信号机的机构,如图 2-10 所示。它的每个灯位由灯泡、灯座、透镜组、遮檐、背板等组成。

灯泡是色灯信号机的光源,目前均采用直丝双丝灯泡,灯泡内有两个灯丝,一个主灯丝,一个副灯丝。正常情况下点亮主灯丝,当主灯丝断丝时,自动改点副灯丝,并发出报警,提醒值班人员更换灯泡。

灯座是用来安装灯泡的,现采用定焦盘式灯座,为保证获得最大的显示距离,灯泡应安装在透镜的焦点上,在调整好透镜组焦点后灯座固定不动,更换灯泡时无须调整灯座。

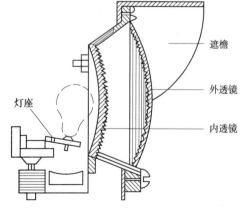

图 2-10 透镜式色灯信号机机构

透镜组装在镜架框上,由两块带棱的凸透镜组成,外面是无色带棱内凸透镜,里面是有色的带棱外凸透镜(有红、黄、绿、蓝、月白、无色 6 种颜色)。根据透镜成像原理,如果光源灯泡置于透镜组的焦点处,经透镜折射后,就会成为平行光,使灯泡发出的光呈平行射出,将光源发出的光线集中射向所需要的方向。

遮檐用来防止阳光等光线直射时产生错误的幻影显示。

背板可衬托信号灯光亮度,改善瞭望条件。只有高柱信号机才有背板。一般信号机采用圆形背板。各种复示信号机、遮断信号机及其预告信号机、容许信号则采用方形背板,以示区别。

3)透镜式信号机构分类

透镜式色灯信号机构(见图2-10)按结构分为单显示、二显示、三显示3种。单显示机构用于的复示信号机构、引导信号机构、容许信号机构、遮断信号及其预告信号机构。二显示机构有两个灯室,三显示机构有三个灯室。每个灯室内有一组透镜、一副灯座、一个灯泡和遮檐。灯座间用隔板分开,以防止相互串光,保证信号显示的正确。每一机构设有一块背板,同机构各灯室共用。各种信号机可根据信号显示的需要选用合适的机构,再按灯光显示和配列要求选择规格和颜色相符的有色内透镜,安装在机构内。此外,还有灯列式进站复示信号机构等。

各种透镜式色灯信号机构及主要参数如下所列。

透镜式色灯信号机构的型号含义如下:

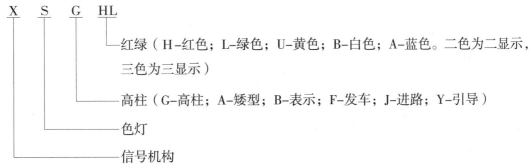

2. 组合式色灯信号机

透镜式色灯信号机构的光系统射出的平行光线,两侧分别只有2°散角,覆盖面很窄,在曲线线段上只能在局部范围内能看到,即使加了偏光镜也很难在整个曲线范围内得到连续显示。为保证曲线区段信号显示的连续,20世纪80年代从德国引进V136型信号机构,并据此研制了适合我国轨道交通需要的新型组合式信号机构,作为透镜式信号机构的换代产品。

组合式色灯信号机用于瞭望困难的线路,适用于曲线半径300~2000m的各种曲线和直线上信号显示的要求。在距信号机5~1000m距离内能够得到连续的信号显示。该信号机光系统设计合理,光能利用率高,显示距离远,主光源显示距离可达到1000m,如不加偏光镜可达1500m。曲线折射性能强,偏散角度大,可见光分布均匀,能见度高,有利于司机瞭望。

组合式信号机构由光系统、机构壳体、遮檐等组成。如图2-11所示,组合式信号机构的光系统由反光镜、灯泡、色片、非球面镜、偏散镜及前表面玻璃组成。灯泡发出的光通过色片、非球面镜汇聚成带有指定颜色的平行光,在经过偏散镜将一部分光偏散到所需方向,使曲线上能连续、准确地看到信号显示。色片有红、黄、绿、蓝、月白5种颜色。偏散镜将光系统产生的平行光较均匀地聚焦到所需要的可视范围内。可根据曲线特点选用相应种类的偏散镜,以保证连续显示。

组合式信号机每个机构只有一个灯室,使用时根据信号显示要求分别组装成二显示、三显示及单显示,故称为组合式。灯室间无串光的可能。由于采用铝合金或玻璃钢材料,每个机构仅7kg,便于安装、维护和调整。

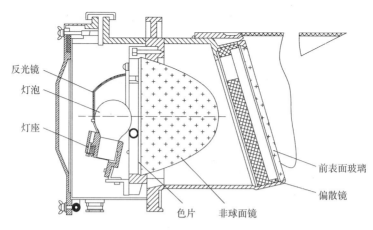

图 2-11 组合式信号机构的光系统

3. LED 色灯信号机

LED 信号机的机构大小同透镜式色灯信号机,机构由铝合金材料构成,重量大大减少,便于进行施工安装,密封条件好,信号点灯单元由 LED 发光二极管构成,使用寿命长,可以做到免维护。

LED 铁路色灯信号机显示距离超过 1.5km 且清晰可辨,使用寿命可达 10^5h,安全可靠。通过监测控制系统的电流,可监督信号显示系统的工作状态,预警异常情况有助于准确判断故障点,便于及时处理。用 LED 取代传统的双丝信号灯泡和透镜组,从而彻底消除灯泡断丝这一多发性的信号故障,可以做到免维护,结束了普通信号机定期更换信号灯泡的维修方式,减少维修工作量,节省维修费用。

三、地面信号设置及显示

1. 地面信号机设置原则

1) 设置于列车运行方向右侧

城市轨道交通采用右侧行车制,不论在正线还是车辆段,地面信号机应设置于列车运行方向的右侧,地面信号机地下部分一般安装在隧道壁上。特殊情况下,可以设置在列车运行方向左侧或其他位置。

2) 信号机限界

限界是为保证行车安全,对地铁机车、车辆、线路、邻近建筑物及设备所规定的不准超越的轮廓尺寸线。它包括:车辆限界、车辆接近限界、设备接近限界、建筑接近限界、接触轨接近限界、车站地段接近限界 6 种。设备限界是用以限制设备安装的轮廓线,信号机不得侵入设备限界。

车辆轮廓线是限制列车横断面最大容许尺寸的轮廓,将其扩大一定尺寸后,构成车辆限界,如图 2-12 所示。直线地段的设备限界是在直线地段车辆限界外扩大一定安全间隙后形成的。曲线地段设备限界应在直线地段设备限界的基础上,按平面曲线不同半径过超高或欠

图 2-12 车辆轮廓线

超高引起的横向或竖向偏移量,以及车辆、轨道参数等因素计算确定。在城市轨道交通公司的《行车组织规则》中对各限界的数据有具体说明。

2. 信号机颜色及其表示意义

1) 基本颜色

红色:停车信号,禁止越过该信号机(信号熄灭或显示不明时,也应视为停车信号)。

绿色:允许信号,信号处于正常开放状态,可按规定速度通过该信号机。

黄色:允许信号,信号处于有限开放状态,要求列车注意或减速运行。信号机,如图2-13所示。

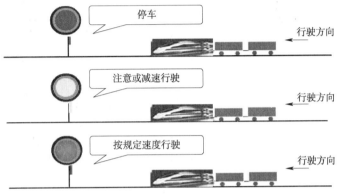

图2-13　信号机

2) 辅助颜色

月白色:用于指示调车作业时,表示允许越过该信号机调车。

蓝色:用于指示调车作业时,表示禁止越过该信号机调车。

在车辆段,红色信号灯同样可以表示禁止机车或车辆越过该信号机进行调车作业。月白色灯光和红色灯光组合,可作为引导信号使用,即当主体信号机发生故障而显示红色灯光时,可以通过人工开放安装在主体信号机下方的月白色灯光,是列车按规定速度通过而不用停车。

当信号及因故障而显示一个红色灯光时,使设于其下方的引导信号显示一个月白色灯光,准许列车以不超过20km/h的速度越过该信号机进站、调车或继续运行。

需要说明的是:我国城市轨道交通的信号系统没有对地面信号的显示方式和显示意义进行统一规定,因此信号显示存在一定差异,例如有的城市轨道交通公司采用一个红色灯光和一个黄色的灯光构成引导信号。

3. 正线信号机及表示器

城市轨道交通有的车站设有道岔,有的车站仅有两条正线,因此应根据各站设备具体情况设置信号机。在正线常用的信号机包括以下几种。

1) 防护信号机

防护信号机在正线道岔岔前和岔后适当地点设置防护信号机。

防护信号机采用三显示机构(图2-14),自上而下为黄(或月白)、绿、红。其具体显示意义为:

红色——禁止越过该信号机;

绿色——道岔开通直向位置,允许列车按照规定速度越过该信号机进入区间;

黄色——道岔开通侧向位置,允许列车按照规定速度(一般限速不超过30km/h)越过该信号机,运行至折返点;

黄色+红色——引导信号,允许列车以不超过25km/h的速度越过该信号机,有条件进入区间。

正线上防护信号机用"X""F"等命名,以数字序号作为下标;下行咽喉编为单号,上行咽喉编为双号,从站外向站内顺序编号。

2)阻挡信号机

在调车线路尽头处设置阻挡信号机,表示列车停车位置或在停运检修期间指示检修作业位置,阻挡列车越过,确保安全。阻挡信号机采用单显示机构,只有一个红灯。当阻挡信号机显示红灯时,列车应在距信号机至少10m的安全距离前停下。

3)通过信号机

通过信号机一般设置在区间内的线路上,用于防护前方进路。

采用ATC系统的城市轨道交通,自动闭塞通过信号机已经失去主体信号的作用,一般在区间不设置通过信号机。为便于司机在ATP设备发生故障时控制列车运行,可以根据需要设置通过信号机。

通过信号机采用三显示机构,自上而下灯位为黄、绿、红。

一个绿色灯光——表示列车运行前方至少有两个闭塞区间空闲,准许列车按规定的速度运行。

一个黄色灯光——表示列车前方次一个信号机显示停车信号,准许在下一个信号机前停车。

一个红色灯光——表示列车须在该信号机前停车。

4)进、出站信号机

车站可根据需要设置进、出站信号机,或仅设置出站信号机。

进站信号机设置在车站入口外方适当距离,用于防护车站内作业安全。进站信号机显示一个红色灯光表示不准列车越过信号机进入站内,显示一个绿色灯光表示允许列车按规定速度越过信号机进入站内。

出站信号机设置在车站出口,即列车由车站向区间发车处前方,指示列车能否由车站进入区间。出站信号机显示一个红灯表示不准列车出站,显示一个绿灯表示允许列车出发进入区间。

5)发车计时器

列车发车计时器(TDT)固定于车站列车到发线前上方,显示自列车到达车站距离列车运行图规定的发车时刻的时差,见图2-15。

图2-14 防护信号机

图2-15 列车发车计时器

未达到运行图规定的发车时刻显示为倒计时。
列车达到运行图规定的发车时刻显示为000。
超过运行图规定的发车时刻显示为正计时。
提前发车显示为"000"。
扣车时显示为"H"。
列车通过时显示为"- - -"。

4. 车辆段信号机

车辆段(车场)入口转换轨外方设置进段(场)信号机。进段(场)信号机显示及灯光配列可与防护信号机相同,也可采用双机构。图2-16所示是某地铁公司车辆段与正线连接部分,图中XJ1、XJ2为进段(场)信号机,XJ1显示红灯表示禁止列车进入车辆段(车场);显示一个黄色灯光表示允许进入车辆段(车场),道岔1开通直向位置;显示两个黄色灯光表示允许进入车辆段(车场),道岔1开通侧向位置;显示一个红色灯光和一个白色灯光表示引导信号。

车辆段(车场)出口处设置出段(场)信号机,如图2-16中SC1、SC2;其显示及灯光配列可与防护信号机相同。

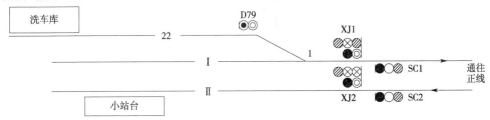

图2-16 车辆段与正线连接部分

车辆段(车场)内其他地点可根据需要设置调车信号机,显示蓝色灯光表示禁止越过该信号机调车;显示白色灯光表示允许越过该信号机调车。

在进段/场信号机内方的转换轨靠近车辆段/车场的一端,设置红、白两显示列车阻挡信号机;车辆段/车场内可根据需要另设红、白两显示调车信号机。其红灯与白灯显示意义如下:

红灯——禁止列车越过该信号机。

白灯——允许调车,列车以不超出25km/h的速度越过该信号机。

地面设置的信号机平时应处于亮灯状态,其经常保持的显示状态为信号机的定位显示。信号机定位的确定,一般是考虑保证行车安全,提高运输效率及信号显示自动化等因素。除采用自动闭塞时通过信号机显示绿灯为定位外,其他信号机一律以显示禁止信号为定位。

除调车信号机外,其他信号机,当列车第一轮对越过该信号机后及时地自动关闭。调车信号机在调车车列全部越过调车信号机后自动关闭。信号机的灯光熄灭,显示不明或显示不正确时,均视为停车信号。

四、信号显示

1. 信号显示颜色的选择

城市轨道交通信号颜色的选择,应能达到显示明确、辨认容易、便于记忆和具有足够的显示距离等基本要求。经过理论分析和长期实践,铁路信号的基本色为红、黄、绿3种,再辅以蓝色、月白色,构成铁路信号的基本显示系统。

城市轨道交通信号的光源为白炽灯产生的白色光。白光是一种复合光,由红、橙、黄、绿、青、蓝、紫7种颜色的光混合而成。其中红光波长最多,紫光波长最短,一般来说,波长越长,穿透周围介质(如空气、水汽等)的能力越强,显示距离越远。

同样强度的光,红光最诱目,因为人眼对红色辨认最敏感,红色比其他颜色的光更能引人注意,对人会产生不安全感,所以规定红色灯光为停车信号是最理想的。

黄色(实际上是橙黄色,简称黄色)玻璃透过光线的能力较强,显示距离较远,又具有较高的分辨力,辨认正确率接近100%,故采用黄色灯光作为注意和减速信号。

绿色和红色的反差最大,容易分辨,而绿色灯光显示距离亦较远,能满足信号显示的要求,故采用绿色灯光作为按规定速度运行的信号。

调车信号机的关闭不能影响列车运行,所以它一般不采用红色灯光,而选用蓝色灯光作为禁止调车信号较合适,因其具有较高的诱目性和较大的辨认率。调车信号机的允许信号采用月白色灯光,主要目的是可与一般普通照明电源相区别。蓝色、白色灯光虽显示距离较近,但因为调车速度较低,所以能满足调车作业的需要。

紫色灯光具有较高的区别性,作为道岔状态表示器表示道岔在直向开通的灯光,基本上能满足需要。

2. 机构选用和灯光配列

色灯信号机的机构有单显示、二显示、三显示。单显示机构仅用于阻挡信号机。二显示和三显示可以单独使用,也可以组合(以及与单显示机构组合)构成各种信号显示。

1)色灯信号机灯光配列和应用的规定

(1)当根据实际情况需减少灯位时,应空位停用方式处理。减少灯位的处理方式可以维持信号机应有的外形,以防误认。如防护信号机若无直向运行方向时,仍采用三显示机构,将绿灯封闭;存车线中间进段方向的列车阻挡信号机采用三显示机构,将绿灯封闭。

(2)以两个基本灯光组成一种显示时,应有一定的间隔距离,以保证显示清晰,如防护信号机的红灯和黄灯同时点亮表示引导信号,其间隔开一个绿灯灯位。

(3)双机构加引导信号是一种专门的信号机形式,需要时,进段(场)信号机可采用此形式。

2)各种信号机的灯光配列

(1)防护信号机。它采用三显示机构,自上而下灯位为黄(或月白)、绿、红。若设正线出站信号机,其灯光配列同防护信号机。

(2)阻挡信号机。它采用单显示机构,为一个红灯。

(3)进段(场)信号机。其灯光配列可同防护信号机,亦可采用双机构(两个二显示机构)带引导机构,自上而下灯位为黄、绿、红、黄、月白。

(4)出段(场)信号机。它采用三显示机构,红、绿,带调车白灯。

(5)调车信号机。它采用二显示机构,自上而下灯位为白、蓝(或红)。

(6)通过信号机。若采用自动闭塞,其通过信号机为三显示机构,自上而下灯位为黄、绿、红。

3. 信号显示制度

1)信号显示基本要求

(1)信号机定位。将信号机经常保持的显示状态作为信号机的定位。信号机定位的确定,一般是考虑保证行车安全,提高运输效率及信号显示自动化等因素。

除采用自动闭塞时通过信号机显示绿灯为定位外,其他信号机一律以显示禁止信号(红灯或蓝灯)为定位。

(2)信号机关闭时机。除调车信号机外,其他信号机,当列车第一轮对越过该信号机后及时地自动关闭。调车信号机在调车车列全部越过调车信号机后自动关闭。

(3)视作停车信号。信号机的灯光熄灭,显示不明或显示不正确时,均视为停车信号。

(4)区分运行方向。有两个以上运行方向而信号显示不能区分运行方向时,应在信号机上装进路表示器,由进路表示器指示开通的运行方向。

2)信号显示距离

各种地面信号机及表示器的显示距离应符合下列规定:

(1)行车信号和道岔防护信号应不小于400m。

(2)调车信号和道岔状态表示器应不小于200m。

(3)引导和道岔状态表示器以外的各种表示器应不小于100m。

4.行车标志

行车有关标志分为线路标志和信号标志。它们是行车工作的一个重要组成部分,主要用来对列车运行时的驾驶以及运行设备的巡检、维修等指示相关目标、条件、操作要求。

1)线路标志

表示建筑物及线路设备位置或状态的标志称为线路标志。通过各种线路标志可以使工作人员知道或明了线路情况,方便进行各种设备维修、检查,使列车操纵能够掌握和依据各种标志指示的条件与要求驾驶列车,达到运行安全和规范行车的目的。与行车直接有关的线路标志主要有以下几种:

(1)百米标:表示正线距离里程计算起点每一百米的长度,以百米为单位。

(2)公里标:表示地铁线路从起点开始计算的连续里程标志,以公里为单位。

(3)曲线标:曲线起点和曲线终点标志的简称。设在曲线中点处,标志上标明了曲线中心里程、半径大小、圆曲线及缓和曲线长度、超高、加宽等有关数据。

(4)圆曲线及缓曲线始终点标:设在直线、曲线、缓和曲线三者相互联系的节点处或开始与终止处,标明所向方向为直线、圆曲线、缓和曲线。缓和曲线是指线路上直线和圆曲线相接处为减少振动而设置的一段半径渐变的曲线,它起点没有弯度,然后逐渐变弯,弯度加大、半径减小与圆曲线半径相同时和圆曲线相接,这种曲线称缓和曲线。圆曲线是线路上的一段弧,它的弯曲程度用圆半径表示,即曲线半径,以"米"为单位。曲线半径越大弯度越缓和,曲线半径越小弯度越紧促。

(5)坡度标:设在线路纵断面的变坡点处。它在正面与背面分别表示两边的坡度与坡段长度,箭头所指为上坡或下坡,箭尾数字表示坡度千分率,侧面标明变坡点位置。

(6)桥梁标:表示桥梁位置(中心里程)的标志,一般设置在桥梁中心里程处或桥头端,上面标明桥梁编号及中心里程数。

2)信号标志

表示运行线路所在地点的情况和状态,指示行车人员依据标志的要求,及时、正确地进行相关作业与操作的标志称为信号标志。

与行车相关的信号标志主要有以下几种:

(1)警冲标:在两条线路汇合处,为了防止停留在一线的车辆与邻线上的车辆发生侧面冲撞而设在两汇合线路之间间隔 4m 的中间的标志。股道之间间距不足 4m 时应设在两线路中心线最大间距的起点处。如图 2-17 所示。

a)

b)

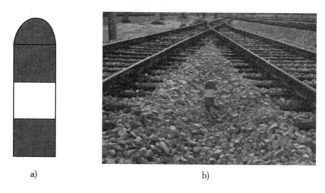

图 2-17　警冲标

(2)站界标:是车站与区间的分界处的标志,主要用于车站管辖范围区界划分和列车运行时位置识别。

(3)鸣笛标:要求司机鸣笛的标志。一般设在道口、桥梁、隧道口以及线路状况复杂地段的外方规定位置。如图 2-18 所示。

(4)停车标:指示列车停车位置的标志。通常用于车站站台规定的乘客上下车的停车地点以及列车折返时指示司机停车的地点,它固定设置在各车站站台端部对开的隧道壁位置和存车线、折返线、信号机前。如图 2-19 所示。

(5)一度停车标:要求列车(机车)在该地点停车后进行确认线路、道岔以及进行相关操作后继续行驶的指示标志。如图 2-20 所示。

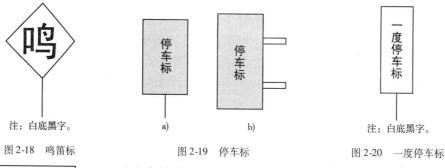

注:白底黑字。

图 2-18　鸣笛标

a)　b)

图 2-19　停车标

注:白底黑字。

图 2-20　一度停车标

注:周围白色,中间为红色。

图 2-21　车挡表示器

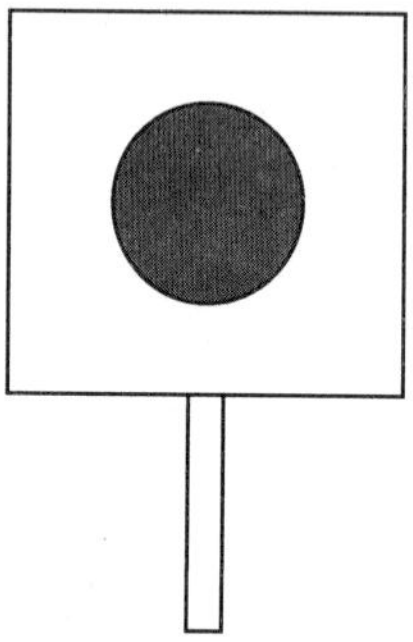

(6)车挡表示器:设在线路尽头线车挡上的表示器,便于司机以及调车员确认车挡位置。隧道内显示红色灯光,地面线路昼间使用红色方牌、夜间使用红色。如图 2-21 所示。

(7)接触网终止标:表示接触网已终止的标志,设在接触网终端,警告司机不准越过该标,防止脱弓。如图 2-22 所示。

(8)预告标:通常设于非自动闭塞区段进站信号机外方,用以预告进站信号机位置距离的标志。在接近车站 300m、200m 分别设置接近车站预告标,100m 位置设站名标。预告牌(警告牌)为直立白色长方形牌,三个为一组,牌上分别涂有三条、二条、一条黑色斜线。如图 2-23、图 2-24 所示。

a)　　　　　　　　　　　　　　　　b)

图 2-22　接触网终止标

图 2-23　预告标　　　　　　　图 2-24　预告标

a)300m预告　　　b)200m预告

注：白底黑字。

（9）引导接车地点标：为引导员引导接车时所站的位置的标志。引导员接车时原则上站在进站信号机外方或站界标处。如因地形、地物影响在上述地点显示手信号时不能保证列车在200m以外确认时，引导地点应向区间延伸，在保证列车在200m外方看清引导信号的地点设置引导员接车地点标。在信号标志中，有些标志具有警告意义和防护功能，运行列车必须在其标志的内方停车，不得越过或者相碰，一旦越过或者相碰将构成行车事故（事件），如警冲标、车挡表示器、接触网终止标等，它们与行车信号显示有相同性质的含义。

任务三　轨道电路

轨道电路是以钢轨作为导体，两端加上机械绝缘（或电气绝缘），接上送电和受电设备构成的电路。

一、轨道电路的组成

轨道电路的组成，如图2-25所示。

（1）钢轨与钢轨接续线。导体轨道交通系统的两条钢轨是传输轨道电流的导体。在两节钢轨的接头处，为了减少钢轨与钢轨夹板间的接触电阻，用连接线连接。钢轨接续线有塞钉式和焊接式。塞钉式接续线，如图2-26所示。

（2）钢轨绝缘。钢轨绝缘安装在相邻两个轨道电路衔接处，以保证相邻轨道电路在电气上的可靠隔离。钢轨绝缘多采用机械强度高、绝缘性能好的材料，在钢轨与夹板间垫有槽形绝缘板，夹板螺栓与夹板之间装有绝缘套管和绝缘垫圈。在两个钢轨衔接的断面间还夹有与钢轨断面相同的轨端绝缘。钢轨绝缘,如图2-27所示。城市轨道交通的正线多采用无缝线路,需要使用由电子电路构成电气绝缘(又称为调谐区)来分隔相邻轨道电路。

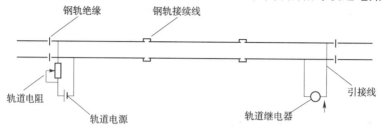

图 2-25 轨道电路的组成

图 2-26 塞钉式钢轨接续线

图 2-27 钢轨绝缘

(3)送电设备。轨道电路的送电设备可以是电源,用于向轨道电路供电;也可以是能够发送一定信息的电子设备,通过轨道电路向列车传递行车信息。

(4)受电设备。轨道电路的受电设备可以是轨道继电器,用于反映轨道电路范围内有无列车、车辆占用和钢轨是否完整;或者当轨道电路中包含有控制信息时,轨道电路的受电设备也可以是能够接收并鉴别电流特性的电子设备,能够根据接收到的不同特性的电流,令有关继电器动作。

(5)限流电阻。限流电阻是一个可调电阻器,连接在轨道电路电源端,用来调整轨道电路的电压。当轨道电路被列车、车辆的轮对分路时,能够防止输出电流过大而损坏电源。

二、轨道电路工作原理(相关教学资源见二维码8)

(1)当轨道电路设备完好,又没有列车、车辆占用时,轨道电流从电源正极经钢轨、轨道继电器线圈回到负极而构成回路,继电器处于吸起状态,表示轨道区段内无车占用。此状态称为轨道电路的调整状态。接通的灯为绿灯,如图2-28所示。

二维码 8

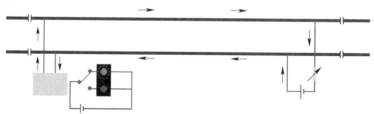

图 2-28 轨道电路调整状态的原理

(2)当轨道区段内有列车、车辆占用时,因为车辆的轮对电阻比轨道继电器线圈电阻小得多,所以轨道电路被轮对分路,这时流经继电器线圈的电流很小,不足以使衔铁保持吸起,继电器失磁落下,表示该区段有车占用。此状态称为轨道电路的分路状态。接通的灯为红灯。

(3)当轨道区段内发生断轨或断线等故障时,流经继电器线圈的电流中断,使继电器失磁落下。此状态称为轨道电路的断轨状态。

三、轨道电路的作用(相关教学资源见二维码9)

轨道电路用于监督线路的占用情况,并可以向列车传输控制信息,将列车运行和信号显示等联系起来。对于城市轨道交通,轨道电路是信号系统的重要基础设备,直接影响行车安全和运输效率。

二维码9

轨道电路的作用主要表现在以下两个方面。

1. 监督列车占用

利用轨道电路监督列车在正线或列车和车辆在车辆段等线路的占用状态。轨道电路反映有关线路空闲时,为开放信号、建立进路、构成闭塞提供了依据;轨道电路被占用时,用于实现控制有关信号机的自动关闭,实现信号系统的自动控制。

2. 传输行车信息

在正线上,根据列车的不同位置,有关闭塞分区的轨道电路传输不同的控制信息,实现对追踪列车的控制。对于ATC系统来说,带有编码信息的轨道电路是城市轨道交通信号系统车-地之间信息传输的通道之一。例如数字编码式音频轨道电路中传输的行车信息,为ATC系统直接提供控制列车运行所需的前行列车位置、运行前方信号状态、线路条件等信息,以确定列车运行的目标速度,控制列车在当前运行速度下是否减速或停车。

四、轨道电路的分类

1. 按传输电流特性分类

按照所传输的电流特性不同,轨道电路可分为工频连续式轨道电路和音频轨道电路。其中,音频轨道电路又可分为模拟式轨道电路和数字编码式轨道电路。

1)工频连续式轨道电路

工频连续式轨道电路中传输连续交流电流,只能用于监督轨道的占用与否,不能传输对列车的控制信息。目前在城市轨道交通中应用较广泛的是50Hz相敏轨道电路。

2)音频轨道电路

(1)模拟式音频轨道电路,采用调幅或调频方式,可以传输较多信息,不仅能监督轨道的占用状态,还能反映列车运行前方3个或4个闭塞分区的占用情况。

(2)数字编码式音频轨道电路,采用数字调频方式,可以传输更多的信息,编码中包含了速度码、线路坡度码、闭塞分区长度码、纠错码等。

2. 按绝缘性质分类

按照绝缘的性质不同,轨道电路可分为有绝缘轨道电路和无绝缘轨道电路。

1)有绝缘轨道电路

有绝缘轨道电路利用钢轨绝缘实现本轨道电路与相邻轨道电路的电气隔离。钢轨绝缘在列车运行的冲击力作用下容易被破损造成轨道电路故障,同时由于钢轨轨缝的存在,既增加了列车过接缝时乘客的不舒适感,又不利于牵引电流的回流输送。因此,城市轨道交通中有绝缘轨道电路多用于车辆段内的轨道电路。

2）无绝缘轨道电路

无绝缘轨道电路在分界处不设置钢轨绝缘,轨道电路电流采用不同信号频率,根据谐振的原理,使谐振回路对不同频率呈现不同阻抗,实现对相邻轨道电路的电气隔离。这种电气隔离方式又称为谐振式。无绝缘轨道电路满足了城市轨道交通电化牵引和采用无缝线路的要求,在正线线路上得到广泛应用。

3. 按使用处所分类

按照使用地点不同,轨道电路可分为区间轨道电路和车辆段内轨道电路。

区间轨道电路用于正线,不仅要监督各闭塞分区是否空闲,还要传输有关行车信息,并能满足闭塞分区长度的要求。其结构比较复杂,如图 2-29 所示。

4. 按是否包含道岔分类

车辆段内轨道电路分为无岔区段轨道电路和道岔区段轨道电路。

1）无岔区段轨道电路

无岔区段轨道电路内钢轨没有分支,结构简单,用于停车线、检车线、尽头线调车信号机接近区段,以及两个差置调车信号机之间的线路。

2）道岔区段轨道电路

道岔区段轨道电路结构比较复杂(见图 2-30),包含了岔前线路、岔后直向位置线路和岔后侧向位置线路。根据道岔结构,不仅有关钢轨、杆件要增加绝缘,还要增加道岔跳线和连接线,当分支超过一定长度时,还必须设置多个受电端。

图 2-29　区间轨道电路

图 2-30　道岔区段轨道电路

五、轨道电路的划分和命名

1. 正线轨道电路的划分

正线大多采用无绝缘轨道电路,每隔一定距离划分一个闭塞分区。

2. 车辆段轨道电路的划分

在车辆段内,轨道电路之间采用钢轨绝缘把两个轨道电路划分为互不干扰的独立电路单元,称为轨道电路区段。其划分原则是:

(1)凡有信号机的地方,均装设钢轨绝缘,将信号机的内外方划分为不同区段。

(2)凡能平行运行的进路,其间应设钢轨绝缘。例如,渡线道岔上的钢轨绝缘。

(3)在一个轨道电路区段内包含的道岔原则上不应超过三组。

(4)为了提高咽喉区使用效率,应将轨道区段适当划短,使道岔区段能及时解锁允许办

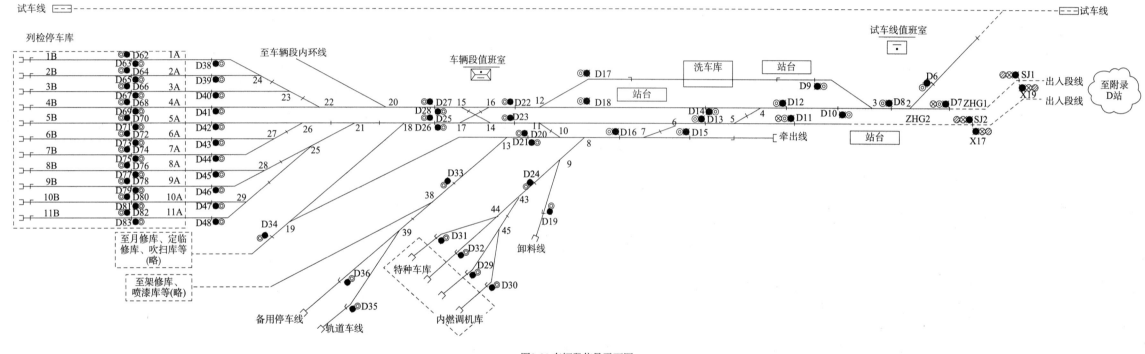

图2-31 车辆段信号平面图

理其他进路。

与一般铁路车站不同的是,城市轨道交通车辆段车库的停车线一般划分为两段轨道电路,允许停放两列列车。

3. 车辆段轨道电路的命名

1)道岔区段轨道电路的命名方法

道岔区段轨道电路根据所包含的道岔名称来命名。

(1)包含一组道岔:如图 2-31 中包含 6 号道岔的轨道区段为 6DG。

(2)包含二组道岔:如图 2-31 中包含 15 号、16 号道岔的轨道区段为 15-16DG,包含 8 号、10 号道岔的轨道区段为 8-10DG。

(3)包含三组道岔:当轨道区段中包含三组道岔时,取其中最大和最小道岔号命名。例如道岔区段包括 3 号、8 号、10 号道岔,其名称为 3-10DG。

2)无岔区段轨道电路的命名方法

(1)停车线股道轨道电路:按照股道编号命名,一般停车线划分为两个轨道区段,可停放两列车。例如图 2-31 中 1 道的两个轨道区段分别称为 1A、1B。

(2)进、出段口处的无岔区段:根据其功能等命名,例如图 2-31 中进、出车辆段处的轨道电路为转换轨,分别命名为 ZHG1、ZHG2。

(3)牵出线等处调车信号机外方的接近区段:在调车信号机名称后加 G 表示。例如图 2-31 中牵出线 D15 信号机前方的轨道电路为 D15G。

(4)位于咽喉区的无岔区段:以两端道岔编号写成分数形式加 G 表示。例如图 2-31 中 D10 与 D12 间的无岔区段为 3/4G;图 2-31 中 D14 与 D18 间的无岔区段为 4/12G。

任务四 转 辙 机

二维码 10

一、道岔(相关教学资源见二维码 10)

道岔是机车车辆从一股道转入或越过另一股道的线路设备,是轨道的一个重要组成部分,也是轨道的薄弱环节之一。信号技术人员必须熟悉它的基本结构、作用和表示符号。

1. 道岔结构

道岔由转辙部分、连接部分和辙叉部分组成,如图 2-32 所示。

(1)转辙部分由尖轨、基本轨、连接零件(包括连接杆、滑床板、垫板、轨撑、顶铁、尖轨跟端结构等)及转辙机械组成。

(2)连接部分由导轨、基本轨组成,它将转辙部分和辙叉部分连成一组完整的道岔。

(3)辙叉部分由辙叉心、翼轨、护轨等组成。

道岔按用途及平面形状分为单开道岔、对称道岔、三开道岔、交叉道岔 4 种。其中单开道岔将一条线路分为两条,主线为直线方向,侧线由主线向左侧或右侧岔出,线路连接中较多采用,图 2-32

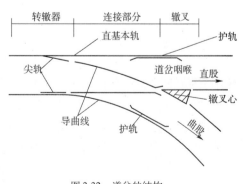

图 2-32 道岔的结构

即为单开道岔。

2. 道岔号数

道岔辙叉角的余切值叫道岔号数或辙叉号码。

地铁线路常用的标准道岔有 7 号、9 号、12 号。正线及折返线上统一采用 9 号道岔。为了行车安全平稳，列车过岔速度应有一定的限制，见表 2-5。其中车厂内基本为 7 号道岔，其侧向通过最高速度为 25km/h。

道岔侧向允许通过速度　　　　　　　表 2-5

辙叉号	7	9	12
速度(km/h)	25	30	50

3. 道岔的位置和状态

我们通常把道岔经常所处的位置叫作定位；临时根据需要改变的另一位置叫作反位。为改变道岔的位置，在道岔尖轨处需要安装道岔转辙设备。

尖轨与基本轨密贴的程度如何，对行车安全影响很大，比如列车迎着尖轨运行时，如果尖轨密贴程度差，即间隙超过一定限度（大于 4mm），则车辆的轮缘有可能撞着或从间隙中挤进尖轨尖端，而造成颠覆或脱轨的严重行车事故。因此，对尖轨和基本轨的密贴程度，有严格的标准，根据各地铁公司《行车组织》规定，装有转换锁闭器、电动转辙机或电空转辙机的道岔；当在转辙杆处的尖轨与基本轨之间插入厚 4mm、宽 20mm 的铁板时，应不能锁闭道岔和开放信号。

当列车通过道岔时，虽然道岔尖轨与基本密贴良好，但由于振动仍有使道岔改变状态的可能性。为了防止此种危险的发生，在上述几种道岔转换设备中，都附有外锁闭装置，以便把道岔锁在密贴良好的规定状态。

4. 对向道岔和顺向道岔

道岔本身并无对向和顺向之分，根据列车运行方向，当列车迎着道岔尖轨运行时，该道岔就叫对向道岔。反之，列车顺着道岔尖轨运行时，就叫顺向道岔，如图 2-33 所示。对向道岔和顺向道岔的不安全因素不一样，导致事故的后果也不同。

a)对向道岔　　　　　　　　　　b)顺向道岔

图 2-33　道岔的对向和顺向

当列车迎着岔尖运行时，如果道岔位置扳错了，则列车就被接到另一条线路上去了。如果这条线路已停有车辆，就会造成列车冲撞。另外，如果道岔位置虽然对，但其尖轨与基本轨不密贴（即状态不良），则车轮轮缘有可能将密贴的一根尖轨挤开，造成"四开"，从而引起列车颠覆事故。当列车顺着岔尖运行（即从辙叉方面开来），与上述情况就不同了，这时道岔位置如果不对，车轮轮缘可以从尖轨与基本轨挤进去，并推动另一根尖轨靠近基本轨，发生这种情况，叫"挤岔"。挤岔时有可能使道岔和道岔转换器遭到损伤。但应当指出，同一组道岔，根据经过它的列车运行方向不同，有的是对向的，有的却是顺向的。

为了保证行车安全，凡是列车经过的道岔，不论对向的还是顺向的，都要和信号机实现联锁。在电动的道岔转换器和锁闭器的结构上也要反映出道岔不密贴和挤岔等危险情况,一旦道岔不密贴或被挤时,就不能使信号机显示允许信号。

5. 单动道岔和双动道岔

当按压一个道岔动作按钮(电动道岔的操纵元件)时,如果仅能使一组道岔转换,则称该道岔为单动道岔;如果能使两组道岔同时或顺序转换,则称为双动道岔。双动道岔有时也称为联动道岔。联动道岔也有三动或四动的情况。为了简化操作手续,简化联锁关系,有时还为了保证行车安全和节省信号器材等因素,凡是能双动的道岔必须使之双动。"双动"即意味着两组道岔可作为一个控制对象来处理。

二、转辙机

1. 转辙机的作用

在集中联锁设备中,转辙机的作用是接收到命令后带动道岔转换,如图 2-34 所示。其主要功能为:转换道岔、锁闭道岔尖轨、表示道岔所在位置。其具体表现为:

(1)根据操作要求,将道岔转换至定位或反位。

(2)道岔转换至规定位置而且密贴后,自动实行机械锁闭,防止外力改变道岔位置。

(3)当道岔尖轨与基本轨密贴后,正确反映道岔位置,并给出相应表示。

(4)发生挤岔以及道岔长时间处于"四开"位置(尖轨与基本轨不密贴)时,及时发出报警。

2. 对转辙机的基本要求

(1)作为转换器,应具有足够大的拉力,以带动尖

图 2-34 转辙机与道岔的接合

轨作直线往返运动;当尖轨受阻不能转换到底时,应随时通过操作使尖轨回复原位。

(2)作为锁闭器,当尖轨和基本轨不密贴时,不应进行锁闭;一旦锁闭,不由于车辆通过道岔时的振动而错误解锁。

(3)作为监督器,应能正确反映道岔的状态。

(4)道岔被挤后,在未修复前不应再使道岔转换。

3. 转辙机的分类

1)按动作能源和传动方式分类

按动作能源和传动方式,可分为电动转辙机、电动液压转辙机。

(1)电动转辙机由电动机提供动力,采用机械传动方式。ZD6 系列、S700K 型转辙机都属于电动转辙机。

(2)电动液压转辙机由电动机提供动力,采用液压传动方式,简称电液转辙机。

2)按供电电源分类

按供电电源,可分为直流转辙机和交流转辙机。

(1)直流转辙机采用直流电动机,目前使用较多的 ZD6 系列电动转辙机就是直流转辙机。

(2)交流转辙机采用三相交流电源,电动机为三相异步电动机。一些地铁公司采用的 S700K 型转辙机即为交流转辙机。交流电动机没有换向器和电刷,故障率低,单芯电缆控制距离远。

3)按锁闭方式分类

按锁闭方式,可分为内锁闭转辙机和外锁闭转辙机。

(1)内锁闭转辙机锁闭机构设置在转辙机内部,尖轨通过锁闭杆与锁闭装置连接。ZD6等系列电动转辙机大多采用内锁闭方式。

(2)外锁闭转辙机依靠转辙机之外的锁闭装置直接锁闭密贴尖轨和基本轨,不仅锁闭可靠程度较高,而且列车过岔时对转辙机冲击小,有利于减少转辙机故障。

4.转辙机的设置

通常一组道岔由一台转辙机牵引,如果正线采用9号AT道岔,尖轨部分需要两台转辙机牵引。

5.转辙机的操纵和锁闭

1)操纵方式

转辙机操纵方式有电动转换和人工转换两种方式。

设备正常时,运行操作人员利用控制台(或显示器)上的有关按钮进行集中操纵。

停电、转辙机故障以及有关轨道电路故障时,只能使用手摇方式转换道岔。

手摇转辙机时,先用钥匙打开遮断器盖,露出手摇把插孔,插入手摇把,摇动规定圈数使道岔转换至所需位置。转换完毕抽出手摇把,但安全触点被断开,转辙机电路也被断开,必须由电务维修人员打开机盖,合上安全触点,转辙机电路才恢复正常。多动道岔或多台转辙机牵引的道岔,必须摇动各台转辙机使道岔至所需位置。它们在集中操纵时是联动的,但手摇转换时必须一一摇动。手摇把关系行车安全,要实行统一编号,集中管理,建立登记签认制度。

2)锁闭方式

锁闭方式对道岔实施锁闭指的是通过机械及电气方式将列车正在经过,或已发出指令允许列车经过(例如办理好进路)的道岔进行固定,防止道岔错误转换。

锁闭道岔的方式有机械锁闭和电气锁闭两种形式。

(1)机械锁闭是当道岔转换到位后利用转辙机的内锁闭或外锁闭装置自动实现的,用于确保列车运行时尖轨与基本轨保持密贴。当设备故障时,需人工利用钩锁器等设备对道岔尖轨实施锁闭以保证行车安全。

(2)电气锁闭是利用继电器触点等断开转辙机电路,确保列车占用或已发出指令允许列车经过时,不会由于误操作导致道岔转换。

6.ZD6-A型电动转辙机(相关教学资源见二维码11)

ZD6系列转辙机采用内锁闭方式,是我国城市轨道交通中使用最为广泛的电动转辙机。ZD6型转辙机的基本型,如图2-35a)所示;其内部结构,如图2-35b)所示。

二维码11

电动机采用直流串励电动机为电动转辙机提供动力。

减速器用于降低转速以获得足够的转矩,并完成传动功能。

摩擦联接器由弹簧和摩擦制动板组成,构成输出轴与主轴之间的摩擦连接,当道岔转换过程中尖轨遇阻时,能够保护电动机。

转换锁闭装置由锁闭齿轮和齿条块组成,将转动变为平动,通过动作杆带动尖轨运动,转换到位后进行锁闭。

自动开闭器通过表示杆与尖轨连接,表示杆随尖轨移动。只有当尖轨密贴并锁闭后,才能接通道岔表示电路,并断开道岔的转换电路。

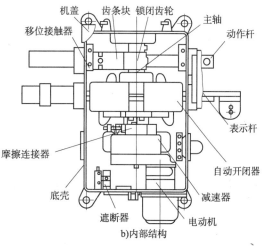

a) 基本型　　　　　　　　　　b) 内部结构

图 2-35　ZD6 型转辙机及结构图

移位接触器用于监督挤切销受损状态,道岔被挤或挤切销折断时,断开道岔表示,并接通挤岔报警电路。挤切销用于连接动作杆和齿条块,挤岔时挤切销被切断,使动作杆和齿条块分离,避免机件损坏。

遮断器(又称为安全触点),位于电动机一侧,用于断开电动机的电路。只有打开遮断器,才能插入手摇把人工转换道岔,或者打开机盖进行检修。

7. S700K 型电动转辙机

S700K 型电动转辙机是我国铁路为提速需要从德国引进设备和技术,经消化吸收和改进后,在干线铁路推广的一种转辙机。这种转辙机结构先进、工艺精良,解决了 ZD6 转辙机存在的电动机断线、故障电流变化、触点接触不良、移位接触器跳棋、挤切销折断等惯性故障。

城市轨道交通尽管运行速度不高,但采用 S700K 转辙机的优点十分明显:由于采用三相交流电动机,线路上的电能损失大大减小;由于采用滚珠丝杠传动装置,摩擦力小,机械效率高;由于三相电动机没有直流电动机的整流子,维修工作量大大减少。

S700K 型电动转辙机由外壳、动力传动机构、检测和锁闭机构、安全装置、配线接口 5 大部分组成。其结构,如图 2-36 所示。图 2-37 所示为应用于某地铁公司的 S700K 型电动转辙机。

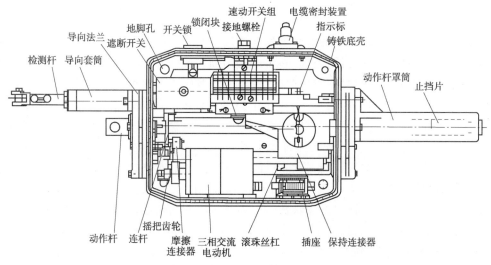

图 2-36　S700K 型电动转辙机的结构

图 2-37　S700K 型电动转辙机

外壳由铸铁底壳、机盖、动作杆套筒、导向套筒、导向法兰等组成。

动力传动装置主要由三相交流电动机、齿轮组、摩擦联接器、滚珠丝杠、保持联接器、动作杆等组成。其中滚珠丝杠相当于 32mm 的螺栓和螺母,滚珠丝杠正向或反向旋转一周,螺母前进或后退一个螺距。它将电动机的旋转运动转化为丝杠的直线运动的同时,还起到减速作用。保持联接器是转辙机的挤脱装置,利用弹簧压力通过槽口式结构将滚珠丝杠与动作杆连接在一起。当道岔的挤岔力超过弹簧压力时,动作杆滑脱,起到保护整机的作用。

检测和锁闭装置主要由检测杆、叉形接头、速动开关组、锁闭块和锁舌、指示标等组成。检测杆随道岔尖轨移动,用于检测道岔在终端位置时的状态。道岔在终端位置时,当检测杆指示缺口与指示标对中时,锁闭块与锁舌能够正常弹出。锁闭块的正常弹出使速动开关的有关启动触点闭合,并使有关表示触点断开。锁舌的正常弹出用于阻挡转辙机的保持联接器移动,实现转辙机的内部锁闭。速动开关实际上是采用了沙尔特堡触点组的自动开闭器,能够随着尖轨的动作而自动开闭,从而自动接通、断开电动机动作电路和道岔表示电路。

安全装置主要由开关锁、遮断开关、连杆、摇把孔挡板等组成。

配线接口主要由电缆密封装置、接插件插座组成。

任务五　计 轴 器

一、计轴器的工作原理(相关教学资源见二维码12)

二维码12

计轴设备主要在 CBTC 系统的移动授权尚未开通时使用,同时也作为无线设备故障时的备用冗余设备存在。其用途与轨道电路相似,主要用来检测区段状态信息。

计轴器是利用轨道传感器、计数器来记录和比较驶入和驶出轨道区段的轴数,以此确定轨道区段的占用或空闲。其工作原理:当列车驶入车轮进入轨道传感器作用区时,轮对经过传感器磁头时,向驶入端处理器传送轴脉冲,轨道区段驶入端处理器开始计轴,驶入端处理器首先判定运行方向,确定对轴数是累加计数还是递减计数。列车进入轨道区段,驶入端计轴器对轮轴进行累加计数,并发出区段占用信息;同时,驶入端处理器经传输线向驶出端处理去发送驶入轮轴数,列车全部通过驶入端计轴点时,停止计数。当列车到达区段驶出端计轴点时,由于列车是驶离区段,驶出端计轴器进行减轴运算,同时再传送给驶入端处理器。列车全部通过后,两站的微机同时对驶入区间和驶离区间的轮轴数进行比较运算,两站一致时,证明进入区段的轮轴数等于离开区段的轮轴数,可以认为区段已经空闲,发出区间空闲信息表示;当无法证明进入区段的轮轴数等于离开区段的轮轴数,则认为区间仍将处于占用状态。计轴器,如图 2-38 所示。

计轴设备分为室内和轨旁两部分。在轨道边有一个个醒目的黄色立式盒子叫计轴电子盒(EAK30C 轨道箱),俗称"黄帽子"。黄帽子和轨道上安装的计轴磁头一起构成了计轴的轨旁设备(计轴点)。计轴设备根据计轴点划分轨道区段,计轴点分布与轨道电路的 BOND 位置相似,在每个信号机处都有一个计轴点,同时考虑备用模式先期开通时的运行间隔来布置全线的计轴点。计轴点在图纸上一般用"➤◀"图标表示,共享计轴点在图标外面加圆圈,所谓共享计轴点就是向两个集中站发送数据的计轴点。计轴点上有车轮经过就会向 EAK 箱子里的电路板发送电信号,经过计算和转化后发送至室内设备。

计轴的室内设备集中在 ACE 机架内,ACE 即计轴核算器(Axle Counter Evaluator)的缩写。机架内的设备有 PDCU、电源板、串行 I/O 板、CPU 板、并行 I/O 板和 Weidmuller。这些设备由各层 TB 接线端子连接在一起,负责将轨旁设备采集的信息处理后送到微机联锁系统 PMI 作为联锁运算的数据使用。目前计轴送到 PMI 有 3 种状态信息:占用、出清、受扰。

1. 计轴磁头

计轴磁头安装在轨道上,轨道外侧圆柱形磁头能够发送电磁场,轨道内侧方形磁头负责接收该电磁场信号,如图 2-39 所示。当车轮经过磁头的时候,如图 2-40,磁力线由于金属的介入而改变,接收端磁头接收到的磁场强度会发生变化。随着接收到的磁场强度变化,接收磁头发送回 EAK 箱的电压会跟着变化。每个计轴点有相邻的两对磁头共 4 个,每个磁头都有电缆同 EAK 箱的底板连接。

图 2-38 计轴器实物图

图 2-39 安装在轨道上的计轴磁头

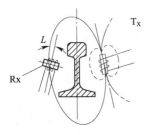

a)没有车轮时

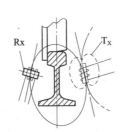

b)车轮渐渐靠近

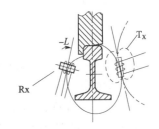

c)车轮处于磁头正上方

图 2-40 车轮对磁场的影响作用

同一计轴点的两对磁头在电气特性方面也存在差别,通常用所朝方向决定 SK1 和 SK2 来区分这两对磁头,SK1 的电压变化幅度要比 SK2 略小。之所以两对磁头有细微的差别是为了确定列车的运行方向。

2. EAK 箱内设备

EAK 箱(见图 2-41)的作用是给磁头供电,然后接收磁头发回的信号,经过简单逻辑判断和处理后发回室内。箱内有接地板,接地板上有 EAK 电子单元(见图 2-42),电子单元里有底板、模拟板以及核算器板各一块。一般计轴点的 EAK 箱下个共有 6 条电缆,其中 4 条电缆连接计轴磁头,1 条电缆连接室内 CTF 分线盘,还有 1 条地线电缆。

a)EAK外观

b)EAK内部

图 2-41　EAK 设备箱

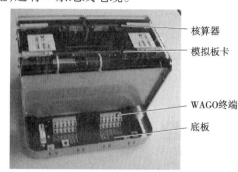

图 2-42　电子单元子架

整个 EAK 内部设备可以从中间分为基本对称的两半,每一半对应一对计轴磁头。两半的工作原理相同。

3. 底板

电子单元的底板(见图 2-43)类似于电脑的主板,整个电子单元的供电由此接入,核算器和模拟板插在底板的插槽中。底板边缘还有一个测试插座,可以连接测试工具用来察看电路板的工作电压以及磁头发送回来的电信号等。

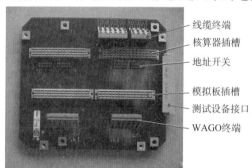

图 2-43　电子单元底板

底板的线缆终端上连接的是沟通室内外的电缆,电缆另一头通过室内 CTF 分线盘连接 ACE 机架内对应的 PDCU,整个电子单元的 100V 供电就是由 PDCU 提供的。普通计轴点的线缆终端 3 和 13 两个端子上有接线,供电输出和数据回送都是在这两根配线上实现的,用电压表测量可以测到接近 100V 的交流电压。共享计轴点的 4 和 14 端子也有配线,这两根线连接的是另一个集中站的对应 PDCU,由于只需要将数据共享,所以 4 和 14 端子的接线没有电源输入。WAGO 终端连接的是计轴磁头。计轴磁头所需要的 5V 电源和板卡的 24V 工作电源都由底板供电。

因为所有的核算器、模拟板和 PDCU 都不需要特别编程,更换新的就能立即投入使用,为了区分不同计轴点的数据就必须给每个数据加上地址。底板上的地址开关就是这个作用。

4. 模拟板卡

在车轮靠近和远离的过程中,计轴磁头的磁场变化是一个渐进的过程,所导致的接收端电压变化自然也是渐变的。模拟板的功能就是把这种渐变的信号转变成核算器板能读懂的电脉冲信号。图 2-44 所示,为模拟板卡灯位和电位器功能。

参考电压和调整电压是模拟板工作的两个重要数据,将测试工具箱连接到底板的测试工具插头上,通过相应的档位就可以读出 SK1 和 SK2 的这两个数值。

调整电压(MESSAB)就是磁头发送回 EAK 的电压。当车轮靠近磁头上方,该电压会急剧变小;当车轮在磁头正上方时,电压值最小。调整电压的最大值和最小值之间的差距基本恒定,绝对数值约为 400mV。旋转电位器 R2/R4,调整电压波形会在纵轴上发生平移,通过放上和取下模拟车轮,将最大值和最小值调整为绝对值相等的相反数。只要记录有车轮和无车轮的电压绝对值,将它们相加除以 2 即可得到需要的值。测试工具箱的 10 挡用来测试 SK1 的调整电压,12 挡测试 SK2 的调整电压。

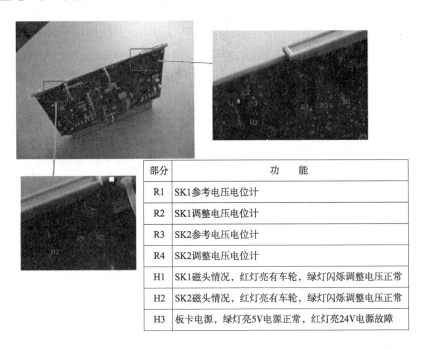

部分	功　　能
R1	SK1参考电压电位计
R2	SK1调整电压电位计
R3	SK2参考电压电位计
R4	SK2调整电压电位计
H1	SK1磁头情况,红灯亮有车轮,绿灯闪烁调整电压正常
H2	SK2磁头情况,红灯亮有车轮,绿灯闪烁调整电压正常
H3	板卡电源,绿灯亮5V电源正常,红灯亮24V电源故障

图 2-44　模拟板卡灯位和电位器功能

参考电压(PEGUE)是一个定值,其作用就是作为一个参考值。参考电压的调整一般在完成调整电压后。改变测试工具挡位测量参考电压,旋转电位器 R1/R3,使参考电压值等于没有车轮时的调整电压值。这样平时调整电压值在正常范围内时,模拟板持续送出高电平信号;当调整电压值达到负的参考电压时,模拟板送出低电平信号。测试工具箱的 11 挡用来测试 SK1 的参考电压,13 挡测试 SK2 的参考电压。

5. 核算器板

核算器的功能就是计数和向室内发送数据。核算器板有自检功能,一旦发现本身 CPU 有故障就会停止向室内发送错误数据。

6. PDCU

PDCU 是电源/数据调谐单元(Power/Data Coupling Unit)的简称。它安装在室内 ACE 机架背面,一头通过 CTF 分线盘连接轨旁设备,另一头连接着机架内的串行 I/O 板。正如设备名所述,PDCU 就是起到一个将电源和数据的通道进行合理分配的作用,对室外的 100V 供电和 EAK 发回的数据走的是同一对线。PDCU 的 1 号、2 号端口接的是电源屏的 100V 电源输入,如果 1 号、2 号端口没有电源配线,你可以很容易地确定这个 PDCU 对应的是一个共享计轴点。

7. ACE 子架

ACE 子架(见图2-45)是室内计轴设备的核心。一个 ACE 子架分为 3 层,每层有 16 个板卡位。第一层两块电源板和两块 CPU 板占掉 6 个板卡位,其余板卡位则是并行和串行 I/O 板,没有板卡的位置用盖板盖住。

ACE子架的串行I/O接收到来自PDCU的计轴点数据输入,将数据送到CPU板,CPU通过各个计轴点之间的逻辑关系,将来自计轴点的数据经过运算转化为各区段的状态信息后送到并行I/O,并行I/O将区段状态数据输出给联锁系统作为联锁条件。

计轴区段有3种状态:空闲、占用和受扰。空闲区段即区段内轮对数为零的区段。当该区段两头任何一个计轴磁头上有车轮滑向区段内,区段内轮对数变成正数就会成为占用状态。当该区段两头任何一个计轴磁头上有车轮滑出区段,区段内轮对数变成负数就成为受扰状态。占用区段内有多少轮对记录在室内ACE机架的CPU模块内,如果有相同数量的车轮滑出该区段,区段就会恢复空闲。一旦区段受扰,并行I/O板会自动锁死,除非经过复位和清扫处理,否则只会向联锁系统发送受扰信号。

图2-45　ACE子架

8. 电源模块

电源模块从电源屏获得60V交流电输入,然后分配给串行和并行I/O板使用。

9. 串行I/O板,并行I/O板

一块串行I/O板(见图2-46)负责2个计轴点的输入;一块并行I/O板(见图2-47)负责1个区段状态的输出。

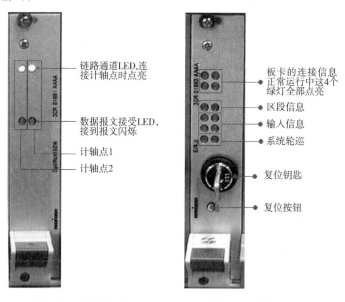

图2-46　串行I/O板　　　图2-47　并行I/O板

并行I/O板有许多LED灯位,可以通过这些LED看出计轴区段的一些简单情况。上面一组4个LED显示板卡的连接信息,如果两个数据通道都完好,这4个绿灯都是点亮的。下面一组8个LED分为3部分,最上面2个绿色灯位在区段占用时点亮,空闲和受扰时熄灭。中间4个橙色LED是一些输入信息,根据配线的不同会有不同的显示状态。目前的4个灯位配置能显示空闲、占用、受扰、正在复位和待清扫5种状态。最下面2个绿色LED隔一段时间会点亮一次,这表示 CPU 正在检查这块板卡运行状态,检查完这块板卡 CPU 会接着检查下一块,一直不停地循环。

区段受扰后如果确认故障已经排除,则需要复位并行 I/O,操作要求按下复位按钮的同时转动复位钥匙,保持 2~6s。复位成功可以从 4 个橙色 LED 的变化看出来。无论原来区段状态如何,复位后的区段状态是待清扫,在联锁上仍然按受扰处理,待清扫状态需要清扫后才能恢复空闲。

10. CPU 模块

CPU 模块是整个计轴系统的神经中枢,它的程序里烧录着计轴点和计轴区段之间的关系,它控制着系统并行 I/O 的输出,与联锁系统的安全密切相关。本着故障导向安全的原则,如果 CPU 模块发生故障或者失电,与该 CPU 有关的所有计轴区段将全部受扰。

CPU 板上有两种用于诊断的接口,可以根据分析设备的不同自由选择。正常运行的 CPU 板的字母数字显示屏上是一条旋转的直线,CPU 板死机直线停止旋转,这时就要按重置按钮重启 CPU 模块。但是要注意的是,按下重置按钮会消除 CPU 记录的所有运营日志。

二、计轴器的作用

计轴器是检测轨道区段空闲与否的装置。它具有特别强烈的抗机械应变能力,在冰、雨、雪和气候潮湿时都能正常工作,能适应非常恶劣的工作环境,所有这些优势使其成为轨道电路的最有力替代者。它可应用于半自动闭塞和自动闭塞区段,也可用于道口的防护、驼峰编组场的高轴阻检查、测速、判定钩车数等,还可在行车指挥自动化、列车运行自动化方面作为校正里程的依据。

对于无岔区段,在其两端各设一个测轴点,如图 2-48a)所示。对于数个无岔区段构成的带形区段,其测轴点的设置如图 2-48b)所示。对于无岔区段构成的重叠区段,其测轴点的设置如图 2-48c)所示。

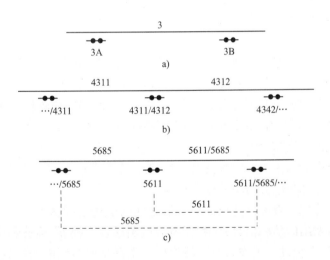

图 2-48 无岔计轴区段

对于道岔区段,在其岔前、岔后直向和岔后侧向各设一个测轴点,如图 2-49a)所示。对于交叉点,其测轴点的设置如图 2-49b)所示。对于交叉渡线,其测轴点的设置如图2-49c)所示。

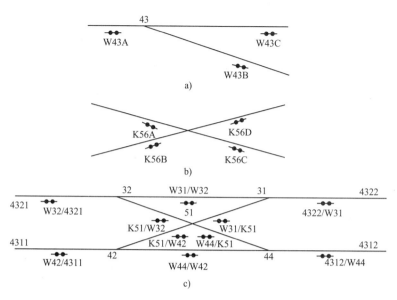

图 2-49 道岔计轴区段

任务六 应 答 器

一、应答器的工作原理（相关教学资源见二维码 13）

二维码 13

查询应答器是一种基于电磁耦合原理而构成的高速点式数据传输设备，是 ATP 系统的关键部件，用于在特定地点实现地-车间的数据交换。它为列车提供 ATP 所需的各种点式信息，包括进路长度、岔区长度、闭塞分区长度、坡度、曲线等，确保列车在高速运行状态下的安全。

查询应答器系统包括地面设备和车载设备。地面设备主要指地面应答器；车载设备包括车载查询器主机和车载查询器天线。

1. 地面应答器

地面应答器是一个信息编码调制器，由于其电源由查询器感应而生，故其功耗要求非常严格。另外，本设备为专用器材，对传输参数有特殊要求，一般通用芯片无法满足要求，因此选用低功耗的 FPGA（现场可编程逻辑器件）来实现信息的编码和调制，最后通过天线送出。应答器还包括 FLASH，可预存数据，也可内嵌到 FPGA 中。规模生产后，可以用 ASIC 芯片代替。其基本原理框图，见图 2-50。

当列车上的查询器通过地面应答器时，应答器被查询器瞬态功率激活进入工作状态，并向查询器连续发送存储于应答器中的行车数据。

当安装在列车底部的查询器与地面应答器之间的磁场强度达到规定的范围时，应答器线圈感应到查询器发出的功率信号，应答器电源电路通过变换器、检波和电压调节，输出系统工作所需的电压，系统进入工作状态。波形变换电路从感应线圈谐振频率信号中提取系统工作时钟，同时供给编码器和调制电路。编码器读取预置在系统 FLASH 中的信息，并给调制器输出编码条件。调制器从系统时钟获得产生 FSK 调制信号的上边频 f_1 和下边频 f_2。调制完成后的 FSK 信号要经低通滤波器整形之后放大，由天线发射出去。整个过程需要 3~5ms，见图 2-51。

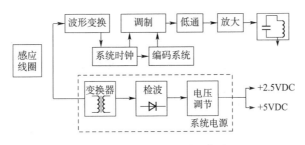

图 2-50 地面应答器的基本工作原理

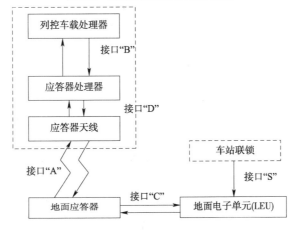

图 2-51 地面应答器系统框图

2. 车载查询器

车载查询器比应答器复杂许多,但因为车载设备应由车载电池电源馈电,没有功耗要求,因此可以有多种实现方法。查询器的主要功能是接收应答器发来的信号,解调出数据信号,解码后再通过串行输出送至车上设备。其原理框图,见图 2-52。

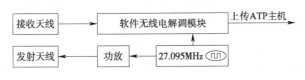

图 2-52 车载查询器系统框图

另外,车载查询器还包括 1 个电源和无线接口模块,1 个较大的天线。传输子系统的工作要求取决于天线装置的结构和应答器的结构。发生可靠传输的应答器上列车行进方向的距离,要大于所需的最小接触距离,其中,要考虑应答器和应答器传输模块(BTM)的编码策略和动态启动次数。信号解调、编解码和串行通信部分,可以用通用的电路及 1 个单片机芯片完成,或直接由 1 个 DSP 芯片完成全部功能。

二、应答器的作用

查询应答器的作用,可以概括为以下 3 点:

1. 列车定位信标

当列车定位设备存在着测量误差,特别是列车经过长距离运行后,这个误差会不断地积累,直接影响列车定位的精度。因此,沿线路上每隔一段固定距离安装一个地面应答器设备,即当列车经过时,通过检测该定位点,获知列车的确切位置,从而消除定位设备所产生的积累定位误差。所以查询应答器可以成为列车定位的信标。

2. 线路地理信息车-地通信的信道

地面应答器可以把一些固定的地理信息,如列车运行前方的弯道曲线率及长度、坡道坡度及长度、限速区段长度及限速值等固定信息和位置信息一起存储在应答器中,传输到列车上。在采用轨道电路作为 ATC 控制信息传输通道的线路上,查询应答器的使用可以大大降低轨道电路需传输的信息量,从而降低 ATC 信号的传输频率,改善信息传输距离。

3. 临时限速信息的传输通道

当由于施工作业或其他紧急情况出现时,会临时影响列车运行速度,由控制中心通过轨道电子单元 LEU 将临时限速信息传送给地面应答器(通常为有源应答器);当列车经过时传递给车载设备,从而完成对列车速度的控制,保证行车安全。

三、应答器的分类

1. 按照供电电源划分

按照供电电源划分,可分为固定(无源)应答器和可变(有源)应答器。其主要用途是向列控车载设备提供可靠的地面固定信息和可变信息,如图 2-53 所示。

无源应答器,用于发送固定不变的数据,用于提供线路固定参数,如线路坡度、线路允许速度、轨道电路参数、链接信息、列控等级切换等。当列车经过无源应答器上方时,无源应答器接收到车载天线发射的电磁能量后,将其转换成电能,使地面应答器中的电子电路工作,把存储在地面应答器中的数据循环发送出去,直至电能消失(即车载天线已经离去)。平常处于休眠状态。

有源应答器,用于传输可变信息。有源应答器通过电缆与地面电子单元(LEU)连接,可实时发送 LEU 传送的数据报文。当列车经过有源应答器上方时,有源应答器接收到车载天线发射的电磁能量后,将其转换成电能,使地面应答器中发射电路工作,将 LEU 传输给有源应答器的数据循环实时发送出去。直至电能消失(即车载天线已经离去)。平常处于休眠状态。

无论是无源应答器还是有源应答器,其工作原理是一样的。当列车经过地面应答器上方时,应答器接收到列控车载设备点式信息接收天线发送的电磁能量后,应答器将能量转换为工作电源,启动电子电路工作,把预先存储或 LEU 传送的为应答器传输报文循环发送出去,直至电能消失。

2. 按照安装位置划分

按照安装位置划分,可分为中心安装式、侧面安装式和立杆安装式 3 种。

(1)中心安装式。应答器安装在两轨中心部位,而查询应答器安装在列车底下的中间位置,与应答器相对应耦合,见图 2-54。

图 2-53 查询应答器

图 2-54 中心安装式查询应答器

(2)侧面安装式。查询应答器安装在列车的侧面,与之相应,应答器也安装在一根钢轨的侧面,与通过列车的查询应答器相对耦合。

（3）立杆安装式。应答器安装于路旁立杆上,其作用的无线电波为无方向性,也可为有方向性。因此,道路上通过装有查询应答器的移动车辆时,立即可与它起耦合作用,传递相应信息。

知识拓展

1. 轨道电路的极性交叉

有钢轨绝缘的轨道电路,当钢轨绝缘双破损时,可能引起轨道继电器的错误动作,如图2-55a）所示,由于没有按照极性交叉的要求设置,则在1G有车占用而绝缘双破损的情况下,因两个轨道电源同时供电,且电流方向相同,则1GJ可能保持吸起而危及行车安全。

为了实现对钢轨绝缘破损的防护,使钢轨绝缘两侧的轨面电压具有不同的极性或相反的相位,这就是轨道电路的极性交叉。

图2-55b）按照极性交叉配置,绝缘破损时,轨道继电器中的电流是两轨道电源所供电流之差,只要调整得当,1GJ和3GJ都会落下,保证行车安全,并能及时反映设备故障,满足了故障—安全的要求。

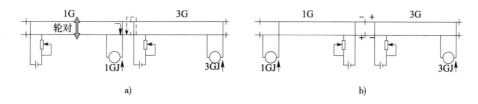

图2-55　轨道电路的极性交叉

对于交流电,只要两相邻轨道电路电流的相位相反,它们的瞬间极性也相反,可以得到极性交叉的效果。对于频率电码轨道电路,由于相邻区段的编码不同,不能实现极性交叉,必须采用频率防护的方法。

2. 超限绝缘

按照有关要求,车辆段道岔区段设置于警冲标内方的钢轨绝缘,其安装位置距离警冲标不得小于3.5m,如图2-56所示。当利用车辆段控制台或显示器的光带确认车轮越过绝缘时,这种设置要求可以确保车辆也全部进入了警冲标内方。

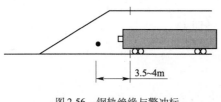

图2-56　钢轨绝缘与警冲标

当不得已钢轨绝缘只能装设于警冲标内方小于3.5m处,即构成了"侵限绝缘",又称为"超限绝缘",在图中该绝缘符号外画圆圈。侵限绝缘的存在影响有关信号、道岔、轨道电路的联锁关系,有关工作人员,如调车人员、车站操作人员、信号维修人员等,应熟悉现场侵限绝缘位置,当涉及侵限绝缘的作业时,应严格执行有关规定,避免由于停车位置不当造成行车事故或影响列车运行。

3. 轨道电路常见故障分析

（1）分路不良

"分路不良"故障指的是轨道区段有车占用时,有关轨道继电器不落下,控制台或显示器相对应的区段不显示红色光带。造成这种故障的原因,除了轨道电路本身达到"分路状态最不利条件"以外,还包括轻车、轨面不清洁(如生锈)等原因。

分路不良对车站作业的影响主要在安全方面,由于不能利用轨道继电器检查出轨道区段有车占用,有可能造成安全隐患。

①当线路出现分路不良的现象时,列车行驶至该区段后,轨道电路不显示红光带,在车站计算机或调度终端上不能监控列车的运行状态,系统不能检测到该段轨道电路被列车占用。

②当后续列车接近有列车占用且出现轨道电路分路不良的区段时,列车检测到前方轨道有列车占用,不会减速停车,极易造成列车追尾事故的发生。

③若分路不良的区段为岔区,当后续列车接近时,系统将自动扳动道岔,排列进路,造成道岔上的列车脱轨或颠覆。

因此,发现分路不良问题后,必须及时报告有关部门,严格执行有关要求,认真确认列车位置,锁闭有关道岔,确保办理列车运行和调车作业安全。

分路不良同样也会影响作业效率。由于不能可靠地分路有关轨道区段,造成列车进出车辆段过程中,进路不能正常解锁,控制台上遗留有"白光带",须人工操作才能解锁有关区段;在区间,造成车次号丢失(列车的占用以红光带为依据,不以车次号为依据),通过车站计算机或调度终端上不能监控列车的运行状态。

(2)红光带

"红光带"故障指的是轨道区段没有车占用时,控制台或显示器相对应的区段显示红色光带。造成这种故障的主要原因有轨道电路送电电压低、道床潮湿肮脏使得漏泄电流大、轨道电路有断线或断轨情况等。

显示"红光带"的区段相当于有列车占用,因此,发生"红光带"故障主要影响车站及区间的行车效率,部分行车安全需依靠人工保障,有关工作人员必须严格执行非正常情况下的作业办法。

①将故障地点和故障现象通知信号维修人员,并及时联系,确认故障原因及恢复时间。

②列车司机在行车调度员的授权下,及时转换驾驶模式,确保列车运行安全。

③车站有关工作人员按照行车调度员指示,及时转换道岔,开放信号。

故障修复后,应及时通知受影响的车站和有关在线列车司机及时恢复正常运行模式。

 思考与实训

实训2-1 信号机的设置及命名

一、实训目标

(1)熟悉信号机的设置原则及显示含义;

(2)能正确标出站场信号平面布置图中各信号机的位置及名称。

二、实训设备

某站场信号设备平面布置图。

三、实训相关资料

1.信号机的命名

一般正线上的信号机上行用"S"表示,下行用"X"表示。防护信号机用"F"命名;阻挡信号机用"Z"命名;复示信号机用"FX"命名。以数字序号作为下标,下行咽喉编号为单号,上行咽喉编号为双号，从站外向站内顺序编号。

车辆段/停车场的进段/场、出段/场信号机用上行"S"、下行"X"和进段"J"、出段"C"组合来表示，从段外向段内顺序编号；列车阻挡信号机和调车信号机用"D"命名，从段内向段外顺序编号。

2. 信号机命名

（1）在正线上常用的信号机

①防护信号机

在正线道岔岔前和岔后适当地点设置防护信号机。防护信号机的设置，如图2-57中的A站、E站和F站所示。

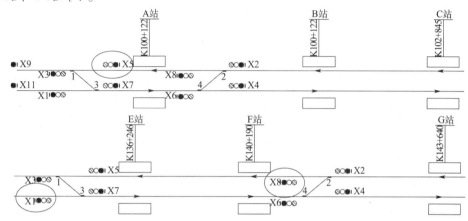

图2-57　防护信号机的设置

②阻挡信号机

在线路尽头处设置阻挡信号机，表示列车停车位置。当车站设置有阻挡信号机时，与防护信号机共同顺序编号，如图2-58中A站X9、X11，H站的X18、X20所示。

③进站、出站信号机

车站可根据需要设置进、出站信号机，或仅设置出站信号机。出站信号机设置在车站出口，即列车由车站向区间发车处前方，指示列车能否由车站进入区间。如图2-58中A站X5、X6。

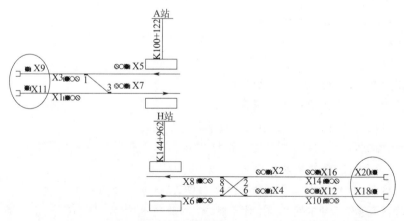

图2-58　阻挡信号机的设置

④通过信号机

采用ATC系统的城市轨道交通,自动闭塞通过信号机已经失去主体信号的作用,一般在区间不设置通过信号机。

⑤发车表示器

车站可在正向出站方向站台一侧,列车停车位置前方适当地点设置发车表示器,向司机表示能否关闭车门及发车的时间。

(2)在车辆段/停车场常用的信号机

①进段/场信号机

车辆段(车场)入口转换轨外方设置进段(场)信号机,见图2-59中的SJ1、SJ2。进段(场)信号机显示及灯光配列可与防护信号机相同,也可采用双机构。

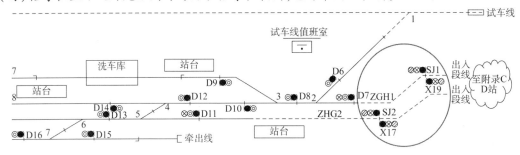

图2-59 进出段/场信号机的设置

②出段/场信号机

车辆段(车场)出口处设置出段(场)信号机,见图2-59中X17、X19。其显示及灯光配列可与防护信号机相同。

③调车信号机

车辆段(车场)内其他地点可根据需要设置调车信号机,见图2-57中D13、D14。

实训2-2 轨道电路的划分和命名的原则

一、实训目标

学生掌握轨道电路的划分和命名的原则。

二、实训要求

学生完成轨道电路的划分和命名。

三、相关知识

1. 划分原则

(1)有信号机的地方必须设置绝缘节。

(2)满足行车、调车作业效率的提高。

(3)一个轨道电路区段的道岔不能超过3组。

2. 命名

道岔区段和无岔区段命名方式不同。

(1)道岔区段:根据道岔编号来命名。如:1DG、1-3DG、1-5DG。

(2)无岔区段:有几种不同情况,对于股道,以股道号命名,如1G等;进站内方,根据所衔接的股道编号加A或B,如1AG(下行咽喉)、2BG(上行咽喉);位于咽喉区的无岔区段:以两端道岔编号写成分数形式加G表示。如图2-60所示。

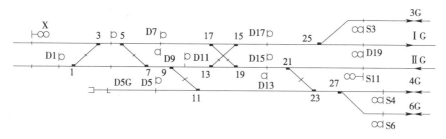

图 2-60

实训2-3 手动摇道岔（相关教学资源见二维码14）

一、实训目标
能够熟练完成手摇道岔的操作,掌握关于手摇道岔的有关规定,人工排列进路。

二、实训要求
按照《行车组织规章》中的手摇道岔要求进行人工排列进路。

三、实训相关资料
（1）实训器具。如图2-61所示。

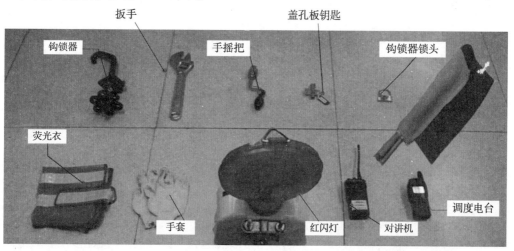

图2-61 实训器具

防护设置规定:

①进入线路时,需要在所进入的区间端端墙处设置防护、在所摇道岔来车方向放置防护。

②采用红闪灯作为防护信号。

③防护设置不必向行车调度员请示,红闪灯放在端墙外站台边缘以便司机瞭望位置。人员出清后（或在安全位置待令时）应及时撤除防护。

④站前折返时,折返站在准备第二趟及以后的列车折返进路时,由准备进路人员在现场可能来车的方向设置防护。如图2-62所示。

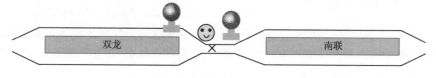

图2-62 红闪灯防护示意图

(2)利用手摇把摇动道岔,掌握手摇道岔的方法。

例如:某地铁公司关于手摇道岔的规定:

①一看:看道岔开通位置是否正确,是否需要改变位置。

②二开:打开孔盖板及钩锁器的锁,拆下钩锁器。如图2-63所示。

 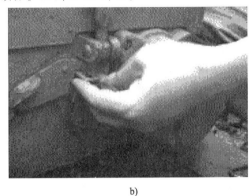

a) b)

图2-63 "二开"

③三摇:摇道岔转向所需位置,在听到"咔嚓"的落槽声后停止。如图2-64所示。

手摇把插入位置

图2-64 "三摇"

④四确认:手指尖轨,"尖轨密贴开通×位",并和另一人共同确认。如图2-65所示。

尖轨密贴

定通定位

图2-65 "四确认"

⑤五加锁:另一人在确认道岔位置开通正确后,用钩锁器锁定道岔尖轨。如图2-66所示。

⑥六汇报:向车站控制室汇报道岔开通位置正确。

注意事项:

①汇报时必须说清楚该道岔的标号、道岔位置、尖轨密贴和是否加锁完毕,并提醒车控室复诵。

②汇报完成后,必须收拾好所有携带的物品(出清线路),再准备下一副道岔扳动。

③所有进路上的道岔摇动到正确位置后,人员撤离到安全位置才能向车控室汇报"进路排列完成,线路出清。"得到车控室同意后才能向列车司机打出"好了"信号。

(2)学习道岔故障时的处理方法及手摇把管理的有关规定。

例如:某地铁公司关于车辆段手摇把编号、保管的规定:

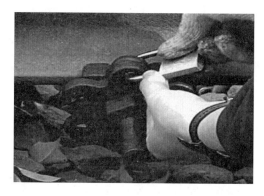 

图 2-66 "五加锁"

①手摇把应统一编号。编号以区域为单位,由 01~09 两位数字组成。由车辆部安全技术室登记造册一式两份,其中车辆部安全技术室存档一份,手摇把存放室一份。

②手摇把的保管。设加锁手摇把保管箱,由车辆部统一配置,设置在规定地点。信号楼手摇把保管箱的钥匙由车辆段/停车场值班员保管。

③手摇把配备数量。由车辆部根据道岔组数确定应配数量。

4. 实训

实训的验收记分,见表 2-6。

实训验收记分表　　　　　　　　　　　　　　　　　表 2-6

动作及现象	记分
未在来车方向设红闪灯	-5
道岔位置判断错误,导致不该摇岔的摇岔或应该摇岔而未摇岔	-20
未查看尖轨与基本轨之间及翼轨与辙叉心之间有无异物	-5
未将转辙机断电即拾取异物	-5
未拆钩锁器即转换道岔	-5
手摇把摇岔不熟练	-5
摇岔时无人防护及监控	-5
未听到咔嚓声(若无咔嚓声,未判断尖轨密贴)就停止摇岔	-10
未加钩锁器	-5
未共同确认道岔位置,或确认位置不正确	不及格
汇报前未撤除工(器)具	-5
未向行车值班员或行车调度员汇报道岔准备情况	-5
用语不标准	-5

实训 2-4　计轴设备故障修复

一、实训目标

(1)能正确判断计轴设备故障。
(2)熟悉计轴设备故障时复位受扰区段流程。

二、实训相关资料

1. 故障原因

由于目前计轴 CPU 内软件的设定,区段受扰后复位并行 I/O 板后,相应区段并不会就此恢复空闲状态,而是一个中间阶段,称为"待清扫"。待清扫状态的轨道区段在联锁系统中仍然按故障区段处理,不能排列进路和开放信号。只有清扫车或者人工模拟车辆从区段的一边进入,再从另一边退出,该区段才会恢复空闲状态。

2. 清扫车作业处理

清扫区段最好使用清扫车处理,清扫车在清扫作业中最大限速20km。需要清扫的主要原因是为了确认故障排除后的区间内没有任何影响行车的因素对行车安全构成威胁。一般正线上的直线区段受扰都直接复位,等待车辆清扫。

3. 人工清扫作业处理

如果受扰区段影响到需要操作的道岔,运营又处在停顿状态,则需要人工清扫。人工清扫需要一个能够模拟车轮对计轴磁头影响的模拟车轮,在测试工具箱里会附带一块。

人工清扫需要至少两人配合操作,一人负责在室内ATS用户界面前指挥,同时需要复位并行I/O板;另一人负责在区间内完成清扫作业。人工清扫的关键是模拟列车的运行,直接复位受扰区段,则受扰区段状态变成待清扫;如果该区段边上的区段状态是空闲,模拟轮从空闲区段进入待清扫区段,就会造成原来空闲的区段受扰,这样反而使处理过程变得更复杂。所以在受扰区段两边没有占用区段的时候,需要人为先制造一个占用区段。现阶段的软件要求清扫列车的轮对数至少为2个,所以人为制造占用区段时一般用模拟轮向同一个方向划两次。人为制造的占用区段与"列车"需要行进的方向向反,然后复位受扰区段,沿着行进方向的计轴点逐个划轮子,直到占用区段到达可以让车辆清扫的为止。最后一步就是复位最后的占用区段,该区段状态恢复"待清扫",就可以了。

项目三　联　锁　设　备

教学目标
1. 了解联锁的基本概念。
2. 掌握联锁的基本内容。
3. 熟悉使用车辆段联锁设备与车站联锁设备完成各种行车作业,保证行车安全,提高设备的使用效率。

任务描述
联锁设备是城市轨道交通的重要信号设备,用来在车站和车辆段实现联锁关系,建立进路,控制道岔的转换和信号机的开放,以及进路解锁,以保证行车安全。本项目重点讲授联锁的基本内容与联锁设备的分类。分别阐述车辆段联锁设备和正线车站联锁设备的实现功能,及设备组成。培养学生正确操作各种不同联锁设备办理行车作业,提高行车效率,保障作业安全。

学习任务
1. 掌握联锁系统对列车进路的控制。
2. 掌握 6502 电气集中各组成部分的作用及 6502 的操作。
3. 掌握不同计算机联锁的结构及其操作。

任务一　联锁的概念、内容及设备分类

1. 列车进路和调车进路

进路按照作业的性质,可分为列车进路和调车进路。

在车站内,列车或调车车列由一点运行至另一点所经过的路径称为进路。它可以分为列车进路和调车进路两种。

1）列车进路

列车在站内运行时所经过的径路称为列车进路。列车进路又可分为接车进路、发车进路和通过进路。

（1）接车进路指从列车进入进站（进路）信号机起至接车线末端出站信号机（或警冲标）止的一段线路。

（2）双线车站发车进路是从出站信号机起至站界标止的一段线路。

（3）通过进路指列车经正线不停车通过车站（车场）的进路,是由接车进路和正线发车

进路所组成。

2）调车进路

在不设调车信号机的车站，调车进路是从调车车列或单机运行方向的前端起至运行目的地；在设有调车信号机的车站，调车进路是从开放的调车信号机起到关闭的调车信号机、出站兼调车信号机或站界标止的一段线路。调车进路依据进路的长短，可以分为短进路和长进路。进路的划分如图3-1所示。

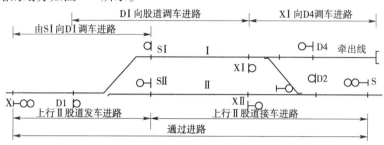

图3-1　进路的划分

2.敌对进路

在车站内有些进路同时建立时，将造成列车或调车车列相撞的危险。为保证安全，必须对同时建立可能造成冲突的进路实行联锁，防止同时开通。

凡是两条进路有重叠部分，并不能以道岔来区分时，该两条进路互为敌对进路。防护该两条进路的信号机互为敌对信号机。参照图3-2以便说明确定敌对进路的原则如下：

（1）同一到发线上对向的列车进路与列车进路。如举例站场下行东郊方面Ⅲ道接车进路和上行Ⅲ道接车进路。

（2）同一到发线上对向的列车进路与调车进路。如下行5道接车进路和D18至5G的调车进路。

（3）同一咽喉区内对向重叠的列车进路。如下行东郊方面Ⅰ道接车进路和上行东郊方面Ⅰ道发车进路。

（4）同一咽喉区内对向或顺向重叠的列车进路与调车进路。顺向重叠进路指两条方向相同、互相间有部分或全部重合的进路。如下行Ⅰ道接车进路和S1至D9调车进路。

（5）同一咽喉区内对向重叠的调车进路。如D11至4G调车进路与S4至XD的调车进路。

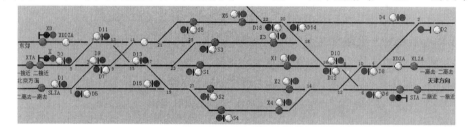

图3-2　敌对进路

一、联锁的概念及其基本内容

1.联锁的概念（相关教学资源见二维码15）

为了保证行车安全，就必须使信号机、进路和道岔三者之间有着一定互相制约的关系，我们把这种关系叫"联锁"。

二维码15

进路是由道岔位置所决定的,在进路的入口处设置信号机进行防护。所谓建立进路,就是把进路上的道岔扳到进路所要求的位置上,然后将该进路的防护信号机开放。道岔位置不对,信号不能开放。信号开放,道岔不能扳动和转换变更位置,直至信号关闭,列车或机车车辆越过道岔为止。不难看出,"联锁"存在于两个对象之间,而且是相互制约的,所以一般情况下是互锁的。

2. 道岔与进路间的联锁

进路上的道岔与进路关系:定位锁闭、反位锁闭。

所谓道岔定位即道岔经常在的位置。道岔有定位和反位两种工作位置,进路有锁闭和解锁两种状态。道岔位置正确,进路才能锁闭;进路解锁,道岔才能改变工作位置。其表达方式,如图3-3所示。

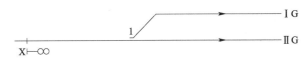

图3-3 道岔与进路间的联锁

图3-3说明:

(1)进路1道接车进路,将1号道岔锁在反位,道岔与进路关系是反位锁闭。

(2)进路2道接车进路,将1号道岔锁在定位,道岔与进路关系是定位锁闭。

总而言之,定位锁闭是:A不在定位,B不能反位;B反位后,把A锁在定位。反位锁闭是A不在反位,B不能反位;B反位后,把A锁在反位。

3. 道岔与信号机间的联锁

因为进路是由信号机防护的,所以道岔与信号机间的联锁称为道岔与信号机间的联锁。它们的关系称为:"定反位锁闭关系",记作"1,(1)"。其表达方式如图3-4所示。

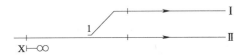

图3-4 道岔与信号机间的联锁

定反位锁闭关系,顾名思义,1号道岔在定位,信号可以开放,1号在反位,信号也可以开放;当道岔既不在定位,也不在反位,例如道岔不密贴,有4mm以上间隙或挤岔时,信号是不能开放的。

4. 进路与进路间的联锁

进路与进路之间存在着两种不同性质的关系:一是抵触进路,二是敌对进路。

(1)抵触进路,如图3-5所示。

下行接车有三条,即进路1、2、3,而这三条进路要求道岔位置各不相同,且在同一时间只能建立一条进路。任何一条进路锁闭,在其未解锁之前,均不可能再建立其他两条进路,我们把这种互相抵触进路的进路叫抵触进路。这种进路既然不能同时建立,所以我们一般不考虑,联锁表也不表达。

但是,当建立一条进路如进路1和进路3,决定权取决于扳道员时,室内设备要求在抵触进路之间采取一定的锁闭措施,实现它们的联锁。这时,要在联锁表中列出。

(2)敌对进路。用道岔位置不能间接控制的两条的进路,这两条进路又存在着抵触或敌对关系,称为敌对进路。

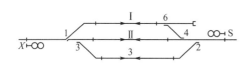

进路号	进路名称	敌对进路	抵触进路
1	Ⅰ道下行接车	6	2,3
2	Ⅱ道下行接车	4,5,6	1,3
3	3道下行接车	4,5,6	1,2
4	3道上行接车	2,3	5,6
5	Ⅱ道上行接车	2,3	4,6
6	Ⅰ道上行接车	1,2,3	4,5

图 3-5 进路与进路之间的联锁关系

如图 3-5 中,进路 5 是上行ⅡG接车,进路 2 是下行ⅡG接车,它们是同一股道而不同方向的接车,不能用道岔位置间接控制,若能同时接车,就会造成迎面冲突,所以它们是敌对进路,有时我们把这样的进路也称为迎面敌对进路。采取的措施是照查。如图 3-5 中,又如进路 5 和进路 3,也是敌对,主要考虑延续进路问题。

5. 进路与信号机间的联锁

进路与进路间的联锁关系,如图 3-6 所示,可用进路与信号机之间的关系来描述。如 D21～WG 进路,它的敌对进路是 D23～D21,所以把 D23 为进路 1 的敌对信号,在联锁表中敌对信号栏记作 D23。

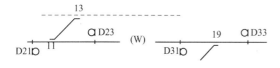

进路号	进路名称	敌对信号
1	D21 至 W	D23, <19> D33
2	D33 至 W	D31, <11/13> D21

图 3-6 进路与信号机之间的联锁关系

一般规定无岔区段是不能同时向内调车的,所以,当 19 号在定位时,D33 是 D21～WG 进路的敌对信号,在联锁表中敌对信号栏记作 <19>D33。

同理,进路 2 与调车信号机 D21 也存在着条件敌对关系,故在进路 2 的敌对信号栏内,记有" <11/13>D21"。凡是两对象间存在着一个或几个条件才构成锁闭关系,就是条件锁闭,而这里的条件一般指道岔位置。

6. 信号机与信号机间的联锁

既然进路与进路间联锁可用进路与信号机间的联锁关系来描述,当然也可以用信号机与信号机间的联锁关系来描述。如图 3-7 所示的调车信号机为例,D21 与 D33 之间的关系是条件联锁,条件是道岔 11/13 定位和道岔 19 定位。

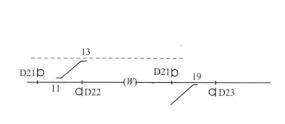

信号机编号	信号机名称	敌对信号	
		条件	锁闭
D21	调车信号机		D23
		19	D33
D23	调车信号机		D21
D31	调车信号机		D33
D33	调车信号机		D31
		11	D21

图 3-7 信号机与信号机之间的联锁关系

二、联锁设备的分类

1. 联锁设备(相关教学资源见二维码16)

控制车站的道岔、进路和信号,并实现它们之间联锁关系的设备称为联锁设备。

二维码16

2. 联锁设备的分类

车站信号控制系统,一般称为车站联锁,它的控制对象主要有:信号机、道岔和进路。道岔在现地分散操纵的车站联锁,叫非集中联锁;道岔、进路和信号机在一处集中控制与监督的车站联锁,叫集中联锁。

用继电电路实现联锁的电气集中联锁,叫做继电式电气集中联锁。6502电气集中联锁即是继电集中联锁的一种。通过计算机来实现车站联锁功能的联锁系统,叫做计算机联锁系统。

继电联锁,又称为电气集中联锁,是用电气的方法集中控制和监督段内的道岔、进路和信号,并实现车辆段联锁关系的联锁设备。这种设备的主要特点是室外采用色灯信号机,道岔由转辙机转换,进路上所有区段均设有轨道电路,由继电电路实现对室外设备的控制并实现联锁,操作人员通过控制台集中操纵和监督全段信号设备。

在轨道交通中,上海地铁1号线、北京地铁1号线车辆段、广州地铁1号线车辆段等均采用6502电气集中。

计算机联锁利用计算机实现车站的联锁关系,用继电器电路作为计算机主机与室外信号机、转辙机、轨道电路(或采用其他轨旁设备)的接口设备,操作人员通过计算机显示器等设备实现对现场设备的控制和监督。计算机联锁充分发挥了计算机的特点,操作表示功能完善,并方便设计、施工、维修和使用,便于实现信号设备的远程监督、远程控制和自动控制,是车站联锁设备的发展方向。

任务二　车辆段联锁设备

一、车辆段联锁设备的主要技术要求

车辆段/停车场联锁功能与国家铁路联锁基本一致,其主要区别在于增加了车辆段/停车场联锁与正线、洗车线、试车线的接口。以下是车辆段/停车场联锁的具体功能要求:

1. 进路建立

办理列车进路时,根据操作的先后顺序确定进路的始端和终端后,只能自动地选出一条基本进路;依次确定进路的始端、变更点和终端后,选出相应的变更进路。一条基本进路可以有多条变更进路。

办理调车进路时,根据操作的先后顺序确定进路的始端和终端后,只能自动地选出一条含几条基本进路的长调车进路。依次确定进路的始端、变更点和终端后,选出相应的变更进路。一条基本长调车进路可以有多条变更进路。

无岔区段有车占用时,允许向该区段办理调车进路,但不允许经由该区段排列组合调车进路,即长调车进路。出段信号机还检查与正线的联系接口关系正确。

2.进路锁闭

进路选出后,在与进路有关的轨道区段空闲、道岔位置正确以及未建立敌对进路的条件下,对有关道岔及敌对进路实行锁闭。

进路的锁闭按时机分为预先锁闭和接近锁闭。进路排通、防护进路的信号开放后,接近区段空闲时的进路锁闭又称为进路的预先锁闭;接近区段有车占用时的进路锁闭又称为进路的接近锁闭。对于列车进路,接近锁闭须持续到进路第一区段自动解锁或人为解锁。

进路的接近区段规定如下:

(1)接车进路的接近区段为入段信号机外方转换区段。

(2)发车进路的接近区段为与车库发车信号机外方邻接的轨道区段。

(3)调车进路的接近区段为调车信号机前方邻接的轨道区段。当信号机前方不设轨道电路时,则信号开放即构成进路的接近锁闭。

通过操作应能办理引导进路锁闭和引导总锁闭。引导进路锁闭须检查道岔位置正确,并锁闭进路中的道岔,敌对信号不得开放。

3.进路解锁

任何操作不能使占用的区段解锁,任何操作不能使列车运行前方的区段解锁,已锁闭的进路不因轨道电路设备停电恢复后错误解锁。

1)进路正常解锁

锁闭的进路在其防护信号机关闭后,能随着列车的正常运行,使各轨道区段分段自动解锁;为了提高车辆段的通过能力,进路解锁多采用"逐段解锁"制。如图3-8中,向Ⅱ股道接车时,当列车通过了3-5DG区段轨道电路后,该区段就立即解锁,区段内的道岔3和道岔5立即解锁,为及时建立A-B方向的进路创造了条件;当列车通过了9-11DG区段轨道电路后,则道岔9/11也随之解锁。这样就可以充分发挥车站的通过能力,当然,实现逐段解锁在技术上较为复杂。逐段解锁用到三点检查的方法,三点检查描述了列车驶入待解锁区段直至列车出清待解锁区段这一运行过程。即待解锁区段若想解锁,必须检查待解锁区段的后方区段和前方区段,以及待解锁区段这三点的区段状态。当待解锁区段的后方区段被列车先占用再出清,待解锁区段也被列车先占用再出清,待解锁区段前方区段占用,待解锁区段方可解锁。

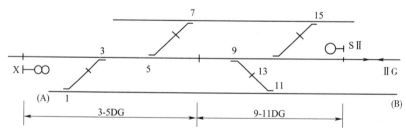

图3-8 进路的锁闭和解锁

进路内非第一区段满足三点检查(待解锁区段的接近区段已满足解锁条件、本区段占用又出清、本区段的离去区段占用)后,延时一段时间后自动解锁。

进路内第一区段解锁需检查对应信号被跨压,且本区段占用出清且下一区段占用后,延时一段时间后自动解锁。

2)调车中途返回解锁

当列车驶入调车进路后,因中途折返而使该进路的部分区段不能解锁时,在检查列车确已根据开放的折返信号机驶入该信号机的内方,且出清全部未解锁的区段后,该部分区段会自动解锁。

当列车驶入调车进路后,因中途折返作业而使该进路全部区段均不能解锁时,在检查列车顺序退出该进路和其接近区段后解锁。

当列车驶入并置信号机内方后,因中途折返作业而使该进路全部区段均不能解锁时,在检查列车确已根据开放的反向并置信号机驶入该信号机的内方,且出清全部未解锁的区段后,该条进路自动解锁。

3) 取消进路

进路未处于接近锁闭,办理取消进路后,进路在信号机关闭后立即解锁。

4) 人工延时解锁(简称人工解锁)

进路处于接近锁闭,需要解锁时,须办理人工解锁。

接车进路及有通过列车的发车进路在信号关闭后限时 3min 解锁;其他发车进路及调车进路限时 30s 解锁。人工解锁的使用必须自动记录并打印。

5) 区段故障解锁

进路在使用中由于区段故障而不能正常解锁时,在区段故障已经排除后,通过操作可实现故障解锁,并自动记录和打印。除下列区段外的区段,均可采用区段故障解锁方式解锁:

(1) 区段占用。

(2) 处于列车车列走行前方的区段。

区段故障进路解锁需要进行密码授权管理。

6) 引导进路解锁

引导进路建立后,需在人工确认列车全部接入股道后,才准许办理引导解锁手续;在试验引导信号时,试验完毕,也需要按引导解锁手续办理,使引导信号关闭,使引导进路解锁。

4. 引导进路

当信号机故障或轨道区段故障,满足进路中相应道岔被锁在正确位置且没有敌对条件时,可以办理引导进路,开放引导信号接车。

在用引导进路方式引导接车时,列车运行安全由车站值班员人工保证。

5. 信号机控制

信号机(引导信号除外)只有在其防护的进路空闲(包括侵限绝缘检查)、有关道岔位置正确、进路锁闭、敌对进路未建立,以及各自的特殊条件满足时才能开放。

各自的特殊条件指:入段信号机红灯灯丝应完好,且停车库内与出段信号机毗邻股道空闲;总出发信号机应检查运行前方"转换区段"空闲;建立复合调车进路及其变更进路时,防护各基本进路的调车信号机必须按运行方向由远而近地依次开放。

已开放的信号机在下列情况下应及时关闭:

(1) 列车信号机应在列车第一轮对进入该信号机后方第一轨道区段后,限时 3s。

(2) 调车信号机应在列车全部越过该信号机时;在信号机前留有车辆或不设接近区段的调车进路,则应在列车出清该信号机内方第一轨道区段时。

(3) 因故障使联锁发生变化时。

(4) 办理取消或人工解锁进路时。

(5) 办理人工关闭信号时。

6. 道岔控制

道岔能人工单独操纵,也能进路选动和带动。单独操纵优先于进路选动和带动;当以进路控制方式操纵道岔时,进路上的道岔顺序选出,动作电流错开启动峰值;联锁道岔受进路锁闭、区段锁闭和人工单独锁闭。一旦锁闭,该道岔不能启动。

联锁应具备对道岔实行单独锁闭/解锁功能。道岔单独锁闭后,可以排列经过该道岔相同位置的进路。处于进路锁闭下的道岔,可以进行单独锁闭,进路解锁不应影响道岔单独锁闭。道岔单独锁闭后可以使用道岔单独解锁操作解锁道岔,如果该道岔同时被进路锁闭,道岔单独解锁不影响道岔被进路锁闭。

道岔一经启动,须能转换到规定的位置。转换完毕后,自动切断道岔动作电源;当因故被阻,在规定时间15s内不能转换到规定位置时,自动切断动作电源且有声光报警,道岔经操纵能转回原位。

道岔转辙机的电机电路发生故障时,自动切断道岔启动电路,道岔不再转换;道岔设有位置表示,并保证:

(1)只有当道岔实际位置与操作要求一致,并经检查转辙机所有牵引点的两组接点排的相应接点正确,才能构成道岔位置的正确表示。

(2)只有当多点牵引道岔的各点均在规定位置时,才能构成位置表示。

(3)启动道岔时应先切断位置表示。

(4)发生挤岔时有挤岔表示。

(5)人工单独锁闭时,不影响道岔的位置表示;当道岔失去表示时,联锁设备不会自动解锁进路。

7. 车辆段/停车场联锁设备的接口

1)车辆段/停车场与ATS的接口

CBI与ATS设备之间通过车辆段/停车场的ATS局域网交换数据信息,将采用可靠的隔离措施,保证信息交换的安全和可靠,不影响联锁设备的正常工作。

计算机联锁系统可通过标准数据接口与ATS设备互联,以便于向中央ATS系统提供车辆段/停车场的相关信息,包括但不限于以下:

(1)提供车辆段/停车场站场的全景信息。

(2)在车辆段/停车场停车/列检线和月检线上停留列车的车组号。

(3)信号机状态——显示进段、出库、调车信号的各种开放、关闭状态。

(4)道岔位置——显示道岔的定位、反位、四开挤岔状态。

(5)轨道区段状态——显示车辆段/停车场所有轨道区段的占用、锁闭、封锁、空闲状态。

车辆段/停车场联锁设备与ATS子系统共同实现车辆段/停车场内车组号的跟踪、显示功能,并在车辆段/停车场控制室及派班室的ATS终端上显示相关信息,以便运营人员掌握车辆段/停车场库内停车线的停车状况,方便对列车的管理。

2)车辆段/停车场联锁系统设备与试车线的接口

试车线信号系统可以完成车载设备的所有ATP/ATO的静、动态功能测试及其与地面ATC系统设备接合的测试,并给出测试分析结果。试车线按列车双方向运行设计。

试车线受车辆段/停车场联锁和试车线联锁的双重控制。正常情况下,试车线受车辆段/停车场联锁系统控制;当需要对列车进行动态试验时,经试车线控制室请求,信号楼在对试车线完成必要的联锁控制(调车信号机开放、道岔锁于规定位置、进路锁闭)后将控制权交由试车线控制室,试车线可对试车线上列车信号机、轨道区段进行相应的联锁控制。

试车完毕后,经试车线控制室交权,信号楼控制室重新收回对试车线的控制权,有关信号机关闭,道岔延时 30s 解锁。

3) 车辆段/停车场联锁系统设备与正线 CBI 的接口

正线与车辆段/停车场之间的出、入段线纳入正线控制范围,按列车方式办理。

在车辆段/停车场入段信号机外方设转换轨(纳入正线),车辆段/停车场与正线车站间的接口电路考虑出库的联锁接口条件以及对方防护信号机的状态显示、转换轨的占用状态。进、出段作业(转换轨至停车库)按列车方式办理。

车辆段/停车场和正线之间传递的条件主要为:敌对照查、信号机状态、区段状态等安全信息。

车辆段/停车场 CBI 采用和正线相同的联锁系统,因此车辆段/停车场联锁系统和正线联锁系统之间的接口可采用安全型数字接口,也可以采用继电接口。

4) 车辆段/停车场联锁系统设备与洗车线设备接口

在列车进入洗车机前,首先办理至洗车机的调车进路,只有向洗车机设备室发出请求,在得到同意后才能开放进入洗车机的调车信号,在列车全部越过该信号机时信号关闭。

二、6502 电气集中联锁

电气集中联锁是我国铁路广泛采用的联锁装置,它由继电器组成的逻辑电路来实现各种联锁关系。电气集中联锁的类型很多,如 6026、6031、6032、6501、6502、6512。前 3 种适宜在中间站使用,所以曾被叫作小站继电联锁;6501/6502 适合作业繁忙的区段站和编组站使用,所以曾被叫作大站继电联锁;6512 比 6501、6502 简单一些,适合作业繁忙的中间站使用,所以曾被叫作中站继电联锁。其中,6502 电气集中联锁被认为是较好的定型电路,得到了广泛应用。

我国北京地铁 1 号线、上海地铁 1 号线、广州地铁 1 号线车辆段等均采用 6502 电气集中联锁。

1. 设备组成

6502 电气集中联锁设备分为室内和室外两部分。信号楼内设有控制台、区段人工解锁按钮盘、继电器组合及组合架、电源屏、分线盘等。室外设备有信号机、转辙机、轨道电路、电缆及电缆盒。这些设备各自的功能,如表 3-1 所示。

6502 电气集中联锁各设备的功能 表 3-1

	设 备	功 能
室内设备	控制台	值班员指挥列车运行和调车作业的控制中心,用来控制道岔转换、排列进路、开放和关闭信号,并对进路、信号、道岔进行监督
	区段人工解锁按钮盘	在故障锁闭时恢复电路的正常状态办理故障解锁;特殊情况下可用于关闭信号
	继电器组合及组合架	构成逻辑电路,完成道岔、进路、信号之间的联锁关系,对道岔、信号机、轨道电路等设备进行控制和监督
	电源屏	供电装置,用以保证不间断供电,且不受外电网电压波动和负荷变化的影响
	分线盘	室外设备由电缆引至分线盘,室内设备也通过电缆引至分线盘,分线盘用于连接室内、室外设备,完成相互间的电气联系

续上表

设　　备		功　　能
室外设备	信号机	指挥列车及调车车列的运行,防护进路
	转辙机	可靠地转换道岔,改变道岔开通方向,锁闭道岔尖轨,表示道岔所在位置
	轨道电路	监督是否有车占用,线路是否完好,断轨与否
	电缆及电缆盒	电缆是室内与室外设备之间、室内设备之间传送信息的通道。室外电缆的分歧点、连接点及重点设电缆盒,用以实现电缆与电缆之间的接续、电缆与设备之间的连接

2. 控制台盘面介绍

控制台采用控制和表示合用的控制台,控制台上设按钮和表示灯。

新型控制台按钮均采用二位式,二位式按钮有定位(平时所处的位置)和按下两个位置。按钮分自复式和非自复式两种,自复式按钮带复位弹簧,按下时接通,松手后自动恢复定位;非自复式按钮无复位弹簧,按下后处于按下位置,恢复时需手动拉出。

控制台盘面上利用光带模拟站场线路,可通过光带不同状态监督进路、轨道区段的情况,同时利用信号复示器和道岔表示灯监督现场信号机、道岔的状态。

1) 进路按钮

对应于每架信号机处都设进路按钮和信号复示器,进路按钮均为二位自复式。其中调车按钮为白色,用于办理调车进路;列车按钮为绿色,用于办理列车进路。

下面以6502电气集中联锁仿真系统为例,介绍控制台上设置的进路按钮分布情况(见图3-9)。6502电气集中联锁仿真系统模拟铁路车站站场线路,虽然与城市轨道交通车辆段有部分差异,但操作方法及原理类似,后续控制台盘面介绍及操作说明也将以该仿真系统为例进行讲解。

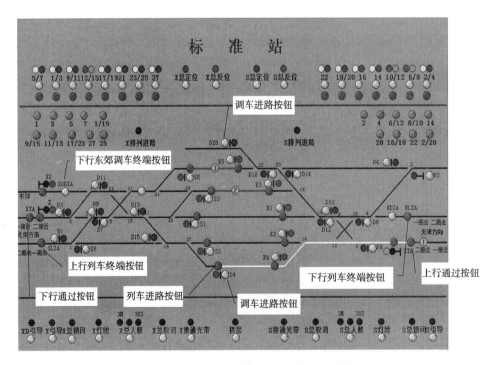

图3-9　6502电气集中联锁仿真系统界面及按钮

2) 按钮表示灯

按钮表示灯在其按钮作为始端或终端按钮按下时闪光(列车进路按钮闪绿灯、调车进路按钮闪白灯),表示正在选路。选路完毕,始端按钮表示灯改亮稳定灯,终端按钮表示灯熄灭。进路锁闭后,始端按钮表示灯熄灭。

3) 光带

控制台的光带有3种状态:平时应处于灭灯状态;显示红光带时,表示对应的轨道区段被占用或故障;当办理好进路时,控制台上该进路有关轨道区段均显示白光带。

4) 信号复示器

信号复示器用来反映信号机的状况。它的显示情况是:除进站信号、接车进路信号复示器经常亮红灯外,其他信号复示器平时均不亮灯。

信号复示器点亮灯光表示相应信号机开放,如进站信号机开放时信号复示器亮绿灯(不管其显示绿灯、黄灯或两个黄灯),调车信号机开放时信号复示器亮白灯。当信号复示器闪灯时,表示红灯或蓝灯的主、副灯丝断丝。

5) 排列进路表示灯

每一咽喉设一个红色的排列进路表示灯。它平时不亮,按下始端进路按钮后亮红灯,表示正在进行选路,进路选出后灭灯。

6) 道岔按钮及表示灯

在控制台盘面对应咽喉区上方,设道岔按钮及表示灯。每组单动道岔设一个道岔按钮,每组联动道岔(双动、三动、四动)均共设一个道岔按钮,其上方写上道岔的编号。

道岔按钮上方有绿、黄两种表示灯,亮绿灯表示道岔在定位,亮黄灯表示道岔在反位,道岔在转换中或者挤岔时不亮灯。新型控制台有采用两个按钮的,一个为单独操纵按钮,一个为单独锁闭按钮,均为二位自复式按钮。

7) 道岔总定位、总反位按钮和表示灯

每一咽喉各设一个道岔总定位按钮和一个道岔总反位按钮,均为二位自复式按钮。道岔总定位按钮上方有一绿色表示灯,按下该按钮时绿色表示灯点亮;道岔总反位按钮上方有一黄色表示灯,按下该按钮时黄色表示灯点亮。

8) 道岔电流表

一般在控制台右上方安装一块直流电流表,无论在进路操纵还是单独操纵道岔时,均可通过观察电流表指针的偏转,来了解道岔的转换情况。

9) 总取消按钮

每一咽喉设一个总取消按钮。总取消按钮上方设红色表示灯,按下该按钮时点亮。总取消按钮用来取消进路;或在错误按下进路按钮时,可按下总取消按钮取消。

10) 总人工解锁按钮

每一咽喉设一个总人工解锁按钮。总人工解锁按钮带铅封,上方设3个红色表示灯,中间的是总人工解锁表示灯,按下该按钮时点亮,两侧分别是3min人工解锁表示灯和30s人工解锁表示灯,分别在3min和30s延时解锁时间内点亮。

总人工解锁按钮用来进行人工解锁进路;区段故障解锁时,除按压区段人工解锁按钮盘上的区段按钮外,也要同时按下该咽喉的总人工解锁按钮。

11) 引导按钮

对应于每架进站信号机设一个引导按钮(或接车进路信号机)。

引导按钮用来在进站信号机不能开放时,以引导进路锁闭方式开放引导信号。

12)引导总锁闭按钮

每一咽喉设一个引导总锁闭按钮,为二位非自复式带铅封按钮,上方设一白色表示灯,按下该按钮时点亮。当发生道岔故障失去表示灯情况时,按下该按钮,可对全咽喉的所有道岔施行锁闭;再按下该进站信号机的引导按钮,以引导总锁闭方式开放引导信号。

13)接通光带按钮

每一咽喉设一个接通光带按钮,二位非自复式,在需要了解进路上各道岔的位置和进路开通方向时,按下它可使咽喉区内的光带按道岔开通位置全部点亮(但不能说明进路已经建立)。

14)切断挤岔电铃按钮

全站设一个切断挤岔电铃按钮,二位非自复式,其上方设一个红色的挤岔表示灯。当道岔被挤或处于四开状态时,失去道岔表示超过13s后,控制台内的挤岔电铃鸣响,挤岔表示灯点亮。此时按下切断挤岔电铃按钮,可暂停挤岔电铃鸣响。故障道岔修复后,挤岔表示灯熄灭,电铃再次鸣响,可拉出切断挤岔电铃按钮,使电铃停止鸣响。

15)切断灯丝断丝报警按钮

为了监督列车信号机灯泡的主灯丝是否断丝,每个咽喉设一个切断灯丝报警按钮,为二位非自复式,其上方设一个红色的灯丝断丝报警表示灯。

当本咽喉的任一架列车信号机应点亮的灯泡主灯丝断丝时,控制台内灯丝断丝报警电铃鸣响,灯丝断丝报警表示灯点亮。此时按下切断灯丝断丝报警按钮后,电铃暂停鸣响。更换灯泡后,灯丝断丝报警表示灯熄灭,灯丝断丝报警电铃再次鸣响,可拉出切断灯丝断丝报警按钮,使电铃停止鸣响。

3.控制台操作说明

1)办理进路

进路按照作业的性质,可分为列车进路和调车进路。

列车进路依据其在站内的作业性质不同,又可进一步分为接车进路、发车进路、通过进路。调车进路依据进路的长短,可以分为短进路和长进路。

依据进路的重要性,可将进路分为基本进路和变通进路。

办理进路采用双按钮的操纵方式,顺序按压始端按钮和终端按钮。之所以要采用双按钮方法进行操纵,是为了防止由于误按按钮造成信号设备错误动作。

在办理进路时应有秩序地进行,在同一咽喉同时只能办理一条进路,即在排列进路表示灯点亮时,不能办理第二条进路。只有第一条进路已选出,排列进路表示灯熄灭后,才能办理第二条进路。在进路上有车占用,或轨道电路故障,或正在施行人工解锁,或敌对进路已建立等情况时,都不能办理进路,也办不出进路。

(1)办理列车进路

①办理接车进路。

接车进路以进站信号机处的列车进路按钮(绿色)为始端按钮,以股道入口处的列车进路按钮(绿色)为终端按钮。

如图3-10中办理下行5道接车,先按下X进站信号机的进路按钮,按钮表示灯闪绿灯,本咽喉的排列进路表示灯点亮;后按下S5信号机的列车进路按钮,按钮表示灯也闪绿灯,表示正在选路。当所按始端按钮和终端按钮的绿闪表示灯熄灭,排列进路表示灯也熄灭;同时始端进路按钮表示灯改点稳定绿灯时,说明进路已选出。此时进路上的道岔正在顺序转换。当各道岔转至规定位置后,随即被锁闭,这时进路点亮白光带。然后 X 进站信号复示器点绿灯,说明 X 进站信号机已经开放。此时始端进路按钮表示灯熄灭,至此,接车进路建立。

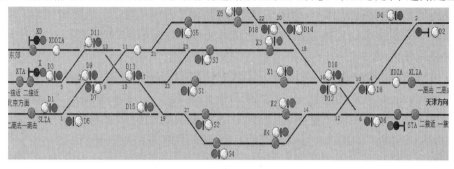

图 3-10

② 办理发车进路。

办理发车进路时,以股道出口处的列车进路按钮为始端按钮,以列车终端按钮作为终端按钮。

如图 3-10 中,Ⅲ道向北京发面发车,S3 出站兼调车信号机的列车进路按钮作为发车进路的始端按钮,SLZA 作为发车进路的终端按钮。

③ 办理通过进路。

办理通过进路有如下两种方法:

一种是分段办理。其原则上先办理正线发车进路,待出站信号机开放后,再办理该正线的接车进路,以构成正线通过进路。如图 3-10 中,上行方向通过进路分段办理的方法是先顺序按压 S2 的列车进路按钮和 SLZA,S2 的信号复示器亮灯后;再顺序按压 S 进站信号机的进路按钮和 X2 的列车进路按钮,S 的信号复示器亮灯,上行方向通过进路办理完毕。

另一种方法是一次办理。其操作方法是始端按下正线接车口处的列车通过按钮,终端直接按下发车口处的列车终端按钮,即可一次将通过进路排列出来。如图 3-10 中,下行方向通过进路办理时顺序按压 XTA 和 XLZA,通过进路即可排列出来。

（2）办理调车进路

调车信号机按照设置位置的不同,可以分为单置调车信号机、并置调车信号机、差置调车信号机、尽头式调车信号机、出站兼调车信号机和进站内方带调车信号机。不同调车信号机作为进路终端时,终端按钮有所不同。

并置调车信号机指同一坐标处布置两架背向的调车信号机。

差置调车信号机是在咽喉区中部同一条线路上相隔一个无岔区段,所设置的两架反向的调车信号机。

办理以并置或差置调车信号机为终端的调车进路,应选择与始端调车信号机反向的那个调车信号机的进路按钮作终端按钮,而不能按起阻挡作用的那架调车信号机的进路按钮,这是电路结构所决定的。如图 3-10 中 D2～D14 的调车进路,由于 D14 与 D4 为差置调车信号机,所以在办理进路时,应顺序按压 D2 和 D4 的进路按钮,而不要按 D14 的进路按钮。

办理以单置调车信号机为终端的调车进路时,该调车信号机的进路按钮就是终端按钮,但是单置调车信号机若与始端调车信号机反向,则该单置调车信号机不能作为进路的终端按钮。如 D3～D11 的调车进路,顺序按压 D3 和 D11 的进路按钮,调车进路即可排列出来。

办理以出站兼调车信号机为终端的调车进路时,以股道入口处的调车进路按钮为终端按钮。如图 3-10 中 X 进站信号机内方向 I 道的调车进路,进路的始端是 D3、终端是 X1,则应顺序按压 D3 的进路按钮和 S1 的调车进路按钮,而不是 X1 的调车进路按钮。

办理以尽头式调车信号机、进站内方带调车信号机为终端的调车进路时,该调车信号机的进路按钮就是终端按钮。

调车进路依据进路的长短,可以分为短调车进路和长调车进路。长调车进路也叫复合调车进路,由两条或多条相连接的基本调车进路构成。长调车进路可以分段办理。如图 3-10 中,D3 至 4 股道的调车进路,先办理 D13 至 4 股道的调车进路,D13 开放后,再办理 D9～D13 的调车进路,D9 开放后最后办理 D3～D9 的调车进路,D3 开放。

为了减少车站值班员办理长调车进路的操作手续,对长调车进路也可采用一次办理的方式。只要按下长调车进路的始端按钮,再按下该长调车进路的终端按钮,即可将整条长调车进路建立好。如上述 D3 至 4 股道的调车进路,可先按下 D3 的进路按钮,再按下 S4 的调车进路按钮,整条长调车进路即能自动排出。

(3)办理变通进路

依据进路的重要性,可将进路分为基本进路和变通进路。

排列进路时,依次按下始端、终端后所排出的一条经由道岔侧向位置最少、路径最短、较为合理的列车进路,称为基本进路。

正常时使用基本进路,只有当基本进路有车占用或进路上道岔/轨道电路区段发生故障而不能排通时,才使用变通进路。

变通进路有平行、"八"字、S 形变通进路 3 种。

若变通进路与基本进路有平行部分,则称该变通进路为平行变通进路。

若变通进路形状如同"八"字,则称该变通进路为"八"字变通进路。

若变通进路由两段"八"字构成,呈"S"形,则称该变通进路为"S"形变通进路。

①办理列车变通进路。

办理方法:办理列车变通进路,需顺序按下始端的列车进路按钮、变通进路用的按钮和终端的列车进路按钮。变通进路按钮可以是专用的变通按钮,也可以是变通进路上的调车进路按钮兼作。

举例 1(平行变通进路):下行Ⅲ道接车进路,其变通进路需顺序按下 X 进站信号机的进路按钮、D13 的进路按钮、S3 的列车进路按钮。

举例 2("八"字变通进路):下行东郊方面Ⅲ道接车,有经 13/15、23/25 号道岔反位的八字变通进路,需顺序按下 XD 进站信号机的进路按钮、D13 的进路按钮、S3 的进路按钮。

②办理调车变通进路。

办理方法:调车进路的变通进路不能一次办理,也不能附加变通操作后选出,应按基本调车进路分段办理。举例:如办理 D1 至 Ⅱ 股道的调车进路,经 1/3、17/19 号道岔反位,9/11、13/15 号道岔定位为八字变通进路,应先办理 D13 至 ⅡG 的调车进路,再办理 D1～D13 的调车进路;或者先办理 D9 至 ⅡG 的调车进路,再办理 D1～D9 的调车进路。

2)进路的取消和人工解锁

(1)取消解锁

取消进路的前提条件是已锁闭的进路的接近区段无车占用,即进路处于预先锁闭状态。

办理取消进路的方法是:同时按下所要取消的进路始端按钮和本咽喉的总取消按钮。

如图 3-10 中,取消站场上行 4 道发车进路,同时按下 S4 出站信号机的列车进路按钮和 X 总取消按钮,进路由远及近解锁。

通过进路和长调车进路取消时须由近及远逐段取消。如取消下行通过进路,先办理接车进路的取消,同时按下 X 进站信号机的进路按钮和 X 总取消按钮;再办理发车进路的取消,同时按下 X1 出站信号机的列车进路按钮和 S 总取消按钮。又如 D1 至 4G 的长调车进路,包括 D1~D15、D15 至 X4 两条短调车进路,先同时按 D1 的进路按钮和 X 总取消按钮,取消 D1~D15 调车进路;再同时按 D15 的进路按钮和 X 总取消按钮,取消 D15 至 X4 调车进路。

(2) 人工解锁

信号开放后,进路的接近区段有车占用,进路处于接近锁闭状态时,如需解锁进路关闭信号,只能使用该"人工解锁"的方法。人工解锁进路的方法:同时按压进路始端按钮和总人工解锁按钮,信号自动关闭,进路经延时后解锁,进路上白光带熄灭。通过进路和长调车进路需解锁时,若进路接近区段有车占用,处于接近锁闭状态的那段进路须人工解锁,而处于预先锁闭状态的进路可用取消解锁方式解锁。

3) 区段人工解锁

区段人工解锁的方法:一人破铅封按下控制台上本咽喉的总人工解锁按钮,另一人破铅封按下区段人工解锁按钮盘上故障区段的事故按钮。有多个区段时,要一一按下,逐段解锁。

4) 单独操纵、单独锁闭道岔

(1) 单独操纵道岔

当有关道岔未处于锁闭状态时,可以单独转换道岔。

操作方法:同时按压道岔按钮和"道岔总定位"按钮,道岔从反位转至定位,道岔表示灯由黄灯变为绿灯。同时按压道岔按钮和"道岔总反位"按钮,道岔从定位转至反位,道岔表示灯由绿灯变为黄灯。道岔转换过程中道岔表示灯不亮灯。

(2) 单独锁闭道岔

当有关道岔未处于锁闭状态,需要单独锁闭某组道岔时,只要拉出该道岔按钮,此时按钮内红灯点亮,表示该道岔已单独锁闭,不能再转换。

(3) 道岔解除单独锁闭。

当有关道岔处于锁闭状态时,需要解除单独锁闭的某组道岔时,只要按以下道岔按钮就可使之恢复定位,按钮内红灯灭灯。

三、DS6-K5B 计算机联锁系统

计算机联锁系统对于确保城市轨道交通运输行车安全、提高运输作业管理效率有着重要的意义。计算机联锁系统是运用计算机易于实现逻辑功能、结构灵活、通信高效迅速等优点,将逐步代替继电器联锁设备成为铁路信号的发展方向。同时,它也对计算机联锁设备的可靠性和安全性提出了更高的要求。

整个系统最大的特点是必须满足故障-安全性要求,以确保在出现故障的情况下,系统能导向安全侧,从而保证行车安全。计算机联锁系统的特点有如下几点:

(1) 由于用计算机软硬件实现联锁逻辑关系,所以联锁设备动作速度快、信息量大,容易实现信号系统的自动控制和远程控制;可以扩大控制范围和增强控制能力。

(2)设备体积小,机体重量轻,可以节省信号楼的建筑面积,降低材料消耗和工程造价,同时也便于安装调试和维修。

(3)采用了模块化的软件和硬件,通用型强,能适应站场的改建与扩建,在站场改(扩)建后无须变动联锁设备,必要时只需修改软件。

(4)操作简便,提高了办理进路自动化程度。减少了有关行车人员之间的联络,防止误操作,提高了作业的安全和效率。

(5)容易实现车站管理和联锁系统的自动化。微机可以向旅客服务系统和列车运行监护系统等提供信息,并对设备工作情况及时记录显示并打印。

(6)由于采用了软件和硬件的冗余技术,便于实现故障导向安全的要求。

随着微电子技术的进一步发展以及计算机的普及,计算机联锁控制系统逐步代替电气集中联锁系统。计算机联锁是信号设备的发展方向,今后还有待于使执行器件电子化,使系统各组成部分标准化,并最大限度地发挥所用资源的潜力,使行车和调车,操作和维修进一步自动化,使系统的可靠性和安全性进一步提高。

DS6-K5B型计算机联锁系统,是北京全路通信信号研究设计院与日本京三公司联合开发的系统。系统的联锁逻辑部和电子终端部(输入输出)采用京三公司的产品。该产品所有涉及安全信息处理和传输的部件均按照"故障-安全"原则采取了2重系结构设计。

联锁处理部件采取双CPU共用时钟,对数据母线信号执行同步比较,发生错误时使输出导向安全,具备了"故障-安全"性能。联锁2重系为主从式热备冗余,通过高速通道进行数据交换,保证2重系同步运行,可实现不间断切换。输入输出电路采用电子终端,电路为2重系并行工作,具有"故障-安全"性能。输入输出均采取静态方式。DS6-K5B型计算机联锁系统内各子系统之间的通信全部通过光缆连接,提高了系统抗干扰能力和防雷性能,保证系统具有高的运行稳定性。

1. 系统构成

DS6-K5B型计算机联锁系统由控显子系统、电务维护子系统、联锁机、输入输出接口(输入输出设备称作"电子终端",用字符"ET"表示)、电源5个部分组成。如图3-11所示,图中双线表示通过光缆连接。

1)控显子系统

控显子系统由控显双机、车站值班员办理行车作业的操作设备和表示设备等组成。每一台控显机内安装两块串行通信接口板INIO卡,通过光缆与联锁机的2重系通信。控显双机互为备用。操作设备可以选择按钮操纵盘或鼠标。显示设备可选用图形显示器或单元式表示盘。

2)电务维护子系统

电务维护子系统,其设备包括:维护机、键盘、显示器、打印机。维护机内安装两块串行通信接口板INIO卡,通过光缆与联锁机2重系通信,显示设备采用图形显示器。

维护机记录存储联锁双机系统维护信息、操作信息、采集驱动信息,电务维护人员可以查询或打印输出各类维护信息。维护机可通过串行通信接口向其他监测系统传送联锁信息。

3)联锁机

联锁逻辑部由2重系组成,以主从方式并行运行。两系之间通过VME总线建立的高速通道交换信息,实现2重系的同步和切换。联锁逻辑部每一系各用一对光缆经过光分路器与控显双机相连,使联锁的每一系都能够分别与两台控显机通信。联锁逻辑部每一系用一对光缆分别与维护机的两个光通信接口相连,联锁逻辑部每一系的维护信息分别送到维护机。联锁逻辑部每一系有 5 个连接电子终端的通信接口,称 ET 回线 1~5。每个通信接口最多可连接三个电子终端机架。

4) 输入输出接口

输入输出接口采用电子终端部(简称 ET)。电子终端电路具有 2 重系,2 重系的输入电路从继电器的同一组接点取得输入信号,分别发给联锁 2 重系。联锁 2 重系的输出分别送给电子终端的 2 重系。电子终端 2 重系的输出并联连接负载。

5) 电源

电源由一套 UPS(UPS 集中设置时,联锁不再配置单独的 UPS)和两路直流 24V 稳压电源组成。UPS 的输入由信号电源屏单独提供的两路交流稳压 220V 电源供给,联锁内部配置的两路直流 24V 电源中的一路称为逻辑 24V(用符号 L24 表示),经联锁逻辑部和电子终端部的 DC-DC 转换电路产生 5V 电压,供逻辑电路工作;另一路直流 24V 称作接口 24V(用符号 I24 表示),供电子终端的输出电路驱动继电器和输入电路采集表示信息。

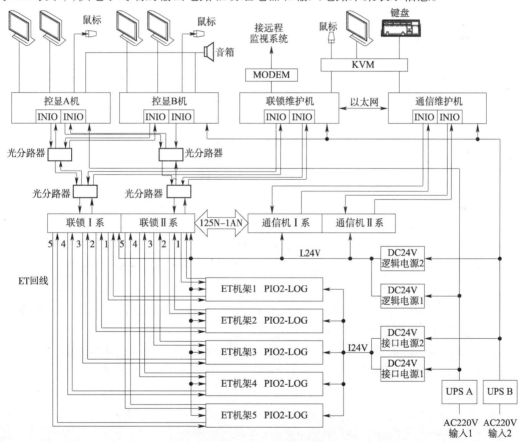

图 3-11 DS6-K5B 型计算机联锁系统的配置

2. 系统操作

1) 站场图形

控显的显示屏提供了丰富的信息,可以帮助值班员更好地了解站场的运行状态。其界面显示风格,见图 3-12。

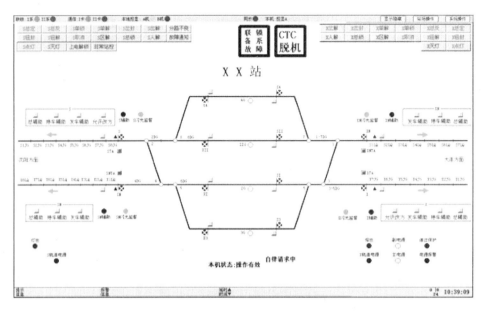

图 3-12　DS6-K5B 计算机联锁系统站场界面显示

屏幕分两个区域：

上部是菜单栏：左侧是系统状态表示区，右侧是系统按钮区。

下部是视图区：包括功能按钮区、站场图形区、指示灯区、提示报警区。

（1）信号机显示。

列车信号机关闭状态显示红灯，开放时显示相应的允许信号。若室外信号点灯，则与室外信号机显示一致，若室外信号灭灯，则信号机显示带有"×"。调车信号机关闭状态显示蓝灯（或红灯），开放时显示白灯。信号机的名称用拼音字母与阿拉伯数字组合表示。

列车信号机灯丝断丝报警只有在室外点灯时出现灯丝断丝才会报警，显示为闪烁的信号机状态，同时屏幕下方的报警信息栏会有相应文字报警。

排列进路时，点击列车按钮后，显示绿色闪烁文字，同时信号机名称后加"LA"或"A"字符；点击调车按钮后，显示白色文字闪烁，同时信号机名称后加"DA"或"A"字符。进路锁闭后按钮名称恢复原状。如遇屏幕有按钮闪烁需取消时，按压相应咽喉的"总取消"按钮。

（2）轨道区段显示。

轨道区段空闲状态显示为蓝色光带，区段锁闭显示白色光带，区段占用显示红色光带。无岔区段和股道名称固定显示在对应轨道区段附近。

注意：锁闭的区段占用后出清，若该区段未正常解锁，显示绿光带（绿光带与白光带联锁逻辑一致，都代表区段锁闭）。

（3）道岔表示。

道岔所在轨道区段断开和连接的状态表示当前开通位置。道岔名称用道岔号的数字表示。道岔在定位时，道岔名显示绿色；道岔在反位时，道岔名显示黄色；道岔四开时，道岔名显示红色。道岔发生挤岔故障时，道岔名显示红色并闪烁。

道岔单独锁闭、总锁闭、防护或上电锁闭时，在道岔岔尖处显示一个圆圈。颜色同当前道岔名称颜色；道岔解锁后圆圈消失。

注意：当被防护的道岔所属道岔区段为该进路的进路内区段时，被防护的道岔不画圆圈，但其仍为该进路的防护道岔。

道岔封闭时,道岔名称上显示一个方框,颜色同当前道岔名称颜色;道岔解封后,方框消失。

(4)按钮封闭显示。

列车按钮封闭后,对应信号机灯外画一方框;调车按钮封闭后,其对应信号机名称显示红色。

对于出站信号机,无论封闭列车按钮还是封闭调车按钮,其对应信号机名称显示红色,同时对应信号机灯外画一方框。无对应信号的按钮封闭后,按钮名称显示红色。

(5)铅封按钮的计数显示。

铅封按钮的操作次数由控显机自动累计计数。计数值不能被维护人员人工消除或修改。计数值平时不显示。破封次数查看可通过系统按钮区中“破封统计”按钮。弹出如图 3-13 所示的对话框。点击系统按钮区中“关闭统计”按钮或破封统计表上关闭按钮,破封统计框自动消隐。

需要注意的是,控显 A 机中的按钮计数值,只记录 A 机工作时铅封按钮的操作次数;控显 B 机中的按钮计数值,只记录 B 机工作时铅封按钮的操作次数。铅封按钮计数登记,需双机分别登记。

名称	破封次数
X总人解	3
S总人解	1
X事故解锁	2
S事故解锁	0
X引导总锁	1
S引导总锁	0
加电解锁	0

图 3-13　铅封按钮的计数显示

(6)操作报警和提示。

图形显示器屏幕的下方状态栏是操作提示显示区。如图 3-14 所示。

图 3-14　操作提示显示区

操作提示显示区包括:“提示信息”、“报警信息”、“延时时间”和控显机资源使用状态。

“提示信息”:用粉色字显示当前办理的作业。当前操作提示覆盖先前的操作提示。上电锁闭提示用红闪效果显示,以便引起注意,在上电锁闭状态下,全场道岔均处于被锁闭状态。上电解锁操作完成后,“上电锁闭”闪烁自动消失,并提示上电解锁,全场道岔解锁。

“报警信息”:显示报警信息,当前的报警信息覆盖先前的报警信息。点击“清报警”按钮,可以消除报警显示。

“延时时间”: 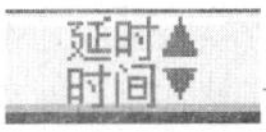

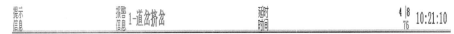

显示各类延时解锁时间的倒计时显示,当有多个延时倒计时,延时时间箭头变为红色,通过点击图中右侧箭头可查阅当前多个延时时间。

控显资源使用状态:如图所示, 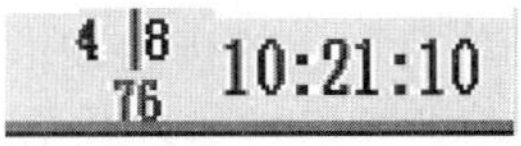

“4”表示控显程序 CPU 占用率,“8”表示控显机系统 CPU 占用率,“76”表示系统内存使用率,以上三个数值任意一个持续超过“85”,应及时联系维护人员。

(7)破铅封功能显示。

用鼠标点击一个铅封按钮之后,屏幕弹出密码输入方框。如果不想进行破封操作,可点击密码框中的“取消”,以取消前一次的操作,使屏幕上该破封框消失。

铅封按钮完成一次破铅封操作后,自动恢复铅封状态(即操作一次有效)。下次操作必须重复上述破铅封过程。系统计数器对铅封按钮的破封操作次数自动累计。

2）按钮设置

（1）信号按钮。列车信号按钮（见图3-15）用信号机的信号红灯灯位表示，调车信号按钮用信号机的名称表示。没有对应信号机的终端按钮、通过按钮、变更按钮，用画在轨道线旁的方框图形表示。

（2）道岔按钮。它用道岔号的数字或岔心区域表示。

（3）区段按钮。它用轨道区段的名称表示。

（4）功能按钮。以下功能按钮按照咽喉设置，根据上下行咽喉分别设置在屏幕上方的左面和右面。具体按钮名称和作用如下：

总定、总反按钮——用于单独操纵道岔。

单独锁闭、单独解锁按钮——用于对道岔进行单独锁闭和单独解锁操作。道岔单独锁闭后可以排列经过该道岔当前所在位置的进路，但是不能单独操作道岔。

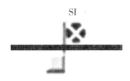

图3-15　信号按钮

道岔封闭、道岔解封按钮——在施工、维修等情况下对道岔进行单独封闭/解封操作。道岔封锁后不能再排列经过此道岔当前所在位置（包含该道岔为此进路的防护道岔情况）的进路，但是可以单独操作道岔。

按钮封闭、按钮解封按钮——用于对信号按钮进行封闭/解封操作。信号按钮封闭后不能排列以此信号为始终端的进路。

取消进路、人工解锁进路按钮——用于取消进路和人工解锁进路。

总锁闭按钮——用于对相应咽喉的引导总锁闭（注意：办理引导总锁闭时该咽喉的所有道岔均锁闭；同时本咽喉内不能再正常排列进路，但已排好的进路不受影响）。

区段故障解锁按钮——用于区段故障解锁。

点灯按钮——用于对不存在进路且处于灭灯状态下的列车信号机进行点亮红灯操作。

灭灯按钮——用于对不存在进路且处于点亮红灯状态下的列车信号机进行灭灯操作。

以上所有按钮若按钮名为红色，则表示其为需破铅封的按钮，否则表示其为不需要破铅封的按钮。

（5）其他功能按钮。

继电式电气集中技术条件规定，控制台操作有时必须用双手同时按压两个按钮才能完成规定的操作。计算机联锁系统只能用一个鼠标操作，不能同时点击两个按钮，为了满足技术条件的要求，采用鼠标操作时，总取消、总人解、道岔总定、道岔总反、道岔单锁、道岔单解、道岔封闭、道岔解封、按钮封闭、按钮解封、区段故障解锁等按钮采取延时抬起的方法。并且规定按钮操作顺序，必须先点击上述功能按钮，后点击其他相关按钮。在上述功能按钮保持点击的延时期间内，图形显示器菜单上对应的按钮图形凹下，并有延时倒时计显示，在进行了后续按钮操作或倒计时结束后，上述功能按钮自动抬起；如需再次操作，可重复以上动作。

上电解锁按钮：计算机联锁重新上电后，将本站所有道岔锁闭到当前位置，并禁止办理任何作业。操作人员必须首先人工确认站内车辆均已停稳，然后按压上电解锁按钮，输入密码后点击确认按钮，使屏幕上"上电锁闭"的提示消失，出现"上电解锁"提示之后，才能正常办理进路。

引导按钮：根据需求，对列车信号设置引导按钮，引导按钮一般设置在列车信号机旁或屏幕相应引导按钮区，用白色的方框表示；当需办理引导进路时，确认相关道岔位置和相关区段无车时，可通过按压此按钮进行引导进路的办理。

3）操作说明

按钮操作说明：

对于不带"铅封"的按钮：通过鼠标点击该按钮或操作菜单后，该按钮操作将立即生效。

对于带"铅封"的按钮：当点击该按钮后屏幕上立刻弹出"密码输入"窗口（见图3-16），操作者输入口令（相当于破铅封）并确认。

操作时注意：

非自复式按钮和具有延缓抬起功能的自复式按钮，结束操作时应使其恢复抬起状态，否则会影响其他操作正常进行。

每一个具有延时抬起功能的功能按钮，在按钮保持点击的延时期间内，图形显示器上对应的按钮图形凹下，并有延时倒计时显示。操作人员通过观察屏幕菜单上按钮图形及是否有倒计时显示，即可确定按钮当前状态。

图3-16　"密码输入"窗口

（1）排列进路。

排列进路的操作方式，包括下述几个方面：

①排列基本进路：顺序点击进路的始端信号按钮和终端信号按钮。

②排列变更进路：顺序点击进路的始端信号按钮、变更按钮和终端信号按钮。

③排列延续进路：顺序点击接车进路的始端信号按钮、终端信号按钮和延续终端按钮。进段信号机外方制动范围距离内有超过6‰下坡道时，相应接车进路需设置延续进路。办理相关接车进路时，首先顺序按压接车进路的始端按钮和终端按钮，再按压延续进路的终端按钮。接车进路及延续进路均锁闭后，进段信号即可开放。当延续进路通向车辆段的发车口时，如需连续发车，只需按压延续进路的始端列车按钮，检查区间条件满足后出段信号即可开放。

其操作过程如下：

鼠标移动到要排列的进路始端信号灯或信号机名称上，当光标变成小手形状时点击左键。按压按钮后，信号机名称闪烁。

按照以上方法完成对进路始端信号按钮、变更按钮（如果存在）、终端按钮的操作，即可完成进路排列。

操作后对应显示：按压始终端按钮后，信号机名称闪烁，进路建立过程中，屏幕显示出有关道岔的动作情况。进路锁闭后显示白色光带，信号机名称停止闪烁，信号灯给出相应显示。

道岔单独操纵优先于进路式操纵，若在选路的过程中单独操纵进路上动作的道岔时（不论是反转还是顺着进路方向），会使选路命令失效，执行道岔单独操纵命令。

（2）取消进路。

取消进路的操作方式，同时适用于取消调车进路和取消列车进路。

其操作过程如下：

鼠标移动到对应咽喉的"取消"功能按钮上，光标会变成小手状，点击左键，"取消"功能按钮处于按下状态并且开始10s倒计时。在倒计时期间移动鼠标到进路的始端信号按钮处，光标会变成小手状，点击左键完成进路取消操作。

操作后对应显示：信号关闭，进路白光带消失。若点击"取消"按钮10s之内，没有点击进路的始端信号按钮,"取消"按钮自动恢复抬起状态。

取消通过进路时,应分段取消每条进路。

取消延续进路时,应先取消接车进路,后取消延续进路。

(3)人工解锁进路。

人工解锁进路的操作方式,同时适用于人工解锁调车进路和人工解锁列车进路。

其操作过程如下:

鼠标移动到对应咽喉的"人解"功能按钮上,光标会变成小手状,点击左键弹出密码确认框,输入密码并确认,该按钮处于按下状态并且开始 10s 倒计时。在倒计时期间移动鼠标到人工解锁进路的始端信号灯(用于人工解锁列车进路)或信号机名称(用于人工解锁调车进路)上,光标会变成小手状,点击左键,完成进路人工解锁操作。在"人解"按钮按下后 10s 之内,没有点击进路的始端信号按钮,"人解"按钮自动恢复抬起状态。

操作后对应显示:信号关闭后,在"延时时间"区域显示红色延时,延时结束后,进路解锁。

(4)重开信号。

信号因故关闭,但开放条件仍然满足,可以通过点击进路始端按钮完成信号重开。

其操作过程如下:

鼠标移动到进路的始端按钮上,当光标变成小手形状时点击左键,完成重开操作。

操作后对应显示:信号灯显示开放信号。

(5)道岔操作。

①道岔单独操纵。

道岔单独操纵:首先点击道岔总定或道岔总反按钮,在其 10s 延时时间内点击需要操纵的道岔按钮,完成道岔单独操纵定位或反位的操作。在 10s 延时时间内点击道岔按钮后,命令生效,道岔单独操纵按钮随之抬起。超过 10s 不点击道岔按钮,总定或总反按钮自动抬起,再点击道岔按钮无效。因此点击一次道岔单独操纵按钮只能操纵一组道岔。系统按钮区,如图 3-17 所示。

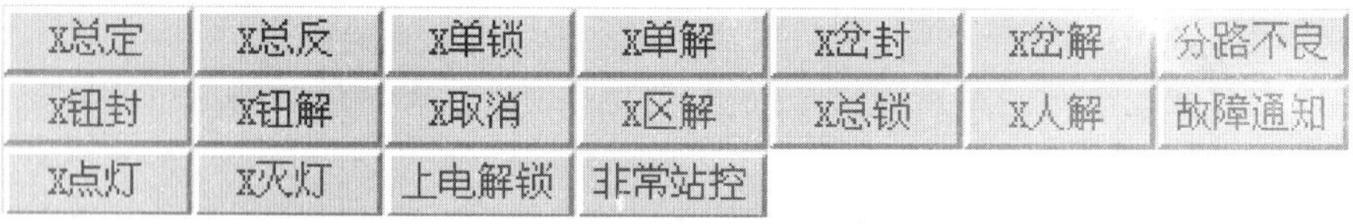

x总定	x总反	x单锁	x单解	x岔封	x岔解	分路不良
x钮封	x钮解	x取消	x区解	x总锁	x人解	故障通知
x点灯	x灭灯	上电解锁	非常站控			

图 3-17　系统按钮区

②道岔封闭。

道岔封闭:首先点击对应咽喉的"岔封"按钮,在 10s 延时时间内点击道岔按钮,完成道岔封闭的操作。在 10s 延时时间内点击道岔按钮后命令生效,"岔封"按钮随之抬起。超过 10s 不点击道岔按钮,"岔封"按钮自动抬起。点击一次"岔封"按钮只能封闭一组道岔。道岔封闭的道岔可以单独操作,但无法办理经此道岔的进路。

③道岔解封。

道岔解封:首先点击对应咽喉的"岔解"按钮,在 10s 延时时间内点击道岔按钮,完成道岔解封的操作;在 10s 延时时间内点击道岔按钮后命令生效,"岔解"按钮随之抬起;超过 10s 不点击道岔按钮,"岔解"按钮自动抬起。点击一次"岔解"按钮只能解封一组道岔。

④道岔单独锁闭。

道岔单独锁闭:首先点击对应咽喉的"单锁"按钮,在10s延时时间内点击道岔按钮,完成道岔单独锁闭的操作;在10s延时时间内点击道岔按钮后命令生效,"单锁"按钮随之抬起;超过10s不点击道岔按钮,"单锁"按钮自动抬起。点击一次"单锁"按钮只能单独锁闭一组道岔。单独锁闭的道岔在控制台不可扳动。

⑤道岔单独解锁。

道岔单独解锁:首先点击对应咽喉的"单解"按钮,在10s延时时间内点击道岔按钮,完成道岔单独解锁的操作;在10s延时时间内点击道岔按钮后命令生效,"单解"按钮随之抬起;超过10s不点击道岔按钮,"单解"按钮自动抬起。点击一次"单解"按钮只能单独解锁一组道岔。

⑥区段故障解锁。

计算机联锁系统不设区段故障解锁盘。在屏幕的左、右上方分设两个咽喉区的区段故障解锁按钮。

操作时注意:

为安全起见,信号开放且列车接近后,如因故信号故障关闭,自信号故障关闭起,进站信号机及正线出站信号机需240s、其他列车信号机需60s、调车信号机需30s延时后,进行区段故障解锁操作方可生效。如在延时期间内进行区段故障解锁操作,操作无效,CRT上同时显示事故解锁延时操作剩余等待时间。

移动鼠标到如图3-17所示的功能按钮区"区解"按钮上,当光标变成小手状时点击鼠标左键,弹出密码确认框,输入密码并确认,该按钮处于按下状态并且开始10s延时。在延时期间移动鼠标到待区解的区段名称上,当光标变成小手状时点击鼠标左键,完成区段故障解锁操作。

任务三　正线联锁设备

一、进路控制原理

城市轨道交通联锁系统在进路控制方面存在很多与传统铁路电气集中系统不同的情况。例如多列车进路、追踪进路、折返进路、联锁监控区段、保护区段和侧面防护进路等。

1. 进路的组成

进路的基本要素有信号机、道岔及轨道区段。

进路一般由主进路、保护区段及侧面防护组成。主进路由始端信号机、终端信号机、监控区段(含道岔区段)、非监控区段及主进路的侧防元素组成。保护区段由保护区段及其侧防元素组成。进路的侧防元素可由道岔、信号及轨道区段这三者的单个元素或组合元素组成。

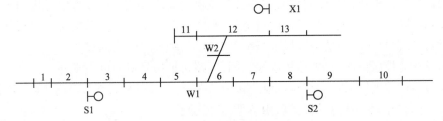

图3-18　进路组成

注:在S1→S2进路中:1)始端信号机为S1;2)终端信号机为S2;3)监控区段为3、4、5、6、7;4)非监控区段为8;5)主进路的侧防元素为W2和X1(假设W2为一级侧防,X1为二级侧防)

2. 多列车进路

在 CBTC 系统中,根据列车控制等级的不同,进路分为多列车进路和单列车进路。多列车进路是指一条进路,在同一时间可被多列列车使用,一条进路中同时允许存在多列与进路方向一致的列车;单列车进路是指一条进路,在同一时间仅可被一列列车使用,一条进路中同时仅允许存在一列列车,且列车的运行方向与进路一致。这主要是因为城市轨道交通运行间隔小,车流密度大,列车的运行安全由 ATP 系统保护,所以在一条进路中可能出现多列列车在运行。

如图 3-19 所示,S1→S2 为多列车进路,只要监控区空闲,以 S1 为始端的进路便可以排出,信号 S1 开放。

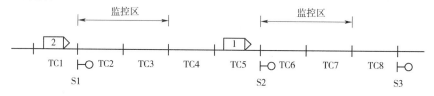

图 3-19 多列车进路示意图

对于多列车进路,当第 1 列车离开进路始端信号机后的监控区后,可以排列第 2 条相同终端的进路。第 2 条进路排出后,第 1 列车通过后进路中的轨道区段直到第 2 列车通过后才解锁。

多列车进路排出后,如果是进路中有列车运行,则人工取消进路时,只能取消最后一次排列的进路至前行列车所在位置的进路,其余进路由前行列车通过以后解锁。人工取消多列车进路的前提是:进路的第 1 个轨道区段必须空闲。如图 3-20 所示,S6→S7 为多列车进路,列车 1 通过 TC2、TC3、TC4 以后,这 3 个轨道区段正常解锁,这时,可以排列第 2 条进路 S6→S7,S6 开放正常绿灯信号。如果列车 1 继续前进,则通过区段 TC5、TC6、TC7 后,这 3 个区段不解锁,只有在列车 2 通过这 3 个区段后才解锁。

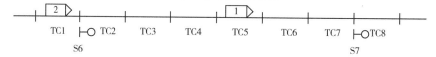

图 3-20 多列车进路排列图

若第 2 条进路排列后,又要取消,这时只能取消从始端信号机 S6 到列车 1 之间的进路,其余的进路会随列车 1 通过后自动解锁。

3. 监控区段与非监控区段的描述

在铁路上信号机开放必须检查所防护进路的所有区段空闲,而在装备移动闭塞的城市轨道交通中,开放信号机前联锁设备不需检查全部区段,只要检查部分区段,这些被检查的区段叫做联锁监控区段。

联锁监控区段即排列进路时信号机开放所必须空闲的区段,一般为信号机内方两个区段,其他为非监控区段。如监控区段内有道岔,则在最后一个道岔区段后加一区段作为监控区段,其他为非监控区段。监控区段的长度,应满足驾驶模式转换的需要。

进路设有监控区段时,只要监控区段空闲,进路防护信号机便可正常开放。

列车通过监控区段后自动将运行模式转为 ATO 自动驾驶模式或 SM 模式(ATP 监督人工驾驶模式),列车之间的追踪保护就由 ATP 来实现了。

监控区段有故障,信号只能达到非监控层或引导层。非监控区段有故障,信号能正常开放,但列车以 SM、ATO 或 AR 模式驾驶时,由于具有 ATP 的保护功能,列车将在故障区段的前一区段自动停稳。

4. 保护区段

为了保证列车的安全运行,避免列车因种种原因不能在信号机后方停住而导致事故的发生,应充分考虑列车的制动距离及线路等因素,在停车点前设置保护区段,即终端信号机后方的一至两个区段为保护区段,类似于铁路的延续进路,如图3-21所示。列车应停在终端信号机S2前,但由于线路原因(有坡道)或列车没有及时制动,使列车冲出信号机S2,为了防止列车冲出停车点而发生事故,在列车越过信号机S1的同时,列车运行方向的前方设置了保护区段。当列车在信号机S2前停稳并停准后,保护区段自动解锁。

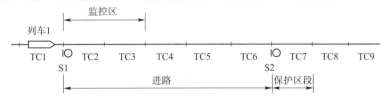

图3-21 保护区段示意图

进路可以带保护区段或不带保护区段排出。如进路短,排列进路时带保护区段;多列车进路无保护区段时,进路防护信号机可以正常开放。

根据设计,保护区段可以在主体信号控制层内受到监督,也可以不在主体信号控制层内受到监督。此外,也有可能在进路排列时直接征用保护区段,或进路先排列,保护区设置延时直至进路内的接近区段被占用,延时的保护区段设置是一种标准方式,为多列车进路内的每个列车提供保护区段条件。

当排列的运行进路无法成功地进行保护区段设置或延时保护区段设置没有成功时,可稍候设置。只要到达线和制定保护区段的轨道区段空闲,并且设置保护区段的条件得以满足,可重新设置。

在设定的时间(预设值为30s)截止以后,保护区段便解锁。延时解锁从保护区段接近区域被占用时开始。在列车反向运行情况下,保护区段的延时解锁仍将继续。

5. 侧面防护进路

城市轨道交通的道岔控制全部为单动,不设双动道岔,所有的渡线道岔也只设单动的来防护列车的侧面冲突。侧面防护是指避免列车侧面进入,这类似铁路的双动道岔和带动道岔的处理。

排列进路时通过侧面防护把相关的道岔及信号机锁闭在联锁要求的位置,以避免其他列车从侧面进入进路,确保安全。侧面防护包括主进路的侧面防护和保护区段的侧面防护,如图3-22所示。

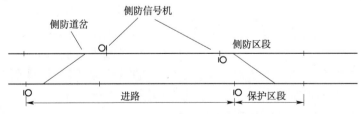

图3-22 侧面防护进路示意图

侧面防护的任务是通过转换、锁闭和检查相邻分歧道岔位置,切断所有通向已排进路的路径。如果侧面防护道岔实际位置与要求的位置不一致,则发出转换道岔命令;当命令不被执行时(如道岔已锁闭),操作命令被储存,直到达到要求的终端位置。否则通过取消或解锁该进路来取消操作命令。

侧面防护也可由位于进路需要侧面防护方向的主体信号机显示禁止信号来完成。

道岔为一级侧面防护,信号机为二级侧面防护。排列进路是首先确定一级侧面防护,再确定二级侧面防护。没有一级侧面防护时,则将信号机作为侧面防护。

6. 追踪进路(西门子 SICAS)

追踪进路为联锁系统本身的一种自动排列进路功能,当 ATS 系统故障时,可使用追踪进路功能排列进路。追踪进路自动排列的条件为:

(1)进路的追踪进路功能已经打开。

(2)前序进路已排列(具有追踪功能的接近区段的进路已排列)。

(3)列车占用追踪进路的接近区段。

列车接近信号机,占用触发区段(触发区段是指列车占用该区段时引起进路排列的区段,触发区段可能是信号机前方第1个接近区段,也可能是第2个接近区段,触发区段根据线路布置和通过能力而定)时,列车运行所要通过的进路自动排出。追踪进路排出的前提除了满足进路排出的条件外,进路防护信号机还必须具备进路追踪功能。

如图 3-23 所示,S3、S4 具有追踪功能,TC1、TC5 分别是以 S3、S4 为始端的进路的触发区段,列车占用 TC1 时,S3 →S4 进路自动排出,S3 开放。列车占用 TC5 时,S4 →S5 进路自动排出,S4 开放。

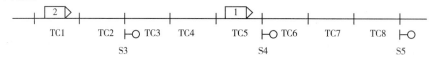

图 3-23 追踪进路示意图

当一信号机被预订具有进路追踪功能时,则对一规定进路的进路命令便通过接近表示自动产生。调用命令被储存,一直到信号机开放为止。接近表示将由确定的轨道区段的占用而触发。

当对一信号机接通自动追踪进路时,也可以执行人工操作。若接收到接近表示之前已人工排列了一条进路,则自动调用的进路被拒绝,重复排列进路也不能被储存。

假如排列的进路被人工解锁,则该信号机的自动追踪进路功能便被切断。

追踪进路的特点:追踪进路运行方向通常是正常运营的方向;追踪进路可设置始点站、终点站的折返进路,但不能设置中间站的折返进路(除非是特殊涉及要求)。

7. 折返进路

列车折返进路作为一般进路纳入进路表。通常,折返进路可以由联锁系统根据折返模式自动排列进路,也可以由人工手动排列进路。折返进路包含两条基本进路。如图 3-24 所示,列车进入终端站后,旅客全部下车后,列车

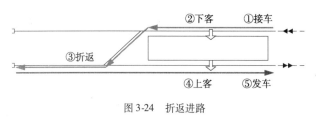

图 3-24 折返进路

需要由现在运行方向的正线进入另一个运行方向的正线,继续运行。

8. 连续通过进路(卡斯科信号系统)

连续通过进路也是由联锁系统自动排列进路。当信号机被设置为连续通过信号时,该信号机防护的进路将被自动地排列出来。连续通过信号机平时点亮允许灯光(绿灯),其所防护的进路处于锁闭状态。当列车进入信号机内方时,信号自动关闭,显示禁止灯光(红灯)。一旦

列车离开该进路,则该进路自动锁闭并使连续通过信号机再次开放允许灯光,指引后续列车进入进路。如图 3-25 所示,S4 是一架连续通过信号机,其所防护的进路范围是 S4→S5。

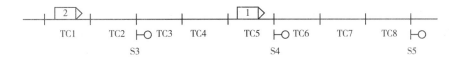

图 3-25　连续通过进路

二、车站联锁系统的功能

在我国城市轨道交通建设中,基于通信的列车控制系统(CBTC)以轨旁设备少、调试效率高、线路追踪时间短、运能大等特点,得到快速发展。以 CBTC 系统为背景的车站联锁设备主要功能有:

1. 联锁设备进路控制(相关教学资源见二维码17)

进路控制功能是联锁子系统的最主要功能,主要包括正常进路控制功能及故障进路控制功能。

二维码17

1) 正常进路控制功能

多列车进路与单列车进路均属于正常进路,联锁应能根据列车的属性(CBTC 或非 CBTC)自动选择其进路的属性。对于正常进路,进路控制按流程主要分为:进路建立、进路检查、进路锁闭、进路开放及进路解锁。

(1) 进路建立。根据人工或自动办理能选出与操作意图相符的进路;不得同时选出敌对进路。敌对进路包括:同一站台轨道或无岔区段上对向的列车进路(包括保护进路);同一咽喉区内对向或顺向重叠的列车进路(包括保护进路)。

(2) 进路检查。系统在接收到进路办理操作命令后,检查进路中道岔、轨道区段、敌对进路、保护区段及进路锁闭等状态:在条件满足的情况下,开放进路;在条件不满足的情况下,系统自动给出报警并显示其原因。

(3) 进路锁闭。它指的是进路排通、防护进路的信号开放后,进路上有关道岔不能转换,有关敌对信号不能开放。控制台上办理好进路后,从防护进路的信号开始至进路的终端显示白光带,称该进路处于锁闭状态。集中联锁的道岔区段是锁闭的主要对象;进路锁闭的实质是由构成该进路的各轨道区段的锁闭构成的。

进路的锁闭按时机分为预先锁闭和接近锁闭。进路的锁闭程度不同,人工办理进路解锁时采用的方式也不同。进路的接近区段,一般指的是信号机外方的第一轨道电路区段。

(4) 进路开放。进路检查条件满足且进路锁闭后,可由车载或地面信号给出进路开放指示;在列车未进入进路前系统连续检查进路开放条件,一旦条件不满足,将立即自动关闭开放信号。

(5) 进路解锁。它是指将已被锁闭的道岔(区段)和敌对进路予以解除。任何操作不能使占用的区段解锁,任何操作不能使列车运行前方的区段解锁,已锁闭的进路不因计轴设备停电恢复后错误解锁。进路的解锁包括正常解锁、取消进路、限时解锁 3 种。

① 正常解锁。锁闭的进路在列车正常进入始端信号机后,可随着列车的正常运行,使各轨道区段分段自动解锁。

② 取消进路。列车尚未进入进路且进路未处于接近锁闭的情况下,办理取消进路时,采

取措施关闭信号机,锁闭的进路,此列车的进路将立即解锁。列车进路取消后其保护区段随之自动解锁。因为列车远离进路,即使道岔和敌对进路解锁,也不致影响行车安全。

③限时解锁(或称人工解锁)。办理取消进路时,若列车接近,进路保持在接近锁闭状态,同时向 ATP 子系统发送新的列车运行权限信息,ATP 子系统重新确定新的安全停车保护点后,在能保证安全的前提下,ATP 子系统将停车安全保证信息发送至联锁设备,才能解锁列车进路,防止进路的错误解锁,并采用延时解锁、限时解锁来确保行车安全。若列车已经驶入进路,则进路不能取消和解锁。

当进路处于接近锁闭而列车未驶入进路的情况下需要解锁时,能办理人工解锁。进路自信号机关闭时起延时 30s(3min)后解锁。联锁设备自动记录人工解锁的使用次数。延时解锁时间在车站现地控制工作站及中心调度工作站上有延时解锁倒计时显示。

系统运行于不同的列车控制等级时,正常进路控制功能具有一定的差异,如表3-2 所示。

正常进路控制功能表　　　　　　　　　　表 3-2

		CBTC 系统	点式系统	联锁系统
进路性质		多列车进路	单列车进路	单列车进路
进路办理		人工/自动	人工/自动	人工/自动
保护区段建立		建立/不建立	必须建立	必须建立
保护区段建立方式		与进路分别建立	与进路一同建立	与进路一同建立
进路开放条件				
道岔位置		与进路路径一致	与进路路径一致	与进路路径一致
道岔锁闭		锁闭	锁闭	锁闭
轨道区段		空闲/占用	全部空闲	全部空闲
信号机灯丝状态		不检查	完好	完好
敌对进路		无	无	无
保护区段建立	未建立	ATP 防护点为终端信号机	必须建立,点式 ATP 防护点为保护区段末端	必须建立,司机人工保证在信号机前停车
	已建立	ATP 防护点为保护区段末端		
保护区段建立条件		道岔锁闭、无敌对进路	道岔锁闭、无敌对进路、区段空闲	道岔锁闭、无敌对进路、区段空闲
紧急关闭		检查	检查	检查
PSD		锁闭	锁闭	锁闭
进路锁闭		锁闭	锁闭	锁闭
主体信号		车载信号	地面信号	地面信号
正常解锁	后续列车进路建立	不解锁	正常进行	正常进行
	后续列车进路未建立	正常进行		
取消进路		正常进行	正常进行	正常进行
人工解锁		根据 ATP 停车保证	延时解锁	延时解锁
保护区段解锁		根据停稳信息	延时解锁	延时解锁

2)故障进路控制功能

当列车运行于降级系统下,计轴发生故障或者在道岔表示发生故障时,可采用开放引导信号的方式,由车站值班人员保证进路安全,司机在调度人员的指导下低速驾驶列车通过进路,随时准备停车。上述情况下,系统处于联锁降级系统,列车处于联锁控制级,司机以 RM

或 NRM 驾驶列车。

引导进路可以引导进路锁闭或引导总锁闭方式办理。在降级系统下计轴故障,可采用引导进路的方式建立引导进路;也可采用单独操作道岔,以引导总锁闭方式锁闭管辖范围内道岔,尤其是道岔失去表示时。引导信号只有在办理引导进路或办理重复开放引导信号操作后,且确认引导进路中的道岔位置正确,未建立敌对进路,引导进路在锁闭状态后才能开放;或者在道岔失去表示的情况下,开放引导总锁闭。开放引导信号为与安全相关的操作,具有防止错误操作的措施并可被系统自动记录。

在人工确认列车通过引导进路后,办理人工解锁操作可使引导进路解锁。

引导信号在下列情况下应及时关闭:

(1)列车未驶入引导进路之前信号保持开放的条件不能满足时。

(2)信号机内方第一轨道区段无故障的情况下,列车第一轮对进入该区段时。

(3)在信号机内方第一轨道区段发生故障的情况下,开放引导信号的按钮接点断开或列车驶入接近区段后一定时间内未采取维持信号开放的操作时或在采取了维持信号开放的操作后一定时间内未再次采取维持信号开放的操作时。

(4)办理人工解锁时。

(5)信号封锁时。

2. 进路防护

对进路进行侧面防护,保证进路的安全。

在对正常进路防护的同时,根据地铁特殊的安全要求建立列车进路的保护区段并予以防护。保护区段根据不同的列车属性(CBTC 列车和非 CBTC 列车)及运营组织灵活配置。

联锁系统可判断保护区段的设置时机,后续列车进路保护区段的设置不能影响前行列车的运行和折返作业。系统处于 ATS 控制时,保护区段的建立由 ATS 控制。保护区段和后续进路重叠时,保护区段的解锁和后续进路的取消或人工解锁相互独立,互不影响。

在站台轨区段、折返轨区段、停车线或联络线的转换轨,联锁具备列车停稳控制功能,停稳信息用于保护区段的解锁。联锁接收 ATP 发送的停稳信息或停车保证信息后,在规定时间内完成保护区段的解锁。在联锁无法接收 ATP 发送的停稳信息时,采用计时方式判定停稳;停稳计时可根据不同进路配置不同的时间。

为了使列车能在一条进路的末端接近一架不可越过的信号机,联锁需要管理如下两种防护进路:

(1)优先的防护进路:如果道岔可动就将防护进路上的道岔锁在较佳的位置,否则,道岔就在相反位置。

(2)关键的防护进路:道岔必须锁定在规定的位置。

3. 进路的自动功能

1)ATS 自动进路

ATS 根据时刻表或列车识别号,当列车占用触发轨时,自动设置列车进路,将进路命令下发到联锁系统来执行。列车通过后进路正常解锁。

2)自动折返进路

联锁设备在具备折返条件的车站设置自动折返进路功能,能自动设置折返站的列车折入和折出进路。当折返信号机被设置为自动折返模式时,联锁能自动设置折返线的折入和折出进路。自动折返进路设置前,若进路已存在,则进路保持不变;自动折返进路命令取消时,不改变已存在进路的状态;在车站具有两条或多条折返线时,各条折返线均具备设置自动折返进路的功能,并具备两条折返线交替的全自动折返进路功能,全自动折返进路按照先进先出原则排列折返进路。

车站设置自动折返模式。自动折返进路的建立必须在自动折返模式建立的情况下才能实施。当某一进路已设置为自动折返模式后,任何人工办理该进路的操作将被禁止。

当设置了自动折返模式后,联锁机检查联锁条件满足后(敌对进路未建立、信号机封锁、区段封锁等),自动办理初始进路;随着列车的行进自动解锁和触发自动折返进路。

在折返过程中,中央调度员或车站值班员仅需对信号机进行一次模式设置。

3)自动通过进路(卡斯柯信号系统)

联锁设备具备自动通过进路功能的进路,设置自动通过进路后,能使规定的进路自动建立、锁闭并开放信号(联锁条件满足时)。自动进路在列车顺序占用、出清该进路后不解锁,其防护信号机的显示随着列车的运行自动开放或关闭。办理取消进路或人工解锁操作后,自动通过进路模式取消。取消自动进路模式时,不改变已存在进路的状态。

值班员可在车站的车站操作员工作站上将部分或全部信号机置于自动状态,设置自动通过进路模式。

4. 轨道区段检测功能

对于 CBTC 系统,轨道区段空闲/占用状态的检测可同时由计轴设备和 ATP 设备完成。

计轴设备是轨道区段空闲/占用状态自动检测的一种装置。一个计轴轨道区段的计轴设备通常由两个轨旁计数装置组成,它们与计轴计算机(室内设备)相连。这种轨旁计数装置将会对通过计轴点的每个轮轴产生计数脉冲。驶入和驶出各个计轴轨道区段的列车轮轴被分别计数,只要驶入和驶出的轴数不同,则计轴轨道区段将会指示为占用状态,反之则为空闲状态。

轨旁 ATP 设备,可通过各 CBTC 列车提供的位置报告,向联锁提供划分更为精细的 ATP 轨道区段的状态信息。

对于 CBTC 系统,联锁如果采用 ATP 轨道区段状态信息,它将强制忽略来自计轴系统的信息,ATP 的轨道区段信息具有比计轴更高优先级。

对于降级系统,轨道区段的状态信息由计轴设备提供。

1)计轴预复位

"预复位"的命令是用于:在计轴过程中出现问题,以及列车已经完全离开轨道区段但计轴的驶入数和驶出数仍不同时,将一段计轴区间的状态设置为"零轴"。该关键命令不会在联锁逻辑内得到检查,而是直接转移到计轴计算机中。

执行该命令后,计轴设备仍会为这个区段提供一个占用显示。当首列沿着此计轴区段行驶的列车按正确的计轴顺序通过后,计轴设备就会提供区段出清的指示。计轴预复位是一个与安全相关的操作,具有防止错误操作的措施并可被系统自动记录。

2)计轴直接复位

"直接复位"的命令是用于:在计轴过程中出现问题,以及列车已经完全离开轨道区段,但计轴的驶入轴数和驶出轴数不同时,将一段计轴区段的状态设置为"零轴"。该关键命令不会在联锁逻辑内得到检查,而是直接转移到计轴计算机中。

执行该命令后,计轴设备将不会为这个区段提供一个占用显示。计轴设备直接提供区段出清的指示。

计轴直接复位功能,只有在运营特殊要求下方可设置。计轴直接复位是一个极度与安全相关的操作,具有严格的防止错误操作的措施,同时应具有严格的运营管理措施。该操作将被系统自动记录。

3)区段故障解锁

对于 CBTC 系统,计轴故障不影响系统的正常运行,轨道区段状态信息可由 ATP 设备单独提供。

对于降级系统,计轴故障将影响系统的正常运行。

系统运行于降级系统:

进路中锁闭的区段,在计轴电源停电恢复时不得错误解锁。

对于故障计轴轨道区段可采用区段故障解锁进行解锁,此操作为一个安全相关的操作,具有防止错误操作的措施并可被系统自动记录。区段故障解锁可在如下情况下运用:

(1)轨道区段在开机、停电恢复和因故障锁闭时,在检查该区段未排列在进路中且空闲后,能采取该项操作实现故障解锁。

(2)若需解锁的区段排列在进路中,当进路已处于接近锁闭状态,列车未驶入进路时,在检查进路空闲后,采取区段故障解锁,该区段延时后解锁。

(3)若需解锁的区段排列在进路中,当列车已驶入进路时,在检查列车已通过该进路,且未解锁区段空闲后,采取区段故障解锁,该区段解锁。

5. 信号机控制功能

CBTC 系统中,信号机常态为点蓝灯(或灭灯)显示,其含义为列车运行于 CBTC 控制等级下,以车载信号为主体信号。当非 CBTC 列车进入信号机接近区段,系统可自动检测出非 CBTC 列车接近信号机,此时若此列车与信号机间无其他列车,则信号机按降级模式信号机显示原则点灯,此时系统为降级系统,列车以地面信号为主体信号运行。

"信号封锁"命令,能对信号机实施信号封锁功能,使信号关闭,直至取消"信号封锁"功能才能重新开放。

对于降级系统,具有如下信号机控制功能:

(1)信号机正常开放。防护该进路的信号机,常态为禁止状态,只有检查其进路空闲(包括超限界检查及保护区段空闲)、有关道岔位置正确、进路已锁闭(包括保护区段锁闭)、未施行人工解锁、敌对进路未建立、照查联锁条件正确等条件后方可开放。

(2)红灯灯丝检查。信号机具有灯丝监督的功能,信号机开放后能够不间断地检查灯丝良好状态,若灯丝断丝到某一设定的临界值,会自动关闭该信号机。信号机的开放应检查红灯灯丝完好。

(3)断丝检查。各类信号机均应具有灯丝监督和转换功能,信号机开放后能不间断地检查灯丝良好状态。若灯丝断丝,将自动关闭,若红灯灯丝断丝,将关闭以该信号机为终端的进路的始端信号机。

(4)灯光显示。不允许信号机出现乱显示(即不符合规定的信号显示);在组合灯光开放和关闭时,同时点灯或灭灯。

(5)信号关闭条件。已开放的信号机在下列情况下应及时关闭:

①列车未驶入进路之前,信号机保持开放的条件不能满足时。

②列车第一轮对进入该信号机内方第一轨道区段时。

③办理取消和人工解锁进路时。

④因计算机联锁系统的故障使联锁失效时。

⑤信号封锁时。

6. 道岔控制功能

联锁道岔应能人工单独操纵,也能进路选动,单独操纵应优先于进路选动。

联锁道岔受进路锁闭、区段锁闭、人工单独锁闭或其他锁闭方式控制,一经锁闭的道岔不能启动。

联锁道岔一经启动应能转换到规定的位置。当因故被阻,且在15s内不能转换到规定位置时,应有音响和图像报警。道岔经操纵后应能转换到原来位置。

道岔转换完毕后,应自动切断道岔动作电源。

道岔应设有位置表示。

7. 本地监控功能

本地HMI为联锁和ATS共同的人机界面,完成ATS和联锁的本地监控功能。联锁的本地监控功能,为仅与联锁相关的本地监控功能,保证在ATS故障的情况下,可以联锁人机界面在本地进行行车调度。

正线车站的联锁平时由ATS子系统控制。当车站ATS子系统设备故障时,联锁设备可设置自动通过进路,也可由车站值班员直接设置列车进路。

8. 维护功能

联锁子系统具有自检、自诊断和对信号机、转辙机等基础信号设备的检测报警功能,并在监测机上显示及报警,软硬件设计符合故障-安全原则。

在监测机上提供相应的报警信息显示,监测诊断功能的实现不影响被监测设备的正常工作。

系统操作命令、所有信息的状态变化及故障记录能够保存。联锁子系统能监视和记录自身的工作状态和轨旁设备的状态,其主要内容包括:

(1)进路状态。

(2)轨道的占用/空闲。

(3)信号机显示。

(4)道岔位置。

(5)信号机灯丝状态监测及断丝报警。

(6)转辙机动作状态。

(7)电源报警等。

LED信号机发光二极管在一定故障范围内(可调)时应发出维修报警,超过该故障范围时发出灯丝断丝故障报警,并自动关闭该信号机。

联锁的维修监测设备不但能完成联锁子系统的维修功能,还能将子系统的操作命令、状态信息及故障信息等发送至信号集中监测子系统,以便信号集中监测子系统对整个系统进行维护管理。

9. 接口功能

联锁子系统除上述功能外,还具备以下硬线接口功能:

(1)联锁子系统与车控室IBP盘(或现地控制盘)、站台紧急关闭按钮接口。

在综合后备盘(IBP)上,设置有"紧急停车"按钮及相应表示灯。在紧急情况下,可按下车站控制室IBP盘上的紧急停车按钮或车站站台上的紧急停车按钮,实现对列车的紧急控制,禁止已停在车站的列车出发进入区间,实现区间封锁的功能。对于已启动而尚未完全离开车站的列车应实施紧急制动停车,对于尚未进入站台区的列车,应禁止其进入站台区。紧急停车按钮须经人工确认后才能恢复。

正线 CBI 与 IBP 盘的接口是通过中国标准安全型继电器来实现的。CBI 通过安全采集板采集紧急停车按钮位置状态信息。

（2）与站台屏蔽门接口，实现屏蔽门的状态采集及开关门操作驱动。

当列车进入站台停车、满足定点停车精度要求后，车载 CC 设备发出停准停稳信息，解除对列车门的锁闭，允许 ATO 设备按指令执行开/关车门的操作。同时，将开/关屏蔽门信息通过安全通信传送给 CBI，CBI 收到信息后通过安全输出驱动继电器将开/关信息送给屏蔽门系统。

各车站对应每一站台轨道均可实现车站的进站方向的信号机、出站信号机的紧急关闭；上、下行站台的紧急关闭相互独立（包括侧式站台上下行之间有隔离情况），无隔离或隔离不足的侧式站台，上、下行站台的紧急关闭可不相互独立。办理了紧急关闭作业，联锁对相应的进入该站台的和由此站台出发的非 CBTC 列车所用进路的信号机均立即关闭，由此站台出发的 CBTC 列车进路的信号机立即关闭。解除紧急关闭作业后，在有关联锁条件满足时，相应已关闭的信号机经人工操作后方可开放。

（3）车辆段/停车场联锁系统接口，实现进路敌对照查。

排列出、入车辆段/停车场的进路，满足正线与车辆段/停车场的相互敌对照查条件以保证列车出入段线作业的安全。正线联锁系统和车辆段/停车场联锁系统之间采用安全型继电器接口。

正线和车辆段/停车场之间实现以下联锁关系：

①不能同时向对方联锁区排列进路，并将本方排列进路的信息传送给对方；

如果本方的轨道区段作为另一方联锁区的进路的一部分，则必须传给另一方，以进行进路检查。

②如果本方进路包含另一方联锁区的轨道区段，则必须将本方进路的排列信息传送给另一方，并要求另一方排列出另一部分。

③为了减少对咽喉区的影响，列车入段时，必须先排列车辆段接车进路，然后才能排列入段进路。

（4）与防淹门接口实现以下四种信息的传递或控制：

①防淹门状态信息：开门状态。

②防淹门状态信息：非开门状态。

③防淹请求信号：请求关门。

④信号设备给出的同意信号：关门允许。

其基本联锁关系如下：

进路的排列应检查防淹门的状态，只有当防淹门在开门状态并且没有请求关门的情况下才能排列进路，否则不能排列进路。

根据计算的 ATP 保护区段的长度与防淹门的位置关系，如果防淹门在计算的保护区段内，则只有当防淹门在开门状态并且没有请求关门的情况下提供的保护区段才是有效的，列车才能进入站台停车。如果在计算的保护区段的外方，则保护区段无须考虑防淹门的状态。

信号机开放信号后，收到了防淹门非开门信号，信号机立即关闭并封锁信号。

信号机开放信号后，接收到了来自防淹门的"请求关门"请求，联锁按以下步骤自动处理：

①首先关闭并封锁始端信号机。

②如果接近区段无车时，则立即取消进路；否则延时 30s 取消进路。

③检查隧道区域轨道区段是否有红光带，如没有红光带则立即给出"关门允许"信号；否

则,联锁不给出"关门允许"信号,需要防淹门操作人员人工确认列车运行情况并依据有关操作规定人工关门。

三、SICAS 车站计算机联锁系统的应用

目前,我国城市轨道交通正线联锁设备存在多种类型,如大连地铁 3 号线应用的是由通号总公司研究设计院研制的 DS6-11 型计算机联锁,上海地铁 2 号线采用美国 US&S 公司的 MicroLok Ⅱ 型计算机联锁系统,北京西直门至东直门地铁采用铁道科学研究院通号所研制的 TYJL-Ⅱ 型计算机联锁系统等。下面以 SICAS 车站计算机联锁系统为例,讲解其具体应用。

SICAS 是西门子计算机辅助信号系统(Siemens Computer Aided Signalling)的英文缩写,是一个模块化的、灵活的联锁系统。它可以通过单独操作、进路设置等方式实现对道岔、轨道区段、信号机等室外设备的监督和控制。SICAS 型计算机联锁被广泛地应用在干线铁路、城市铁路。

下文以 SICAS 型计算机联锁为例,介绍正线联锁设备的构成、功能及操作等。

1. SICAS 联锁系统

联锁设备是城市轨道交通的重要信号设备,用于控制车辆段内的建立进路、转换道岔、开放信号以及解锁进路,实现道岔、信号、进路之间的联锁关系,以保证行车安全,提高作业效率。车辆段的联锁设备早期采用继电集中联锁,目前多采用计算机联锁。

1)设备组成及功能

计算机联锁设备普遍分为 5 层,即操作显示层、联锁逻辑层、执行表示层、设备驱动层以及现场设备层。SICAS 型计算机联锁分别对应为:LOW(现场操作员工作站)、SICAS(联锁计算机)、STEKOP(现场接口计算机)、DSIT(接口控制模块)以及现场的道岔、轨道电路和信号机,如图 3-25 所示。

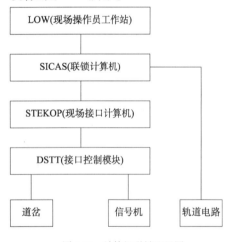

图 3-25 计算机联锁配置图

系统中联锁计算机对现场设备的控制有三种基本配置,见图 3-25。SICAS 型计算机联锁总体结构配置:一是带 DSTT 的系统,由 SICAS 直接经 DSTT 控制现场设备;二是带 DSTT 和 STEKOP 的系统,SICAS 经 STEKOP 和 DSTT 控制现场设备;三是带 ESTT(电子元件接口模块系统)的系统,SICAS 直接经 ESTT 控制现场设备。

除上述外,SICAS 联锁系统还有与 ATC 系统、其他联锁(车辆段联锁设备、相邻 SICAS)的接口。

(1)LOW(现场操作员工作站)是人机操作界面,将设备和列车运行情况图形化显示,接受操作人员的操作指令并传递给联锁计算机进行处理。

(2)SICAS 的联锁计算机根据需要可采用 2 取 2 结构或 3 取 2 结构,主要功能是接收来自 LOW 的操作指令和来自现场的设备状态信息,联锁逻辑运算,排列、监督和解锁进路,动作和监督道岔,控制和监督信号机,防止同时排列敌对进路,向 ATC 发出进入进路的许可,并将产生的结果状态和故障信息传送至 LOW。

(3)根据配置不同,SICAS 对现场设备控制部分包括 ESTT、DSTT、STEKOP 几部分:

①ESTT 可直接连接 SICAS 和现场设备,ESTT 到联锁计算机的距离可达 100km。每个轨旁元件,如转辙机、信号机、速度监督元件等,都有一个电子元件接口模块。每个元件接口

模块都有完整的硬件和所需控制轨旁元件的软件,大部分元件接口模块包含一个现场总线接口板 FEMES,用于保证 SICAS、ESTT、监控对象之间数据的传输。

②DSTI 是分散式元件接口模块,经由并行线与 SICAS 相连,根据 SICAS 的命令控制现场设备,如道岔、信号机或轨道空闲检测系统。从联锁计算机到 DSTT 的最大距离是 30m,DSTT 与轨旁元件间最大距离 1km。

DSrIT 系统的模块包括:道岔元件接口模块 DEWEMO、信号机元件接口模块 DESIMO、闪光元件接口模块 DEBLIMO。

③STEKOP 是一个采用 2 取 2 结构的故障安全型计算机,实现联锁计算机与 DSTT 间的连接,可控制 100km 的范围。STEKOP 的主要功能是:读入轨道空闲表示信息和开关量信息,根据 SICAS 发出的命令和 DSTT 的结构,分解命令,输出并控制 DSTT,实现对转换设备、显示单元的控制,并将开关量信息回传给 SICAS。

2)联锁主机的结构

为保证设备安全和提高设备可靠性,目前联锁主机主要采用两种冗余方式:2 取 2 系统和 3 取 2 系统。

2 取 2 系统由两个各自独立的、相同的、对命令同步工作的计算机通道组成,过程数据由两个通道输入、比较并进行处理。只有两个通道处理结果相同时才能输出。独立于数据流的在线计算机监测功能在一定的周期内完成一次,一旦检测到故障此系统将停止工作,避免连续出现故障引起的危害。

3 取 2 系统由三个各自独立的、相同的、对命令同步工作的计算机通道组成。过程数据由三个通道输入、比较并进行处理,只有当三个或两个通道处理结果相同时结果才能输出。如果其中一个通道故障,在该检测周期内相关通道会被切除,联锁计算机按 2 取 2 系统方式继续工作,只有当又一个通道故障时,系统才停止工作。采用这种 3 取 2 的方式,提高了系统的可靠性和安全性。

3)与有关设备接口

(1)与车辆段联锁接口。排列出、入车辆段/停车场的进路,满足正线与车辆段/停车场的相互敌对照查条件以保证列车出入段线作业的安全。正线和车辆段/停车场之间传递的条件主要为:敌对照查、信号机状态、区段状态等安全信息。

(2)与洗车机接口。只有得到洗车机给出的同意洗车信号时,才能排列进入洗车线的进路,否则,不能排列进路。

(3)与防淹门接口。在特别情况发生时,SICAS 联锁通过与防淹门的接口保证列车运行安全。联锁设备与防淹门间传递的信息包括:防淹门"开门状态"信息、"非开门状态"信息、"请求关门"信号以及信号设备给出的"关门允许"信号。其基本联锁关系主要表现为:

①只有检测到防淹门的"开门状态"信息而且未收到"请求关门"信号时才能排列进路。

②信号机开放后,收到防淹门"非开门状态"信息时,立即关闭并封锁信号机。

③信号机开放后,收到防淹门"请求关门"信号时,关闭并封锁始端信号机并取消进路(接近区段有车时延时 30s 取消进路),通过轨道电路确认隧道内没有列车后立即发出"关门允许"信号,否则需要防淹门操作人员人工确认列车运行情况并根据有关规定人工关门。

(4)与 ATC 接口。SICAS 联锁与 ATC 的连接通过逻辑的连接来实现,响应来自 ATS 的命令,进行联锁逻辑运算,在满足安全的前提下,控制进路、道岔和信号机,并将进路、轨道电路、道岔、信号机的状态信息提供给 ATS(列车自动监视)、ATP(列车自动防护)、ATO(列车自动运行)。其主要设备状态信息包括：

进路状态——进路的锁闭、占用、空闲；

信号机的状态——信号机的开放、关闭；

道岔位置——道岔的定位、反位、四开、挤岔；

轨道电路状态——占用、锁闭、空闲。

(5)与相邻联锁系统接口。城市轨道交通正线车站被划分为数个联锁区，各联锁区的相互连接经由联锁总线通过连接中央逻辑层实现，联锁边界处的每个设备均以其进路特征反映至相邻联锁系统。

当一条进路的始端信号机和终端信号机位于不同联锁区时，进路由始端信号机所在的联锁区来设定。其进路包括带有自身联锁区内进路部分和相邻联锁区内进路部分的连接点，两部分相互作用实现 SICAS 联锁的链接。

2. LOW 的组成

1)设备组成

LOW 的全称是 Local Operator Workstation，中文含义为现场操作员工作站。

LOW 是信号系统网络的区域终端设备，每个联锁站都有一套 LOW 设备，主要由一台电脑和一台记录打印机组成。SICAS 联锁系统的本地操作和表示是通过 LOW 工作站来完成的。联锁等设备和行车状况（轨道占用、道岔位置和信号显示等）在彩色显示器上以站场图形式显示，使用鼠标和键盘，在命令对话窗口上可以实现常规命令及安全相关命令的联锁操作。所有安全相关命令的操作、操作员登录/退出操作、设备故障报警等信息将被记录存档。根据实际控制需要，可以每个联锁系统拥有几个操作控制台，或者几个联锁系统采用一个控制台。

LOW 是由一台主机、一台显示器(可根据需要增加)、一台记录打印机、一个键盘、一只鼠标和一对音响组成。

2)屏幕显示

显示器屏幕上由 3 个窗口组成(见图 3-26)，分别为基础窗口，主窗口和对话窗口。每个窗口的排列是固定的。

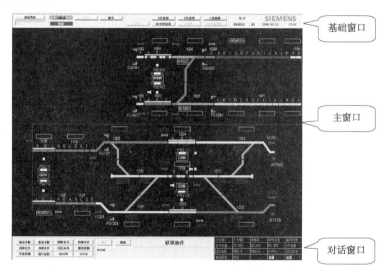

图 3-26 LOW 屏幕显示

(1)基本窗口。计算机启动进入后第一个出现的窗口为基本窗口，用于"登录退出按钮"、"图像按钮"和"48小时记录调档按钮"等基础菜单的显示。如图3-27所示。

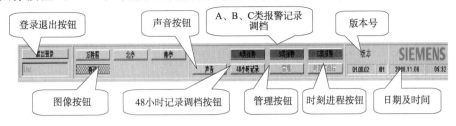

图3-27　LOW基本窗口

按钮的主要功能是：

①登录退出按钮：

a. 需登录LOW时，用鼠标左键点击[登记进入]按钮。

b. 登记进入按钮变为姓名显示，并在下面出现一个输入框，将光标移到输入框，通过键盘输入正确的姓名后，按压回车键(ENTER)确认。

c. 姓名显示改为口令显示，并在下面出现一个输入框，将光标移到输入框，通过键盘输入正确的口令后，按压回车键确认。

d. 系统将检查姓名及口令，如果正确，登记进入按钮将改为登记退出按钮，并且下面的输入框将使用者的姓名灰显。这时，说明你已成功登录LOW，你可以根据你的权限对LOW进行操作。

e. 当你输入的姓名或口令不被系统认识时，系统将仍然处于登记进入状态。在已成功登录LOW后，可以通过点击登记退出按钮来退出LOW操作系统，系统回复到登记进入状态。

②图像按钮：它位于登录退出按钮的右端，用于在主窗口中显示联锁区的站场图。根据操作员的需要选择不同的站场图将其显示在主窗口中。若需要选择另外一个联锁的站场图显示时，需要先选择联锁区。

a. 颜色及状态：红色闪烁、红色、灰色。

b. 红色闪烁：该站对应的A-C类报警列表中有信息未别确认。

c. 红色稳定：报警列表中仍然有已经被确认的信息。

d. 灰色：表示该设备站没有任何报警信息。

③报警按钮：详细轨道图按钮的右侧是报警列表按钮。这三个报警列表按钮用于开启具有相应优先级的报警列表。

报警分为A、B、C三类，A类级别最高，C类级别最低。如果不存在报警，报警按钮显示灰色。一旦出现报警，相应级别的报警按钮开始闪烁并发出声音报警，报警级别越高，报警声越持久，越响亮。点击相应的报警按钮即可对报警进行确认，就可以打开相应的报警单，然后选择需要确认的报警信息，再在对话窗口中点击报警确认按钮就可以对报警进行应答。报警单中只要有一个报警未被应答，报警按钮会保持红色闪烁；当报警单中的所有报警都被应答，报警按钮呈永久红色，报警声被关闭，故障修复后红色消失。

④管理员按钮：只有用管理员身份及密码登记进入时才显示出来，并可以设置或更改操作员的操作权利，不是管理员登陆时，此按钮会显示灰色。

⑤调档按钮：用于查询、打印联锁装置48小时内的特别情况记录存档，如来自现场设备或联锁的信息和报警、来自RTU/ATS的信息和报警、LOW内部出现的错误、登记进入/登记

退出报告等。

  a. 点击可以打开 48 小时记录清单以及 48 小时调档对话。

  b. 48 小时记录按照三个不同的级别 A、B 和 C 将电子联锁装置 48 小时内发生的特别情况及系统操作情况记录存档。48 小时以后,记录被自动删除。

  c. 开启 48 小时记录后出现下列自定义功能键:打印,输出。打印和输出功能需要管理员密码登录才会显示实体。

  ⑥音响按钮:单击该按钮可关闭报警声音,直到下一次报警出现。

  ⑦日期和时间显示按钮:显示当前日期和时间。

  ⑧版本号:显示现用的版本,版本号必须在故障信息报告中注明。

(2)主窗口 启动 LOW 后进入主窗口,显示整个联锁区线路、信号等设备状态,并能够选择元件进行操作。LOW 主窗口,如图 3-28 所示。

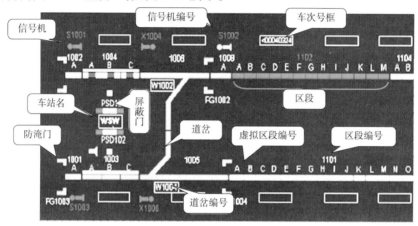

图 3-28 LOW 主窗口

(3)对话窗口(见图 3-29)主要由命令按钮栏、执行按钮、取消按钮、记事按钮以及综合信息显示栏组成。

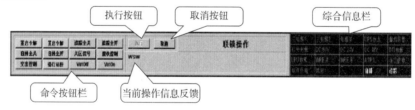

图 3-29 LOW 对话窗口

  命令按钮栏:显示当前在主窗口中选择的元件对象可提供选择的命令,包括常规命令和安全相关命令。浅蓝色底色的命令为安全相关命令(注:安全相关命令是指该命令执行后可能会影响行车安全或设备安全的命令;常规命令是指该命令执行后对行车安全或设备安全不会造成影响的命令)。如果没有选择任何要素,命令按钮栏显示的命令为对联锁的所有操作。

  执行、取消按钮:在选定点击命令按钮需执行的命令后,"执行按钮"变成实体可以操作,点击后选定的命令才会被实际执行。按取消按钮可以取消"命令按钮"的选定。

  当前操作信息反馈:在主窗口选中元件后,会在此处显示被选中的元件名称,在点击命令按钮后显示元件名称及将要执行的命令,点击执行按钮后会反馈执行成功或者联锁拒绝的信息。

综合信息显示栏(见图3-30):用于显示信号系统的各种供电情况以及自排、追踪情况。如果相应的供电正常,相应的显示为绿色字体,如果故障则显示红色字体,而如果没有打开自排功能时,自排全开的字体为白色,一旦打开了自排功能则自排全开字体为绿色。对于追踪进路,如果打开追踪功能,追踪进路字体为黄色,没有打开追踪功能,则追踪进路字体为白色。

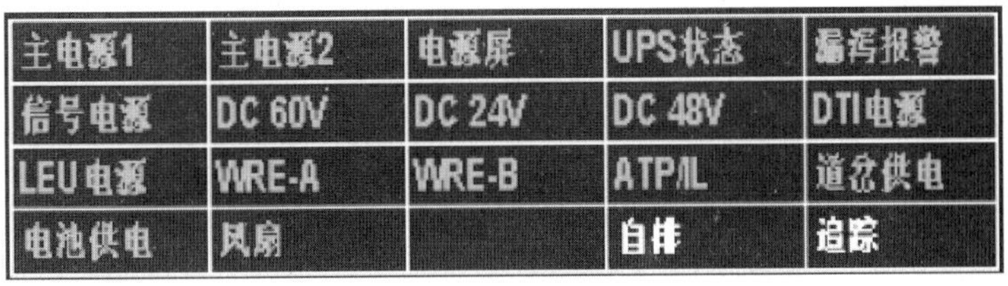

主电源1	主电源2	电源屏	UPS状态	漏泻报警
信号电源	DC 60V	DC 24V	DC 48V	DTI电源
LEU电源	WRE-A	WRE-B	ATP/L	道岔供电
电池供电	风扇		自排	追踪

图3-30 综合信息显示栏

3. LOW 的操作命令

1)操作命令的种类

操作命令根据安全等级分为"常规操作命令"(用R表示)和"安全相关操作命令"(用K表示)。

常规命令是指该命令执行后对行车安全或设备安全不会造成影响的命令。

安全相关命令是指该命令执行后可能会影响行车安全或设备安全的命令。此命令执行前必须获得行车调度同意及根据行车规定的要求执行。其安全责任主要由操作员负责,故必须确认相关的操作前提,并且须输入正确的命令;操作完毕后必须在值班日记中做好记录。

持有LOW操作证者,在LOW工作站上的操作命令见表3-3。

LOW 工作站上的操作命令　　　　　表3-3

相关设备	按钮名称	命令含义	安全相关命令	备注
联锁	自排全开	本联锁区全部信号机处于自动排列进路状态	否	关闭所有具有自排功能的信号机的追踪进路功能
	自排全关	本联锁区全部信号机处于人工排列进路状态	否	
	追踪全开	本联锁区全部信号机处于联锁自动排列进路状态	否	关闭所有具有追踪功能的信号机的自排功能
	追踪全关	本联锁区全部信号机取消联锁自动排列进路状态	否	
	关区信号	关闭并封锁联锁区全部信号机	否	
	交出控制	向OCC交出控制权	否	
	接收控制	从OCC接收控制权	否	控制中心(ATS)已交出控制权
	强行站控	在紧急情况下,车站强行取得LOW的控制权	是	强行站控后必须报告行车调度(C-LOW无此命令)
	重启命令解锁	系统重新启动后,解除全部命令的锁闭	是	指的是SICAS系统重新启动
	全区逻辑空闲	设定全部轨道区段空闲	是	

续上表

相关设备	按钮名称	命令含义	安全相关命令	备注
轨道区段	封锁区段	将区段封锁,禁止通过该区段排列进路	否	
	解封区段	取消对区段的封锁,允许通过该轨道区段排列进路	是	
	强解区段	解锁进路中的轨道区段	是	
	轨区逻辑空闲	把轨道区段设为逻辑空闲	是	
	轨区设置限速	设置该轨道区段的限制速度	是	无进路状态下使用
	轨区取消限速	取消对轨道区段的限制速度	是	
	终止站停	取消运营停车点	否	只能用于正常运营方向
道岔	单独锁定	锁定单个道岔,阻止电操作转换	否	
	取消锁定	取消对单个道岔的转换,道岔可以转换	是	
	转换道岔	转换道岔	否	
	强行转岔	轨道区段占用时,强行转换道岔	是	
	封锁道岔	将道岔封锁,禁止通过道岔排列进路	否	道岔可通过转换道岔命令进行位置转换
	解封道岔	取消对道岔的封锁,允许通过道岔排列进路	是	
	强解道岔	解锁进路中的道岔	是	接近区段有车延时30s解锁
	岔区逻辑空闲	把道岔区段设置为逻辑空闲	是	
	岔区设置限速	对道岔区设置限制速度	是	
	岔区取消限速	取消对道岔区段的限制速度	是	在LCP盘上用消限钥匙接通消限电路,并在30s内完成操作
	挤岔恢复	取消挤岔逻辑标记	是	
信号	关单信号	设置信号机为关闭状态	否	只能作用于以开放的信号机
	封锁信号	封锁关闭状态下的信号机	否	只能开放引导信号
	解封信号	取消对关闭状态下的信号机的封锁	是	
	开放信号	设置信号机为开放状态	否	信号达到主信号层,没有被封锁
	自排单开	设置把单个信号机为自动排列进路状态	否	信号机具备自排功能且追踪全开功能没有打开
	自排单关	设置单个信号机为人工排列状态	否	
	追踪单开	设置单个信号机为联锁自动排列进路状态	否	
	追踪单关	单个信号机取消由联锁自动排列进路状态	否	信号机具备追踪功能且自排全开功能没有打开
	开放引导	开放引导信号	是	

使用安全相关的操作命令时,必须检查列车进路,确认进路空闲、道岔位置正确后,方可实施。使用强行转岔命令前,车站须派人到现场确认该岔区没有列车或其他杂物侵限。

在操作 LOW 工作站过程中,操作员必须确认进路要素以正确的方式显示,否则应立即停止和取消该项操作,并报告行车调度员(以下简称"行调")。行调根据具体情况,当确认 LOW 不能正常操作时,发布停止使用命令,按 LOW 工作站设备故障进行处理,组织行车。

LOW 工作站操作员在结束操作或临时离开车站控制室时,应将工作站退回到登记进入状态,严禁中断 LOW 工作站工作,进行与行车无关的工作。

LOW 工作站的设备管理人员或维修人员需操作 LOW 工作站时,应征得车站值班站长同意,并经行调授权,以自己的用户名和口令登记进入系统后,在不影响行车的情况下方可进行操作。

2)操作过程

(1)常规命令的操作。

①首先在主窗口用鼠标左键点选所需要控制的联锁元件(以道岔为例,其余设备均以一样的流程操作)。用鼠标左键点击元件后,元件会被浅蓝色的框框住。如图 3-31 所示。

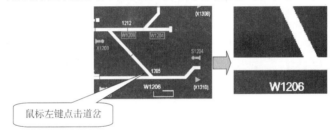

图 3-31　选定元件

②在对话窗口栏左边的命令按钮栏中出现"道岔"可供执行的所有命令选项,此时可以根据需要用鼠标左键点击需要执行的命令按钮。如图 3-32 所示。

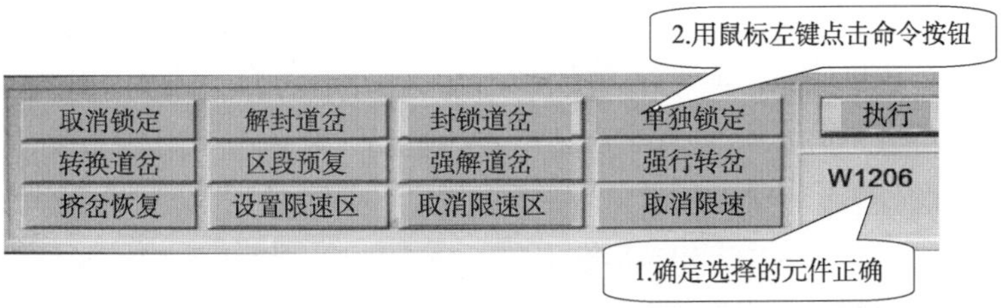

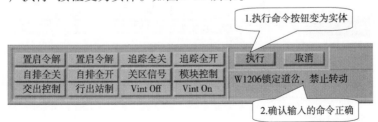

图 3-32　点击命令按钮

③执行命令按钮变为实体,在执行命令下方显示将要执行的命令信息"W1206 锁定道岔,禁止转动","执行"按钮变为实体。如图 3-33 所示。

图 3-33　执行命令

④确认命令正确后使用鼠标左键点击执行按钮,命令将被执行。在执行按钮下方显示"执行中…"。若命令执行成功则在执行按钮下方显示"执行成功"。若经过联锁的逻辑运算,该命令不符合执行条件则会返回一个"联锁拒绝"的信息显示在执行按钮下方。在点击"执行"按钮前可随时点击"取消"终止操作。如图 3-34 所示。

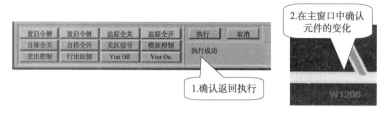

图 3-34　执行成功

(2)安全相关命令的操作。

①首先在主窗口用鼠标左键点选所需要控制的联锁元件(以道岔为例,其余设备均以一样的流程操作)。用鼠标左键点击元件后,元件会被浅蓝色的框框住。在命令按钮栏选择相应的命令,如图 3-35 所示。

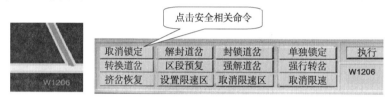

图 3-35　选择安全相关命令

②点击安全相关命令之后,点击安全相关命令按钮后框住所选元件的蓝色框变为橙色(见图 3-36)。点击执行按钮后在对话框的左下方开启了一个附加的对话窗口,需要用户检查所想要的安全操作(见图 3-37)。

(3)带有红色横线的圆圈是现实化的探测器。横线表明实际数据提供给了显示。彩色的横线包括红色、绿色和蓝色。它是双行的。上面一行静止,下面一行闪烁。颜色必须能正确显示而且闪烁必须能工作。在上述条件满足后,必须在 15s 内按"CR1"键,在 10s 内按"CR2"键,否则安全相关命令操作会被自动取消,而且在未点击"CR2"之前,可以通过点击"取消"键来取消安全相关命令操作。

图 3-36　所选元件变
为橙色框

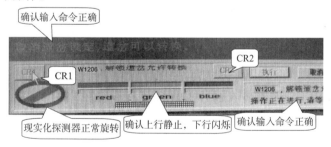

图 3-37　附加对话框

4. LOW 的操作举例

1) LOW 对进路的操作

(1)排列基本进路。

在 LOW 上,要排列一条基本进路时的操作步骤:

①用鼠标的左键点击 LOW 主窗口上要排列进路的始端信号机。

②再用鼠标的右键点击要排列进路的终端信号机。

③此时所选始端信号机和终端信号机都会被打上淡蓝色底色。

④在对话窗口中的命令显示栏(在 LOW 的左下角)用鼠标的左键点击"排列进路"的命令。

⑤再用鼠标的左键点击对话窗口中的"执行"按钮。

注意:若进路中含有非空闲的道岔的时候,需要在排列进路前使用"强行转岔"命令先把道岔转到排列进路需要的位置并单独锁定后再排列进路。

此时,联锁计算机就会自动检查该进路的进路建立条件,如果满足进路的建立条件,相应的进路会自动建立,并进入相应的监控层;如果达到了主信号层,且始端信号机正常时,始端信号机就会自动开放,但如果只达到了引导层或移动闭塞层,始端信号机不会开放信号,只能在满足开放引导信号的条件下人工开放引导信号。

排列进路后,被进路征用的计轴区段的所有虚拟区段都变成绿色(征用),在列车进入该进路前可正常人工取消进路,但若强行解锁时,需逐个虚拟区段的解锁。

(2)取消基本进路。

①取消进路命令只能对完整的进路操作。

用鼠标的左键点击 LOW 主窗口上该进路的始端信号机,再用鼠标的右键点击该进路的终端信号机,此时所选始端信号机和终端信号机都会被打上蓝色底色;然后在对话窗口中的命令显示栏用鼠标的左键点击"取消进路"的命令后用鼠标的左键点击对话窗口中的"执行"按钮即可。以上操作亦可使用右键菜单选择相应的"取消进路"命令完成操作。

②进路的取消会按以下的步骤发生:

第一步,始端信号机立即关闭。

第二步,列车未占用设计的接近区段,进路立即取消(始端信号机前一区段为接近区段)。

第三步,列车已占用接近区段,进路将延时(30s)取消,或占用列车为装备列车,且 ATP 系统接收到列车发出的停车保证后立即取消。

第四步,如果进路中没有占用,可以取消整条进路。若进路中有占用显示进路取消只能取消到距始端信号机最近的占用区段后一轨道区段。

第五步,保护区段在进路解锁后自动解锁。

停车保证:取消进路后列车的移动授权发生改变,允许的移动距离变短,列车的车载信号系统会计算以列车目前的速度,若即时开始减速,能否在不发生紧急制动的情况在始端信号机前停稳。若能停稳,则车载信号系统会向 ATP 系统返回一个信息,这个信息即为停车保证。

③进路的监控及开放信号。

当进路已排列,且满足了进路建立的前提条件后,信号将进入监控层,联锁系统将持续对进路中的元素进行监督。进路的信号根据达到的监控条件可分为 3 种监控层次:主信号层、移动闭塞层、引导层。

主信号层一旦达到,只要始端信号机正常,信号机将自动开放。移动闭塞层、引导层则不能自动开放信号,必须人工执行"开放引导"这个命令才能开放引导信号。LOW 以信号机机脚不同的显示,表示信号机处各种不同的监控级。

①非监控层：

信号处在非监控层时，在 LOW 上显示信号机机脚为红色。

信号处在非监控层有以下两种情况：

第一种，不在进路状态，即进路还未排列。

第二种，在进路排列前或进路排列后，因主进路的道岔有挤岔、转不到位或连接中断的故障，从而不满足进路的建立条件。信号处在非监控层时，为保证列车运行安全，联锁系统不允许开放信号(含引导信号)。

②主信号层：

在联锁控制级、点式控制级别下排列进路时优先建立主信号层进路。在连续式控制级别则在非装备列车接近的时候，若满足主信号层的建立条件，则进路达到主信号层。

信号处在主信号层时，在 LOW 上显示始端信号机机脚为绿色。

信号处在主信号层时，可以开放主信号或引导信号。

满足进路主信号层的条件有如下诸方面：

第一，主进路的道岔位于正确的位置且被进路锁闭(此处道岔征用的条件与保护区段征用道岔的条件相同)；

第二，主进路中所有轨道区段被进路征用(此处区段的征用条件与保护区段的区段征用条件相同)；

第三，防淹门打开且不请求关闭(只适用于排列通过防淹门的进路)；

第四，与车场照查功能正常(只适用于排列回场的进路)；

第五，进路的侧防条件已满足；

第六，终端信号机的红灯信号能正确显示；

第七，进路的所有区段(含道岔区段)空闲；

第八，保护区段被进路锁闭，并指示空闲。

③移动闭塞层：

在联锁控制级、点式控制级别下，当进路的主信号层第七、第八条件不能满足时，信号将自动建立移动闭塞层。列车只能凭引导信号越过信号机。

在连续式控制级别下排列进路将不考虑第七、第八这两个条件，优先建立移动闭塞层的进路，以满足装备列车的运行需求，提高线路的通行效率。

信号处在移动闭塞层时，在 LOW 上显示始端信号机机脚为深绿色。

连续式控制级别下装备列车，在满足移动闭塞运行模式的安全条件下，可凭车载信号直接进入移动闭塞层进路。当有非装备列车接近始端信号机约 800m 的时候，ATP 系统会要求联锁系统对进路的联锁条件进行检测；若主信号层第七、第八条件满足，则进路到达主信号层，给列车显示主信号。若条件不能满足，则进路维持在移动闭塞层，现场信号机显示红灯。进路处于移动闭塞层时，若满足引导信号的开放条件可人工开放引导信号。

满足进路移动闭塞层的条件有如下诸方面：

第一，主进路的道岔位于正确的位置且被进路锁闭；

第二，主进路中所有轨道区段被进路征用；

第三，防淹门打开且不请求关闭(只适用于排列通过防淹门的进路)；

第四，与车场照查功能正常(只适用于排列回场的进路)；

第五，进路的侧防条件已满足；

第六,终端信号机的红灯信号能正确显示。

满足上述 6 个条件前提下,当发生下列任何情况时,建立的进路达到移动闭塞层:

第一,进路区段有占用(含保护区段、道岔区段);

第二,保护区段不能被进路征用;

第三,系统处于 CTC 控制级别,且进路始端信号机无非装备列车接近。

④引导层:

引导层是主信号层及移动闭塞层的后备,当进路的移动闭塞层的第五或第六条件不能满足,信号将自动降为引导层;引导层也不能满足时,信号自动降为非监控层。

信号处在引导层时,在 LOW 上显示始端信号机机脚为黄色。进路处于引导层时,若满足引导信号的开放条件可人工开放引导信号。列车只能凭 RM 或 URM 通过进路。

进路满足引导层的条件为:

第一,主进路的道岔位于正确的位置且被进路锁闭;

第二,主进路中所有轨道区段被进路征用;

第三,防淹门打开且不请求关闭(只适用于排列通过防淹门的进路);

第四,与车厂照查功能正常(只适用于排列回厂的进路)。

满足上述 4 个条件前提下,当发生下列任何情况时,建立的进路达到引导层:

第一,进路的侧防条件不满足;

第二,终端信号机的红灯信号不能正确显示。

2)LOW 对轨道区段的操作

(1)LOW 上的轨道区段各部分显示意义:

LOW 上的轨道区段各部分显示意义,如图3-38所示。LOW 上轨道区段的显示意义,见表3-4。

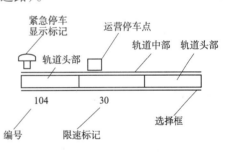

图 3-38　LOW 上的轨道区段组成

LOW 上轨道区段的显示意义　　　　表 3-4

元素	显示及状态	显示意义
轨道区段	黄色	常态、空闲、没有被进路征用
	绿色	空闲、被进路征用
	淡绿色	空闲、被进路征用为保护区段
	红色	占用、物理占用
	粉红色	占用、逻辑占用
	深蓝色(中部)	已被封锁,拒绝通过该区段排列进路
	灰色	无数据
	稳定	表示正常
	闪烁	表示在延时解锁中
运营停车点	红色	常态,设置了停车点
	绿色	取消了停车点
	站台区段会出现一个红色闪烁的 ■	按压了紧急停车按钮,紧急停车生效
紧急停车标记	红色闪烁的 ■ 消失	按压了取消紧急停车按钮,列车可正常运行
区段限速标记	区段下方显示红色字体的 60、45、30、15	列车以不大于此限速通过该区段

注意：

①物理空闲和物理占用。

轨道区段的物理空闲是指列车检测设备（轨道电路、计轴设备等）反映室外的轨道电路区段实际没有被列车占用的状态，此时轨道继电器处于吸起状态。

轨道区段的物理占用是指列车检测设备（轨道电路、计轴设备等）反映室外的轨道电路区段实际被列车占用的状态，此时轨道继电器处于落下状态。

②逻辑空闲和逻辑占用。

轨道区段物理占用时，系统认为该区段也处于逻辑占用状态。

当轨道区段从物理占用状态切换为物理空闲状态时，系统将结合相邻区段的状态变化判断是否符合列车运行轨迹（列车通过和列车折返轨迹），如果符合则系统认为该区段逻辑空闲，否则认为该区段逻辑占用。LOW 上的轨道区段组成，如图 3-39 所示。

（2）计轴区段编号的显示颜色及状态：

①颜色：白色：正常；灰色：无数据。红色：计轴干扰，CTC 列车可以正常通过。此干扰会影响非装备车的正常运行，需要进行预复位操作恢复。

②状态：出现编号闪烁时，表示为与 ATP 连接中断。稳定时表示正常。

（3）基本操作：对轨道区段进行操作，必须用鼠标的左键点击 LOW 主窗口上的轨道元件或轨道编号，此时所选元件被打上灰色底色，然后在对话窗口中的命令显示栏用鼠标的左键点击所需的命令，最后用鼠标的左键点击对话窗口中的"执行"按钮即可。

3）LOW 对道岔的操作

（1）道岔在 LOW 上的显示。

道岔在 LOW 上的显示，如图 3-40 所示。

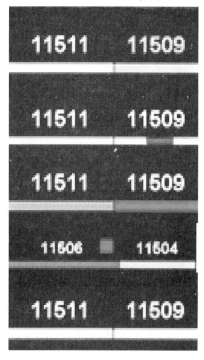

图 3-39 LOW 上的轨道区段组成

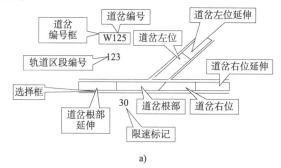

a)

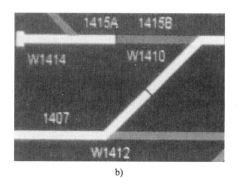

b)

图 3-40 LOW 上的道岔结构

①道岔区段是一个带道岔的特殊轨道区段，道岔的颜色显示与区段的颜色显示一致（封

锁、预复位、限速等的表现形式均和普通区段的表示方式一致），详细请参看区段的颜色部分。

②道岔的开通位置表述：

a. 以道岔的锐角为参照点，右边为道岔的右位。

当道岔的"道岔右位"及"道岔右位延伸"部分有颜色稳定显示（非灰色，可以是绿色、紫色、红色、黄色），"道岔左位"及"道岔左位延伸"部分显示灰色稳定的时候表示道岔开通右位，尖轨密贴。图 3-41 的道岔显示为开通右位。

b. 以道岔的锐角为参照点，右边为道岔的左位。

当道岔的"道岔左位"及"道岔左位延伸"部分有颜色稳定显示（非灰色，可以是绿色、紫色、红色、黄色），"道岔右位"及"道岔右位延伸"部分显示灰色稳定的时候表示道岔开通左位，尖轨密贴。图 3-42 的道岔显示为开通左位。

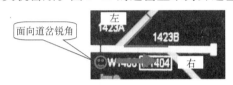
图 3-41　道岔开通右位

图 3-42　道岔开通左位

c. 道岔短闪及长闪故障的显示：

道岔短闪即表示道岔转不到位，道岔转不到位指的是道岔在转换后，并没有位置信息反馈。联锁系统不能监测到道岔现场实际开通位置、尖轨是否密贴的情况。

道岔长闪即表示道岔挤岔显示，表示道岔不在转换过程中，突然失去位置表示。联锁系统不能监测到道岔现场实际开通位置、尖轨是否密贴的情况。

若道岔发生短闪或长闪故障，该道岔不能被进路征用为进路道岔、侧防道岔和保护区段道岔。若道岔故障是发生在进路排列好后发生的，则进路会因为联锁条件不能维持而降到相应的监控层或非监控层（详细解释请见前文"进路的建立条件"），但道岔仍处在进路锁闭的征用状态（编号被框框住）。

道岔短闪可分为道岔左位转不到位和右位转不到位两种情况：

第一种情况，道岔左位转不到位（见图 3-43），其显示情况是"道岔左位"部分闪烁，道岔其余各部分显示稳定，则表示为道岔左位转不到。在选择框包围的道岔腿部一半在闪烁，则可判定为道岔短闪。

第二种情况，道岔右位转不到位（见图 3-44），其显示情况是"道岔右位"部分闪烁，道岔其余各部分显示稳定，则表示为道岔右位转不到。在选择框包围的道岔腿部一半在闪烁，则可判定为道岔短闪。

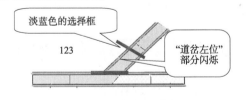
图 3-43　道岔左位转不到位的显示

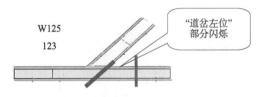
图 3-44　道岔右位转不到位的显示

道岔长闪故障的显示（见图 3-45），有"道岔左位""道岔左位延伸""道岔右位""道岔右位延伸"四部分同时闪烁，道岔其余部分显示稳定则表示为道岔挤岔。在选择框包围的道岔腿部均在闪烁,则可判定为道岔长闪。

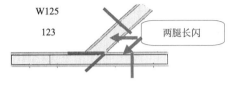

图3-45 道岔长闪的显示

(2)道岔编号及道岔的轨道编号在 LOW 上的显示。

①道岔编号：

道岔编号颜色,有如下两种：

白色表示正常、无锁定。

红色表示道岔被单独锁定(道岔编号为红色的道岔不能通过 LOW 的任何操作转动该道岔)。

②道岔编号框：

它是道岔被进路锁闭的标记。当道岔被进路征用的时候该道岔的编号会被道岔的编号框框住(含主进路、侧防、保护区段的征用)。当道岔没有被征用的时候道岔编号框不显示,当进路解锁后编号框也会立即消失。

③轨道区段编号：

在道岔区段中,轨道区段编号只会灰色显示,道岔区段是一个带道岔的特殊轨道区段。

(3)对道岔的操作。

在 LOW 上对道岔进行操作,必须用鼠标的左键点击 LOW 主窗口上的道岔元件或道岔编号,此时所选元件被打上灰色底色；然后在对话窗口中的命令显示栏(在 LOW 的左下角)用鼠标的左键点击所需的命令；最后用鼠标的左键点击对话窗口中的"执行"按钮即可。

道岔区段设置了限速,限速的列车最高速度会以红色的 60、45、30、15 字体在相应的区段下方显示出来。此时,列车通过该道岔区段的最高速度不能大于此限制速度,可设置的速度分别为：60km/h、45km/h、30km/h、15km/h 四种。

4) LOW 对信号机的操作

(1)信号机在 LOW 上的显示。

LOW 一般将信号机分为机脚、机柱、灯头3个部分不同的颜色显示和状态显示表述信号机的状态(见图3-46)。

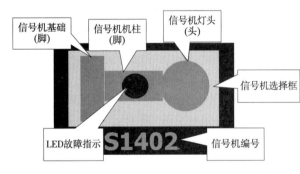
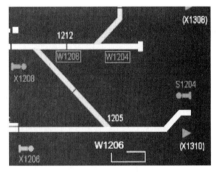

图3-46 信号机的显示

①信号机编号颜色及状态：

颜色有红、绿、黄3种。红色：处于人工排列进路状态；绿色：处于自动排列进路状态；黄色：处于追踪进路状态。

状态分为稳定和闪烁两种。稳定表示正常；闪烁表示信号机 LED 故障。

如果信号机红灯为灭灯故障,则信号机机柱及信号机灯头同时闪烁。

②机脚的显示颜色及状态：

信号机机脚可以显示出信号处于监控层还是非监控层。信号机与进路是联锁的互相制约关系,只有该信号机防护的进路建立了相应的监控级别状态后,该信号机才能开放,进路是否能符合信号显示的条件则在信号机的机脚反应。

颜色有绿、深绿、黄、红几种。绿色表示主信号控制层(处于监控层:在进路状态),可开放主信号,主信号可自动开放。深绿色表示移动闭塞控制层(处于监控层:在进路状态),装备列车可直接凭车载信号越过,对于非装备列车可开放引导信号允许越过。黄色表示引导信号控制层(处于监控层:在进路状态),可开发引导信号。红色表示非监控层(无进路状态或进路未建立),不可开放信号。

状态有稳定和闪烁两种。稳定表示正常;闪烁表示在延时中,进路延时取消,进路延时建立或保护区段延时解锁。

③信号机机柱的显示颜色及状态:

信号机机柱用以记录信号机的开放及关闭情况。

颜色的显示有绿、黄、红、蓝几种。绿色表示信号机开放,且开放主信号。黄色表示信号机开放引导信号。红色表示信号机关闭,且未开放过(针对本次进路)。蓝色表示信号机关闭,但曾经开放过(针对本次进路:在重复锁闭状态)。

状态分为下述几种:稳定表示正常。闪烁表示 LED 故障(红闪)。LED 故障指示闪烁表示 20% ~ 30% LED 故障。

④信号机灯头,它可以用来显示信号机主信号,显示处于开放还是关闭状态。

颜色有绿、红、蓝等几种。绿色表示信号机处于开放主信号状态。红色表示信号机主信号处于关闭状态。蓝色表示信号机主信号处于关闭状态,且被封锁(但可以开放引导信号)。信号机灯头打叉表示信号机灭灯(移动闭塞模式,无非装备列车接近)。

状态分为稳定和闪烁两种:稳定表示正常。闪烁表示 LED 故障(红闪)。注:信号机机体灰色表示无数据。

信号机在 LOW 上的显示从脚柱头表示,例如:信号机在 LOW 上显示黄、蓝、红,代表信号机灯脚为黄色、灯柱为蓝色、灯头为红色。

(2)对信号机的操作。

对信号机进行操作,必须用鼠标的左键点击 LOW 主窗口上的信号机元件或信号机编号,此时所选元件被打上灰色底色;然后在对话窗口中的命令显示栏用鼠标的左键点击所需的命令;最后用鼠标的左键点击对话窗口中的"执行"按钮即可。

5)运营停车点

(1)颜色的表示含义

①红色:常态,设置了停车点;

②绿色:取消了停车点。

(2)运营停车点的设置,是为了满足正常运营的需要。

①设置了停车点,列车必须在站台区段停车。

②列车已停稳在站台区段,此时取消运营停车点,列车可用 SM 或 ATO 驾驶模式启动。

③列车还没有进站,此时取消运营停车点,列车可以以 45km/h 的速度通过车站。

运营停车点可自动或人工设置。当使用 ATS 模式或 RTU 模式时,运营停车点可自动取消。当 ATS 模式和 RTU 模式故障时,这时需要人工取消运营停车点。

注:只有站台区段才有运营停车点显示,其他非站台区段并无该显示。

6)IBP 盘对信号系统的操作

主控系统实现对车站设备的集中控制,IBP 盘可以对信号系统发出紧急停车和扣车的指令。

(1)紧急停车。

①有效操作紧急停车的前提条件是:列车在 SM、ATO 及 AR 模式下驾驶。

②紧急停车有效的区段范围是:相应的站台区段及其相邻的区段(或者列车运行正方向离去的第一个区段)。

在必要时,可以按压站台的紧急停车箱里的按钮或 LCP 盘(见图 3-47)上的紧急停车按钮。

③在 LCP 盘上对紧急停车的操作步骤及现象:

在 LCP 盘上按压相应的紧急停车按钮。

LCP 盘上相应的紧急停车指示灯亮红灯,并发出电铃报警声音,同时在 LOW 上相应的站台区段出现红色蘑菇闪烁。

执行切除报警操作,按压相应的切除报警按钮,消除报警声音。

④在 LCP 盘上切除紧急停车功能的操作步骤及现象:

在 LCP 盘上按压相应的取消紧停按钮。

LCP 盘上相应的紧急停车指示灯灭,并发出电铃报警声音,同时在 LOW 上相应的站台区段的红色蘑菇消失。

此时应执行切除报警操作,按压相应的切除报警按钮,消除报警声音。

⑤在站台上操作紧急停车按钮后,在 LCP 盘上出现的现象:

在站台上按压紧急停车箱里的按钮,LCP 盘上相应的紧急停车指示灯亮红灯,并发出报警声音;同时在 LOW 上相应的站台区段出现红色蘑菇闪烁。当执行切除报警操作后,电铃报警声音消除。

当需要切除紧急停车功能时,在 LCP 盘上按压相应的取消紧停按钮,LCP 盘上相应的紧急停车指示灯灭,并发出电铃报警声音;同时在 LOW 上相应的站台区段的红色蘑菇消失。当执行切除报警操作后,电铃报警声音消除。紧急停车标记,如图 3-48 所示。

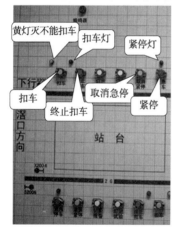

图 3-47 LCP 盘的显示

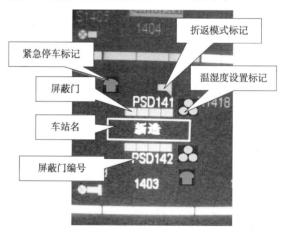

图 3-48 紧急停车标记

(2)扣车。

在 LCP 盘上进行扣车的操作步骤及现象:

①有效操作扣车的前提条件是:列车在 SM、ATO 及 AR 模式下驾驶,列车未进入站台或停稳在站台时运营停车点未取消。满足以上两个条件,扣车操作才有效。

②扣车的有效区段是:站台区段。

③扣车操作的步骤及现象:在 LCP 盘上按压相应的"扣车"按钮,在 LCP 盘上相应的扣

车指示灯红灯闪烁（说明：如果是 OCC 扣车，LCP 盘上相应的扣车指示灯为稳定红灯）；同时在 LOW 上发生 B 类报警，记录了对应的站台区段的扣车提示内容，并发出报警声音，此时应点击 LOW 基础窗口上音响按钮，消除报警声音。

④在 LCP 盘上对扣车进行"放行"操作的步骤及现象：在 LCP 盘上按压相应的"取消扣车"按钮，在 LCP 盘上相应的扣车指示灯灭；然后再按压相应的"扣车"按钮一次（复位）；最后再按压相应的"取消扣车"按钮一次（复位）。同时在 LOW 上对应的 B 类报警的第三栏有"扣车恢复"的提示信息。

⑤扣车的原则：如果 LCP 盘上运营停车点指示灯亮黄灯时，扣车操作有效；在 ATS 系统正常时，如果 LCP 盘上运营停车点指示灯黄灯灭时，扣车操作无效，因为此时运营停车点已被取消。如果只是黄灯指示灯灯丝断丝，可以进行扣车操作；在 ATS 系统故障时，信号系统将自动进入 RTU 降级模式或 LOW 人工控制模式，此时只要运营停车点未取消，扣车操作有效。

四、iLOCK 型计算机联锁系统

本内容描述的 CBI 子系统是由卡斯柯信号有限公司提供的 iLOCK 型计算机联锁系统。该系统是一种"故障-安全"的、以微处理器为基础的计算机联锁信号控制系统，是卡斯柯信号有限公司从 ALSTOM 信号公司引进，结合中国铁路运营技术条件，经过二次开发而成的一种安全型计算机联锁产品。目前北京地铁 1、2 号线，武汉地铁 2、4、6 号线，昆明地铁 1、2 号线，上海地铁 10、16 号线，深圳地铁 2、5 号线正线均采用 iLOCK 型计算机联锁系统。

1. iLOCK 正线联锁系统的结构

随着轨道交通跨越式的发展，对于计算机联锁系统的安全性、可靠性提出了更高的要求。在这样的背景下，计算机联锁系统由双机热备系统衍生出 2 乘 2 取 2 智能安全型计算机联锁系统。

2 乘 2 取 2 计算机联锁系统在安全性、可靠性方面比双机热备系统有了较大的提高。考虑到设备投资，可在一些非主要线路或运行要求较低的线路，采用双机热备联锁系统。在对信号设备安全性要求较高，特别是在列车高密度运行的线路，应全面采用安全性、可靠性更高的 2 乘 2 取 2 计算机联锁系统。

2 乘 2 取 2 计算机联锁系统为两重系结构，硬件冗余软件容错。两系（Ⅰ系、Ⅱ系）互为主、备。Ⅰ系、Ⅱ系每系联锁中有双 CPU 系统，如图 3-49 所示。2 乘 2 是指Ⅰ系、Ⅱ系每系分别有双 CPU 系统，取 2 是指取其中一系的双 CPU 系统输出作为最后的控制输出。

Ⅰ系、Ⅱ系每系联锁中有双 CPU 系统，可看做整个联锁系统有 4 机工作。正常工作时，Ⅰ系、Ⅱ系的 CPU 系统全部处于工作状态，两系之间通过高速信息通道实时交换信息，实现两系同步工作。Ⅰ系、Ⅱ系联锁计算机输入相同的信息，执行同样的程序，完成同样的任务。每系的双 CPU 系统，通过时钟同步的总线比较，实现总线级的同步和总线级的互校，双 CPU 系统得出的结果经比较

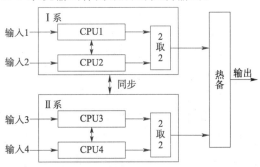

图 3-49　2 乘 2 取 2 计算机联锁系统的结构

一致后，由其中一系作为最后的控制输出，另一系作为备用，实现全系统的高安全性。当工作系其中一套 CPU 系统发生故障，或者双 CPU 系统输出结果比较不一致时，自动切换

到另一系作为控制输出,且不影响系统的正常工作,故障系自动脱机,实现全系统的高可靠性。Ⅰ系、Ⅱ系工作类似双机热备,可以人工或者自动方式相互切换。

2. iLOCK 正线联锁系统的构成

结合 CBTC 系统的特点,CBI 子系统采用了分布式联锁控制方式。正线车站通常分为设备集中站和非设备集中站。CBI 子系统通过安装在集中站的设备实现对正线信号、道岔、进路等的控制,在非集中站的设备负责对本联锁区进行监控。在正线设备集中站设置的 CBI 主机(联锁逻辑运算计算机)的配置数量大于或等于车站 ATP 计算机数量。

CBI 子系统主要由 2 乘 2 取 2 联锁计算机、热备冗余网络设备、车站现地控制工作站、系统维护台等组成。

1)设备集中站 CBI 子系统的构成

正线设备集中站 CBI 子系统系统的结构,如图 3-50 所示。

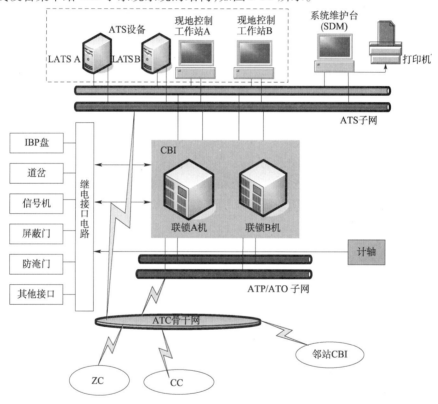

图 3-50 设备集中站 CBI 子系统的结构

各设备集中站的配置如下:

设置一套双系热冗余的 2 乘 2 取 2 联锁系统(简称 CBI),负责完成管辖区域内的所有联锁功能,及与轨旁 ZC 和车载 CC 之间的接口和数据传输;该设备布置在设备集中站的信号机房内。CBI 采集现场信号设备的状态(信号机、道岔、车站紧急停车按钮、屏蔽门、计轴信息等),接收 ZC 的列车位置、列车停稳等信息,经过联锁处理后,把处理结果一方面通过安全型双断输出板控制现场的相关设备(信号机、道岔等),另一方面通过骨干网传递给轨旁 ZC。CBI 向 CC 发送屏蔽门"关闭且锁紧"的状态信息,CC 向 CBI 发送屏蔽门"开/关"的控制信息。

配置 2 层冗余的通信传输结构,一层为 CBI 系统与 ATS 子系统、系统维护台及现地控制工作站之间的信息交换提供网络传输通道;一层为 CBI 与车载和 ATP 计算机之间的信息交换提供网络传输通道。上述传输设备均安置在信号机房的网络机架内。

设置一套热备冗余的现地控制工作站(HMI)。车站值班员的操作命令(例如:进路办理、单独操纵道岔等所有的联锁操作)经 HMI 处理后送给 CBI;CBI 把联锁运算后的相关表示信息(信号机状态、道岔位置、区段状态等)送至 HMI 上显示。通常设备集中站的 ATS 监控工作站与联锁设备的操纵工作站合用,称为现地控制工作站,该设备布置在综控员室的综合控制台上。

设置一个系统维护台(SDM),负责完成本设备集中站所辖车站的联锁诊断和故障记录等;并把相应的信息内容通过网络送至维修中心。该设备布置在信号机房内的维护操作台面上。

2)非设备集中站 CBI 子系统的构成

每个非设备集中站设置 1 台现地控制工作站,提供所属设备集中站范围内信号设备状态的显示和列车的运行显示,同时提供和发车表示器的接口。该设备布置在非集中站综控员室的综合控制台上(见图 3-51)。

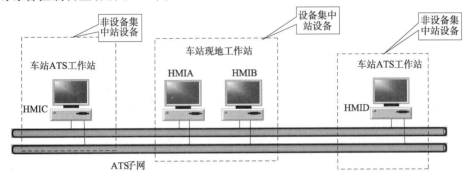

图 3-51　非设备集中站 CBI 子系统设备框图

3. iLOCK 正线联锁系统的操作

主界面以菜单、标题栏、视图、输入对话框等组成整个人机交互界面。它能够支持双屏幕显示,每个屏幕的分辨率为 1680×1050。其主要显示内容包括主框架界面(标题栏,菜单栏等),主要有 ATS 设备状态显示视图、时间显示视图、站场图显示视图、告警显示和确认处理视图、ATS 系统设备状态查看视图。

显示的布局,如图 3-52 所示。

标题栏	
菜单栏	
主要设备状态视图	时间显示视图
站场图显示视图	
告警显示和确认处理视图	操作命令窗口

图 3-52　人机交互界面示意图

除站场图显示视图外,其他视图可选择隐藏、拖动。除上面布局图中包括的视图外,其他视图在操作时弹出,平时隐藏。

其主界面,如图 3-53 所示。

1)站场信号显示

站场信号显示,如图 3-54 所示。

(1)静态显示数据。

在站场图区域显示中,将显示以下固定不变的静态信息:

在每个车站相应的站台上方显示该站的中文名称和车站编号(同一集中站范围内的车站站名用同一颜色显示,而与相邻集中站内的车站站名颜色应不同,以示区分,集中站站名显示较大,以示区分);

自动折返模式 CYCLE 名;

在相应的信号机标识符附近显示该信号机的名称(可隐藏);

计轴名称(可隐藏);

在相应的道岔标识符附近显示该道岔的名称(可隐藏);

折返区域的目的地编号;

ATS 自动触发进路的触发位置(线路旁三角形标志);

线路上无源信标的位置(棕色矩形)。

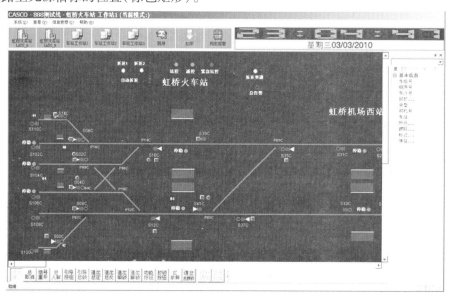

图 3-53　iLock 联锁系统主界面

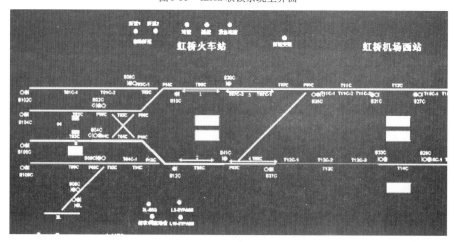

图 3-54　站场信号显示

(2)动态显示数据。

部分信息在每一车站区域中动态显示,如站遥控模式、信号机显示、计轴显示、道岔显示、站台显示等。当现地工作站 Layout 和本地服务器连接上的时候,工作站 Layout 会请求服务器发送初始的设备状态、报警、列车的内容、动态列车内容、控制区域和当前的站场图。当本地服务器和现地工作站 Layout 连接丢失的时候,所有这些内容都会清空,或者设置为缺省状态。

2)站场基本操作

(1)站遥控模式。

①站遥控状态显示。站遥控状态用实心圆点表示,每个圆点下方用"站控"或"遥控"来标识,如下:

a. 标识为"遥控"的圆点,稳定绿色——当前控制模式为遥控。

b. 标识为"站控"的圆点,稳定黄色——当前控制模式为站控。

c. 标识为"紧急站控"的圆点,稳定红色——当前控制模式为紧急站控。

②站(遥)控、紧急站控切换操作。点击站场图左上角"系统"菜单,选择"站(遥)控转换"菜单,弹出对话框,点击需要的模式,再点击"设置"。控制模式切换操作,如图 3-55 所示。

a. HMI 处于"遥控"状态,当车站或行车调度员操作"请求站控",此时"站控"的圆点黄色闪烁;当行车调度员或车站操作应答后,此时"站控"的圆点由黄色闪烁变为稳定,控制权转换完成。

b. HMI 处于"站控"状态,当车站或行车调度员操作"请求遥控",此时"遥控"的圆点绿色闪烁;当行车调度员或车站操作应答后,此时"遥控"的圆点由绿色闪烁变为稳定,控制权转换完成。

图 3-55 控制模式切换操作

c. HMI 处于"遥控"状态,当车站选择"非请求站控",此时弹出密码窗,需要输入登录密码后确认,HMI 直接转换为"站控"。

d. HMI 处于"遥控"或"站控"状态,当车站选择"紧急站控",此时弹出密码窗,输入密码后确认,HMI 直接转换为"紧急站控"。

备注:控制权转换过程中可以先交出后接收,也可以先请求后交出。站控到紧急站控需要密码,紧急站控到站控也需要密码。

③站(遥)控、紧急站控切换操作的应用:

a."请求站控"与"非请求站控"的异同及应用。两者都是在 HMI 处于"遥控"状态,车站须取得控制时使用,它们都是将控制权由"遥控"转为"站控";区别在于"请求站控"须行车调度员操作交出控制权,"非请求站控"无须行车调度员操作交出控制权,车站可直接取得控制权。

b."非请求站控"与"紧急站控"的异同及应用。两者都是在车站须取得 HMI 控制时使用,无须行车调度员交出控制权,而直接取得控制权;区别在于"非请求站控"取得控制权后处于"站控"状态,"紧急站控"取得控制权后处于"紧急站控"状态。

c."站控"状态与"紧急站控"状态的异同及应用。HMI 处于"站控"状态时,ATS 与联锁功能都是正常状态;HMI 处于"紧急站控"状态时,ATS 功能失效,但联锁功能依旧正常。

重点备注:控制中心对列车的监控主要通过 ATS 系统,但 ATS 双套故障时,行车调度员便失去了对列车的监控,此时只有车站能够监控列车。因此,如何掌握 ATS 故障时的应急处理能力,特别是在"紧急站控"下联锁的原理便是本手册的主要宗旨。

(2)计轴区段。

计轴区段显示颜色,有稳定红色、稳定粉红色、稳定绿色、稳定白色、稳定浅蓝色、稳定棕色等,详述如下:

稳定红色 ▬▬▬▬ CBTC 正常情况下,计轴区段被列车占用,该列车受 ATP 保护。

稳定粉红色 ▬▬▬▬ 非 CBTC 或 CBTC 故障情况下,计轴区段被列车占用,该列车不受 ATP 保护。

稳定绿色 ▬▬▬▬ 通过该计轴区段排列了进路,计轴区段被进路征用锁闭。

稳定白色 ▬▬▬▬ 计轴被进路征用后,该计轴解锁未达到"三点检测法"要求或该计轴所在进路非空闲状态下强行取消进路,计轴故障锁闭成为白色光带;锁闭后,区段会留有运行方向箭头,可以排列经过该区段且与锁闭运行方向一致的进路,但与区段锁闭运行方向相反的进路无法排列。

稳定浅蓝色 ▬▬▬▬ 计轴处于空闲状态。

稳定棕色 ▬▬▬▬ CBTC 正常情况下,当计轴区段故障出现粉红光带时,CBTC 检测到该计轴没有列车占用,系统会自动将该故障计轴从信号中切除,从而不影响CBTC 列车的正常运行。

闪烁 ▬▬▬▬ 计轴被 ATS 切除跟踪,以当前颜色闪烁。

(3)道岔。

①道岔区段图形的颜色表示:道岔区段图形的颜色表示同道岔所在计轴区段一样。

②道岔编号颜色,有绿色、黄色、红色等,详述如下。

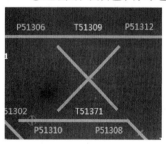
绿色——道岔定位

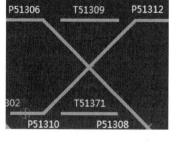
黄色——道岔反位

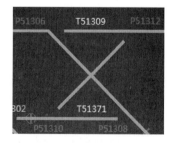
红色——道岔单锁

③道岔操作。

a.道岔单独操作(即转换道岔),即道岔必须在空闲状态下方可进行道岔单独操作。提供左右键两种操作方式:

第一种，左键点击最下面功能按钮中的"道岔总定"或者"道岔总反"，然后点击站场图上所操道岔的编号，最后点击"命令下达"。功能按钮，如图 3-56 所示。

图 3-56　功能按钮

第二种，右键点击道岔编号，选择"定操"或"反操"，弹出对话框显示操作内容，点击对话框按钮确认。如图 3-57 所示。

图 3-57　道岔单独操作

b. 道岔单独锁闭。提供两种操作方式：

第一种，左键点击最下面功能按钮中的"道岔单锁"；然后点击站场图上对应道岔的编号，最后点击"命令下达"；操作成功之后，道岔编号显示红色，道岔不能转动。道岔单独锁闭的操作，如图 3-58 所示。

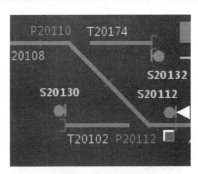

图 3-58　道岔单锁操作

第二种，右键点击道岔编号，选择"单锁"，弹出对话框显示操作内容，点击对话框按钮确认；操作成功之后，道岔编号显示红色，道岔不能转动。

c. 道岔解锁。提供两种操作方式：

第一种，左键点击最下面功能按钮中的"道岔解锁"，然后点击站场图上对应道岔的名字，最后点击"命令下达"；此时弹出二次确认窗口，点击第一个确认按钮，30s 内在下方的道岔栏内选择对应的道岔编号，点击确认按钮，操作成功之后道岔编号由红色变为绿色或黄色，道岔可以转动。道岔解锁操作，如图 3-59 所示。

第二种，右键点击道岔编号，选择"解锁"，此时弹出二次确认窗口，点击第一个确认按钮，30s 内在下方的道岔栏内选择对应的道岔编号，点击确认按钮；操作成功之后道岔编号由红色变为绿色或黄色,道岔可以转动。

注意:30s 内若不选择道岔号,则界面变成灰色不能操作。

图 3-59　道岔解锁操作

d.道岔单锁的应用。列车通过的道岔必须处于锁闭状态,有如下 3 种锁闭方法:

·进路锁闭;

·使用道岔单独锁闭命令;

·人工加钩锁器锁定。

列车通过道岔时,一般情况下优先使用进路锁闭(即为列车排列进路);当因故无法通过该道岔排列进路时,就必须使用"道岔单锁"将道岔锁定之后,方可允许列车通过。另外,有时为了防止道岔人为或设备误动造成事故,也会使用"道岔单锁"将道岔锁定作为防护。

注意:道岔单锁和解锁命令只有车站能够操作,不需控制权("区域选择"控制状态须处于"自控"状态),车站人员必须掌握好该命令的使用时机。

④信号机。

a.信号机的显示及含义。

　红灯——禁止信号,不准列车越过信号机;

　绿灯——道岔已锁闭,并开通直向,准许列车按规定速度运行;

　黄灯——道岔已锁闭,并开通侧向,准许列车按规定速度运行;

　红+黄——开放引导信号,准许列车以规定限速 25km/h 越过该架信号机并随时准备停车。

b.信号机的分类。

进路信号机与非进路信号机的定义:

信号机按能否排列进路分为进路信号机和非进路信号机。

能够作为基本进路始端和终端的信号机即是进路信号机,进路中间的信号机为非进路信号机,也就是说,排列一条进路只能是从一架进路信号机到另一架进路信号机(即相邻的两架进路信号机,而不是相邻的两架信号机)。如图3-60所示。S51308与S51312为进路信号机,S51310为非进路信号机,即这条进路只能是从S51308到S51312,而不能从S51308到S51310,也不能从S51310到S51312。因为非进路信号机不能作为基本进路的始端和终端。

进路信号机与非进路信号机的判断方法:

进路信号机旁有进路按钮,该按钮主要是左键排列进路时使用;而非进路信号机没有进路按钮。车站主要以这种方法判断进路信号机与非进路信号机。如图3-61和图3-62所示。

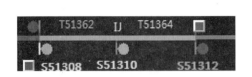
图3-60 信号机的显示

图3-61 进路信号机(有进路按钮)

图3-62 非进路信号机(无进路按钮)

正向方向上,绿色编号的信号机为进路信号机,白色编号的信号机为非进路信号机。行车调度员主要使用该判断方法。

进路信号机有黄色三角,非进路信号机没有。由于正常情况下,黄色三角处于隐藏状态,所以该判断方法一般不被使用。如图3-63和图3-64所示。

图3-63 进路信号机(有黄色三角)

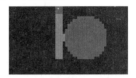
图3-64 非进路信号机(无黄色三角)

c. 信号机的操作与应用。

• 封锁信号机:信号机被封锁后,信号将不能开放(即只能亮红灯),已经开放的也会关闭,在对现场施工进行防护或因故禁止列车越过信号机等情况下,便可进行封锁操作。封锁的信号机不能作为始端信号机排列基本进路和折返进路,但是封锁前原有的基本进路和折返进路可以取消。

提供如下两种操作方式:

第一种,左键点击最下面功能按钮中的"封锁按钮",然后点击站场图上对应信号机或编号,最后点击"命令下达";操作成功之后,信号机编号显示红色,灯头粉红色闪烁。如图3-65所示。

a)

b)

图3-65 封锁信号机操作

第二种,右键点击信号机或编号,选择"封锁",弹出对话框显示操作内容,点击对话框按钮确认;操作成功之后,信号机编号显示红色,灯头粉红色闪烁。

·解封信号机:当封锁的信号机须恢复正常状态时,操作该命令。提供如下两种操作方式:

第一种,左键点击最下面功能按钮中的"封锁按钮"(信号机封锁和解封使用同一个按钮),然后点击站场图上对应信号机或编号,最后点击"命令下达",此时弹出二次确认窗口,点击第一个确认按钮,30s内在下方的操作设备栏内选择对应的信号机编号,点击确认按钮;操作成功之后信号机编号由红色变为绿色或白色,灯头不再闪烁。

第二种,右键点击信号机或编号,选择"解封",此时弹出二次确认窗口,点击第一个确认按钮,30s内在下方的操作设备栏内选择对应的信号机编号,点击确认按钮;操作成功之后信号机编号由红色变为绿色或白色,灯头不再闪烁。

·信号重开:当基本进路的始端信号开放后,由于进路内计轴故障、道岔故障、屏蔽门故障或紧停被触发等联锁原因或人工封锁信号机致使信号关闭;待联锁条件恢复正常后,此时信号机不会自动开放,若需要开放该信号,则使用"信号重开"命令。

提供如下两种操作方式:

第一种,点击最下面功能按钮中的"信号重开",然后点击信号机进路按钮,最后点击"命令下达";操作成功后,信号机开放信号。

第二种,右键点击信号机,选择"重开列车信号",弹出对话框显示操作内容,点击对话框确认按钮;操作成功后,信号机开放信号。

对信号重开命令,总结如下几点:

一般情况下,对信号机而言,只有进路信号机需要使用信号重开命令,而非进路信号机在条件满足后可自动开放(非CBTC模式下屏蔽门故障和扣车造成信号机关闭除外);

对进路而言,只有基本进路和折返进路需要使用信号重开命令,因为自动通过进路和自动折返进路在条件满足后可自动开放,引导进路须重新办理引导;

进路在85s延时解锁期间,不能使用信号重开。

·进路交人工控／进路交自动控的定义:

自动控的定义:信号系统正常情况下,列车走行的进路不需人工排列,而是由ATS系统根据列车目的地码自动排列进路,这样在很大程度上减轻了行车监控人的劳动强度,处于由ATS自动排列进路状态的信号机就叫自动控。

人工控的定义:不管信号系统正常与否,信号机不能由ATS自动排列,而需要人工在HMI上进行排列操作,处于该状态的信号机就叫人工控。

自动控与人工控的显示,详述如下:

 该信号机为始端的进路中至少有一条需人工控制;

 该信号机为始端的所有进路都处于自动控制。

黄色三角主要是一种提示作用,当操作人员看到黄色三角时,说明有可能需要人工介

入,操作员必须查看信号机的进路状态(右键菜单可查询);当发现进路需人工排列时,在HMI上为列车排列进路或将人工控状态的进路交自动控。

当人工取消开放信号的进路时,该进路自行转为人工控。

自动控与人工控的操作:

信号机的进路由人工控交自动控,或由自动控交人工控时,仅提供一种操作方式:右键点击信号机,选择"进路交人工控"或"进路交自动控",弹出对话框显示可操作的进路(见图3-66),选择好进路后点击确认按钮。

a)进路交自动控　　　　　　　　b)进路交人工控

图 3-66　进路控制权转换

⑤进路。

a.基本进路的操作。

排列基本进路,提供如下两种操作方式:

第一种,左键操作:在一般情况下,命令菜单里默认状态为排列进路状态(见图3-67),所以"进路建立"图标在未选择其他命令的情况下都显示灰色,表示已选定。如命令菜单不处于默认状态,则须先用左键点击"进路建立"按钮;然后在站场图上用鼠标左键单击所排进路的始端按钮;如操作有效,所有相对于此按钮的有效的终端按钮(一般情况下终端按钮信号机都是与始端按钮信号机反向的)均黄闪,用鼠标左键单击一下进路的终端按钮,然后单击"命令下达"按钮,此时进路显示绿光带,进路始端的信号开放。

图 3-67　命令菜单栏

第二种,右键操作:鼠标右键点击始端信号机,出现右键菜单,选择"设置进路",然后弹出对话框,在对话框上选择进路。选择后点击确认按钮,弹出对话框显示准备办理的进路,点击对话框按钮确认。设置进路操作,如图3-68所示。

取消基本进路。人工在HMI上取消进路,但如果接近区段有列车占用,使用"总取消"命令无法取消进路,必须使用"总人解"且进路85s延时解锁;进路随列车通过自动解锁,但信号机在列车进入进路前不能关闭,否则进路不解锁。

提供如下两种操作方式:

第一种,左键操作:点击最下面功能按钮中的"总取消"命令,然后点击进路始端信号机的进路按钮,最后点击"命令下达"。

第二种,右键操作:右键点击自动折返进路始端信号机,选择"取消列车进路",弹出对话框后点击"确定"。

b. 自动通过进路。

自动通过进路建立的条件：

只有正线正向方向的进路信号机具备排列自动通过进路功能。

道岔正常且未被单独锁闭在反向位置上。

未建立敌对进路或敌对子进路。

进路内所有计轴区段空闲。

自动通过进路默认为正线，所以排列自动通过进路没有方向选择。

自动通过进路解锁。自动通过进路不随列车的通过而自动解锁，但当列车越过始端信号机进入进路时，始端信号机关闭，直到列车出清该进路的保护区段，始端信号机自动开放。因此，取消自动通过进路只能人工在 HMI 上取消进路，但如果接近区段有列车占用，使用"总取消"命令无法取消进路，但可以关闭开放的信号，此时的进路必须使用"总人解"进行延时85s解锁。

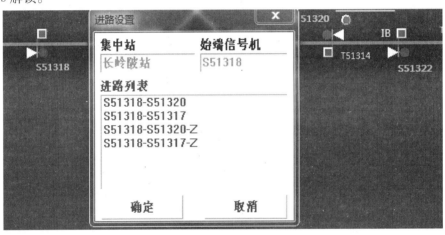

图3-68　设置进路操作

自动通过进路的作用。信号系统正常时，列车行走所需的进路均是由 ATS 根据列车目的地码自动排列，将监控人员从频繁的人工排列进路中解放出来。但如果 ATS 发生故障无法自动排列进路，是不是就需要人工为每一列车排列进路呢？肯定不是。自动通过进路属于联锁系统的功能，它主要作为 ATS 自动排列进路的一个备用方式存在。当本地双套 ATS 同时故障不能自动排列进路时，我们就可以使用自动通过进路代替 ATS 的自排功能，同样能达到不需人工频繁操作的目的。

自动通过进路的操作。由于自动通过进路默认为正线，所以操作时只需选择始端信号机即可，且自动通过进路只提供右键一种操作方式。右键点击始端进路信号机，在菜单栏里选择"设置自动通过进路"，然后点击"确定""执行"即可。如图3-69所示。

右键菜单栏内"取消自动通过进路"，只是取消进路的自动通过功能，使它成为一条基本进路，并不会马上取消进路；如需即时取消进路，需

图3-69　自动通过进路操作

使用左键"总取消"或右键"取消列车进路"。因此,自动通过进路与基本进路是可以相互转换的。另外,所有进路信号机的右键菜单栏内均有"设置自动通过进路"的命令,但是只有正线正向的进路信号机才能具备该功能。

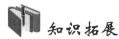

计算机联锁系统的冗余结构

1. 冗余结构的概念

所谓冗余结构是指为了提高系统的可靠性、安全性而增加的结构。

(1) 可靠性冗余结构

可靠性冗余结构,见图3-70。其模块A和模块B经或门输出,两个模块只要有一个模块正常输出即可保证整个系统不停机,提高了系统工作的可靠性。在实际应用中,对安全性要求不高的处理人机对话信息的上位机一般采用可靠性冗余结构。

(2) 安全性冗余结构

安全性冗余结构,见图3-71。其模块A和模块B经与门输出,两个模块同步工作,只有两个模块输出一致才能保证整个系统不停机,只要有一个模块故障,系统将不能正常输出。这样,提高了系统工作的安全性,减少了危险侧输出的概率。在实际应用中,对安全性要求较高的联锁控制机采用安全性冗余结构。

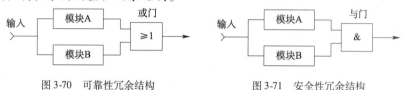

图3-70 可靠性冗余结构　　　　　图3-71 安全性冗余结构

2. 双机储备系统

(1) 双机储备系统的基本结构

图3-72所示是双机储备系统的结构框图。其图中的A、B是两台完全相同的计算机,其中一台处于在线运行状态,它的输出通过切换开关引向外部,称之为主机或工作机;另一台处于待命接替状态,称为备用机(简称备机)。由故障检测机构对系统的运行进行检测,当主机运行发生故障时,通过控制切换开关切除主机,并将备用机状态输出。

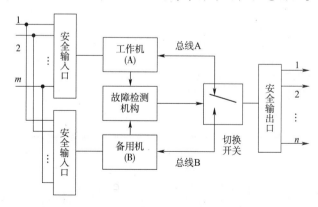

图3-72 双机储备系统的结构框图

(2) 双机储备系统的工作方式

双机储备系统具有两种工作方式:一是双机冷备;二是双机热备。所谓双机冷备是指工作机加电运行时,备用机停机,当主机发生故障时,再启动备用机。这种方式的缺点:一是启动时间长;二是故障切换时容易造成信息的丢失。一般对安全性能要求不高的上位机采用这种工作方式,而对安全性能要求较高的联锁处理机必须采用双机热备的方式。所谓双机热备是指主、备机输入相同的信息,两机同时独立运行相同的程序,定期同步,主机经输出口输出,备机假输出。系统运行前,先打开的联锁机为主机,当主机发生故障时,自动切换到备机输出。这样在故障切换时,可不影响系统工作,理想的系统可以实现"无缝切换"。

采用双机储备方式的计算机联锁系统,各子系统之间一般采用局域网的通信方式,为保证系统的通信及时可靠,一般均采用双重冗余网络结构。

(3)双机储备系统的故障检测

双机储备系统的核心是故障检测环节,采用故障检测的目的:

①保证系统发生故障不产生危险侧输出,提高系统的安全性。

②保证能及时实现切换,提高系统的可靠性。

③给出报警信息,以便及时排除故障,使系统迅速恢复正常的工作状态。

故障检测设备一般采用软件和硬件结合的方式。故障检测的方式很多,图 3-73 所示是利用比较-自诊断法实现故障检测的框图,这是一种典型的故障检测方式。

如图 3-73 所示,主备机均运行正常时,输出状态一致,比较器输出为"1"。此时,门 1 打开,系统将 A 机状态输出。当主机与备机输出不一致,即某一机器故障时,比较器输出为"0",系统将通过中断方式启动自诊断程序对系统进行自动检测。若为主机故障,则通过判别器关闭 A 机控制门,将无故障的 B 机状态输出,这样就实现了自动切换。当然,B 机故障时,A 机继续输出。

(4)双机储备系统主备机的同步过程

采用双机动态冗余方式的关键是 A、B 机传送给比较器的信息应当同时送到,因此,要求 A、B 机必须同步工作,只有同步才能及时交换信息。为了实现同步,一般的系统采用半双工的通信方式,备机定期向主机呼叫,扫描一个周期,交换一次信息,即握手一次。双机热备系统同步过程,可用图 3-74 表示。

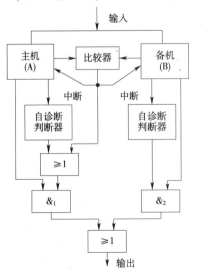
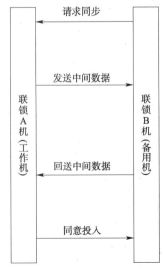

图 3-73 比较-自诊断法检测的框图　　图 3-74 双机同步过程

3. 三机表决系统

（1）三机表决系统的结构原理

三机表决系统也称三取二系统，如图 3-75 所示。该系统共有 A、B、C 三个相同的主机，每个主机可以把它看成是系统中的一个模块。三个模块执行相同的操作，其输出送到表决器的输入端，将表决器的输出作为系统的输出。

三机表决系统首先承认"多数模块的输出是正确的"，按照"少数服从多数"的原理，用三取二的表决结果作为系统的正确输出。这样有一个模块发生故障，不影响系统的输出，可以屏蔽任一个模块的故障对系统的影响。

三机表决系统是利用故障屏蔽技术组成的冗余结构，称这种冗余方式为静态冗余。

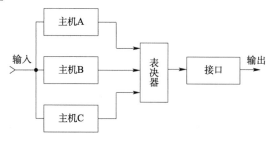

图 3-75　三机表决系统结构框图

这种方式既提高了系统的可靠性，又提高了系统的安全性。但由于增加了系统的硬件，使系统的造价也相应提高了。

应当指出，当两个模块发生共模故障时，表决器将输出故障的结果。设计时，可以采用单机自检或主机间互检的方法，消除共模故障。

（2）故障机的确定

三机表决系统中，有一台主机出现故障时，虽然可以被掩盖过去，但系统已失去了容错的能力。若不及时修复，当另一模块再发生故障时，将使表决失误。为此，三机表决系统必须具有故障检测能力。图 3-76 所示是三机系统模块故障检测示意图，检测电路将系统最后的输出与各主机的输出分别进行"异或"比较，不一致时输出为"1"，给出故障指示。这样，可以发现故障机，并及时报警。

要保证三机表决系统工作可靠，A、B、C 三机必须同步工作，在系统软件或硬件设计时，必须采取相应的措施，实现同步。

4.2 乘 2 取 2 系统

（1）2 乘 2 取 2 系统的概述

① 2 取 2 的含义：在一套子系统上集成两套 CPU，两 CPU 严格同步，实时比较。只有双机运行一致，才对外输出运算结果。

② 2 乘 2 的含义：用两套完全相同的 2 取 2 子系统构成双机并用或热备系统。每一子系统内部为安全性冗余控制，两子系统形成可靠性冗余控制，这样，既提高了系统的可靠性又提高了系统的安全性。

（2）2 乘 2 取 2 系统的结构原理

如图 3-77 所示，系统Ⅰ或系统Ⅱ只要有一个系统正常输出即可保障整个系统正常工作，从而提高了系统的可靠性。在系统Ⅰ或系统Ⅱ每一个子系统均由系统 A 和系统 B 构成，只有 A、B 两个系统同时工作正常时，系统Ⅰ或系统Ⅱ才能有输出，从而提高了系统的安全性。

（3）双系热备

在实际应用中，计算机联锁系统的联锁机采用 2 乘 2 取 2 系统，输入输出处理机采用两个 2 取 2 系统并用方式，两环节主机为Ⅰ系，备机为Ⅱ系。每环节为双机四主热备控制，两环节构成四机八主系统,两环节之间采用光纤双冗余网络通信。联锁机发生故障时,可自动完成主备系切换。

Ⅰ系和Ⅱ系的输入输出处理机同时接收主联锁机的输出信息,备联锁机的输出信息只作校核用不作为输出;两输入输出处理机同时运行,两输出并行同时控制执行继电器。

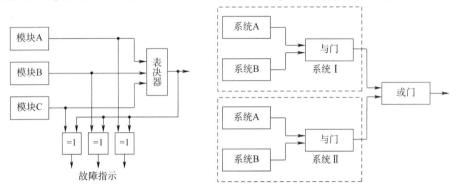

图 3-76　三机系统模块故障检测示意图　　　　图 3-77　2 乘 2 取 2 系统原理框图

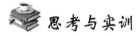
思考与实训

实训 3-1　6502 电气集中联锁操作

一、实训目标

熟练使用 6502 模拟仿真软件,能够利用实体 6502 控制台,进行进路排列、取消进路和解锁进路等。

二、实训设备

6502 模拟仿真软件一套,实体 6502 控制台一套。

三、实训步骤

1. 多媒体仿真软件实训

多媒体仿真软件实训(见表 3-5)。

多媒体仿真软件实训表　　　　表 3-5

项　目	题号及题目	评分标准	得分
1.排列接车进路	(1)东郊方面接车进 5 道	每人 3 次机会,每排错一次扣 10 分;3 次全错,则为零分。多按按钮或按错按钮扣 10 分	
	(2)北京方面接车进 3 道		
	(3)北京方面接车进 4 道		
	(4)天津方面接车进 2 道		
	(5)天津方面接车进 1 道		
2.排列发车进路	(6)5 道向东郊方向发车		
	(7)4 道向北京方向发车		
	(8)3 道向天津方向发车		
	(9)2 道向北京方向发车		
	(10)1 道向天津方向发车		

续上表

项目	题号及题目	评分标准	得分
3. 排列通过进路	(11)上行方向通过进路(一次排列)	每人3次机会,每排错一次扣10分;3次全错,则为零分。多按按钮或按错按钮扣10分。分段排列时只排出一段扣25分;未遵守由远及近的原则扣15分	
	(12)下行方向通过进路(一次排列)		
	(13)上行方向通过进路(分段排列)		
	(14)下行方向通过进路(分段排列)		
4. 排列列车变通进路	(15)北京方面接车进1道(八字变通进路)	每人3次机会,每排错一次扣10分;3次全错,则为零分。多按按钮或按错按钮扣10分	
	(16)北京方面接车进3道(经9/11道岔反位的平行变通进路)		
	(17)北京方面接车进3道(经23/25道岔反位的平行变通进路)		
	(18)4道向北京方向发车(八字变通进路)		
5. 排列调车进路(一次排)	(19)5道向牵出线调车	每人3次机会,每排错一次扣10分;3次全错,则为零分。多按按钮或按错按钮扣10分。24~26题分段排时未遵守由远及近的原则扣15分;有两段只排出一段扣25分;有三段只排出一段扣35分,排出两段扣20分	
	(20)3道向上行进站信号机内方无岔区段调车		
	(21)下行进站信号机内方无岔区段向2道调车		
	(22)牵出线向8~10DG区段调车		
6. 排列调车进路(分段排)	(23)下行进站信号机内方无岔区段向4道调车		
	(24)5道向牵出线调车		
	(25)4道向下行进站信号机内方无岔区段调车		
7. 人工解锁进路	(26)人工解锁接车进路、发车进路、短调车进路	每人3次机会,每排错一次扣10分,3次全错,则为零分。多按按钮或按错按钮扣10分。总取消、总人解用错扣20分	
	(27)人工解锁通过进路、长调车进路	每人3次机会,每排错一次扣10分;3次全错,则为零分。多按按钮或按错按钮扣10分。总取消、总人解用错一次扣10分,两次扣20分;未遵守由近及远的原则扣15分	
8. 区段人工解锁	(28)停电后恢复供电,对某一段白色光带人工解锁	每人3次机会,每排错一次扣10分;3次全错,则为零分。多按按钮或按错按钮扣10分。解锁一半扣25分;未按顺序解锁扣5分	
	(29)列车运行过后,对遗留白光带人工解锁		
9. 单独操纵道岔	(30)将某些/某个能转换位置的道岔转到相反的位置	每人3次机会,每排错一次扣10分;3次全错,则为零分。多按按钮或按错按钮扣10分。遗漏一处扣10分	
10. 单独锁闭道岔	(31)将某些/某个道岔单锁		

2. 实体操作台实训

有实体操作台条件的可以在实体操作台进行实训,实训过程与多媒体操作相同。

单独操纵道岔:在控制台上部,不论单动或双动道岔均各设一个单独操纵道岔按钮,供单独操纵道岔和试验道岔用。单独操纵道岔时,需同时按下道岔按钮和道岔总定位(或总反位)按钮。单独操纵道岔按钮为三位式按钮,按下为自复式,拉出为停留式。按钮在拉出位置时,是单独锁闭道岔用,此时,按钮表示灯亮红色灯光。

实训3-2 iLOCK型计算机联锁操作

一、实训目标

(1)掌握iLOCK型计算机联锁系统的操作方法。

(2)掌握采用计算机联锁时《行车组织规定》的有关规定。

二、实训设备

iLOCK型计算机联锁设备,计算机联锁模拟软件。

三、实训步骤

1. 基本操作

iLOCK型计算机联锁的基本操作(见表3-6)。

iLOCK型计算机联锁的基本操作　　　　　　　　　　表3-6

项目	题号及题目	评分标准	分　　数
1. 基本操作	(1)登录HMI并初始化	完全不会操作不得分;遗漏一处扣10分;站遥控转换错误不得分;左右键用错扣15分	测验时从33道题中任选2题操作;50分一题,其中答题准确40分;速度10分。每题限时60s,超过60s等同放弃。30s以内速度分为10分,30～45s速度分为5分,45～60s速度分为0分
	(2)站遥控转换		
	(3)三步解封操作(用左键)		
	(4)三步解封操作(用右键)		
2. 道岔	(5)将某些/某个道岔单锁(左键或右键)	完全不会操作不得分;遗漏一处扣10分;左右键用错扣15分	
	(6)将某道岔转至相反位置并加锁(左键或右键)		
	(7)将某些/某个道岔解锁(左键或右键)		
	(8)已加锁道岔转至相反位置(左键或右键)		
3. 信号机	(9)封锁信号机(左键或右键)		
	(10)解封信号机(左键或右键)		
4. 进路交自动控/人工控	(11)以某信号机为始端的进路全部交自动控		
	(12)以某信号机为始端的进路全部交人工控		
5. 基本进路	(13)排列基本进路(用左键)	未排出/错排进路不得分;排错进路又更正扣10分;左右键用错扣15分;总取消、总人解用错扣25分	
	(14)排列基本进路(用右键)		
	(15)人工解锁基本进路(用左键)		
	(16)人工解锁基本进路(用右键)		

续上表

项目	题号及题目	评分标准	分数
6.折返进路	(17)排列折返进路(用左键)	未排出/错排进路不得分;排错进路又更正扣10分;左右键用错扣15分;总取消、总人解用错扣25分	测验时从33道题中任选2题操作;50分一题,其中答题准确40分;速度10分。每题限时60s,超过60s等同放弃。30s以内速度分为10分,30~45s速度分为5分,45~60s速度分为0分
	(18)排列折返进路(用右键)		
	(19)人工解锁折返进路(用左键)		
	(20)人工解锁折返进路(用右键)		
7.自动通过进路	(21)排列自动通过进路	未排出/错排进路不得分;排错进路又更正扣10分;左右键用错扣15分;总取消、总人解用错扣25分;取消自动通过/自动折返功能与人工解锁进路混淆扣30分	
	(22)取消自动通过功能(成为基本进路)		
	(23)人工解锁自动通过进路		
8.自动折返进路	(24)排列自动折返进路(左键)		
	(25)排列自动折返进路(右键)		
	(26)取消自动折返模式(左键)		
	(27)取消自动折返模式(右键)		
	(28)人工解锁自动折返进路(左键)		
	(29)人工解锁自动折返进路(右键)		
9.其他	(30)区段故障解锁(解锁白光带)(左键或右键)	完全不会操作不得分;左右键用错扣15分	
	(31)计轴复位		
	(32)锁闭全区道岔(左键或右键)		
	(33)解锁全区道岔(左键或右键)		

2.思考

(1)在什么条件下,排列进路执行不成功?
(2)在什么情况下,无法取消进路?
(3)在什么情况下执行"紧急站控"命令?
(4)对道岔进行单独锁定操作的目的,在什么条件下操作?
(5)单独锁定后的道岔,是否还能进行转换道岔操作?

实训3-3 LOW工作站实际操作练习

一、实训目标

(1)掌握LOW工作站的操作方法。
(2)掌握采用计算机联锁时《行车组织规定》的有关规定。

二、实训设备

LOW工作站模拟设备。

三、实训步骤

LOW工作站的实训操作步骤,见表3-7。

LOW 工作站的实训操作　　　　　　　　表 3-7

项目	题号及题目	评分标准	分数
1. 基本进路	(1) 排列基本进路	未排出/错排进路不得分；排错进路又更正扣 10 分；操作次序错误扣 10 分	测验时从 23 道题中任选 2 题操作；50 分一题，其中答题准确 40 分，速度 10 分。每题限时 60s，超过 60s 等同放弃。30s 以内速度分为 10 分，30~45s 速度分为 5 分，45~60s 速度分为 0 分
1. 基本进路	(2) 排列折返进路	未排出/错排进路不得分；排错进路又更正扣 10 分；操作次序错误扣 10 分	测验时从 23 道题中任选 2 题操作；50 分一题，其中答题准确 40 分，速度 10 分。每题限时 60s，超过 60s 等同放弃。30s 以内速度分为 10 分，30~45s 速度分为 5 分，45~60s 速度分为 0 分
1. 基本进路	(3) 取消进路	未排出/错排进路不得分；排错进路又更正扣 10 分；操作次序错误扣 10 分	测验时从 23 道题中任选 2 题操作；50 分一题，其中答题准确 40 分，速度 10 分。每题限时 60s，超过 60s 等同放弃。30s 以内速度分为 10 分，30~45s 速度分为 5 分，45~60s 速度分为 0 分
1. 基本进路	(4) 开启追踪进路功能	未排出/错排进路不得分；排错进路又更正扣 10 分；操作次序错误扣 10 分	测验时从 23 道题中任选 2 题操作；50 分一题，其中答题准确 40 分，速度 10 分。每题限时 60s，超过 60s 等同放弃。30s 以内速度分为 10 分，30~45s 速度分为 5 分，45~60s 速度分为 0 分
1. 基本进路	(5) 关闭追踪进路功能	未排出/错排进路不得分；排错进路又更正扣 10 分；操作次序错误扣 10 分	测验时从 23 道题中任选 2 题操作；50 分一题，其中答题准确 40 分，速度 10 分。每题限时 60s，超过 60s 等同放弃。30s 以内速度分为 10 分，30~45s 速度分为 5 分，45~60s 速度分为 0 分
1. 基本进路	(6) 开启自排进路功能	未排出/错排进路不得分；排错进路又更正扣 10 分；操作次序错误扣 10 分	测验时从 23 道题中任选 2 题操作；50 分一题，其中答题准确 40 分，速度 10 分。每题限时 60s，超过 60s 等同放弃。30s 以内速度分为 10 分，30~45s 速度分为 5 分，45~60s 速度分为 0 分
1. 基本进路	(7) 关闭自排进路功能	未排出/错排进路不得分；排错进路又更正扣 10 分；操作次序错误扣 10 分	测验时从 23 道题中任选 2 题操作；50 分一题，其中答题准确 40 分，速度 10 分。每题限时 60s，超过 60s 等同放弃。30s 以内速度分为 10 分，30~45s 速度分为 5 分，45~60s 速度分为 0 分
2. 控制权转换	(8) 中控转换至站控		
2. 控制权转换	(9) 站控转换至中控		
2. 控制权转换	(10) 强行站控		
3. 对区段的操作	(11) 封锁进路中的轨道区段	完全不会操作不得分；遗漏一处扣 10 分；相关命令选择错误一次扣 15 分	
3. 对区段的操作	(12) 解封进路中的轨道区段	完全不会操作不得分；遗漏一处扣 10 分；相关命令选择错误一次扣 15 分	
3. 对区段的操作	(13) 解锁进路中的轨道区段	完全不会操作不得分；遗漏一处扣 10 分；相关命令选择错误一次扣 15 分	
3. 对区段的操作	(14) 对某一轨道区段设置限速值	完全不会操作不得分；遗漏一处扣 10 分；相关命令选择错误一次扣 15 分	
3. 对区段的操作	(15) 变更轨道区段限速值	完全不会操作不得分；遗漏一处扣 10 分；相关命令选择错误一次扣 15 分	
4. 对道岔的操作	(16) 单独锁定某道岔/取消道岔锁定		
4. 对道岔的操作	(17) 转换道岔至相反位置		
4. 对道岔的操作	(18) 封锁道岔/解封道岔		
4. 对道岔的操作	(19) 设置道岔区段限速/取消道岔区段限速		
5. 对信号机的操作	(20) 关闭处于开放状态的信号机/开放信号	完全不会操作不得分；相关命令选择错误一次扣 15 分	
5. 对信号机的操作	(21) 封锁信号机/解封信号机	完全不会操作不得分；相关命令选择错误一次扣 15 分	
5. 对信号机的操作	(22) 开启/关闭单个信号机的自排功能	完全不会操作不得分；相关命令选择错误一次扣 15 分	
5. 对信号机的操作	(23) 开启/关闭单个信号机的追踪功能	完全不会操作不得分；相关命令选择错误一次扣 15 分	

项目四 闭 塞

教学目标

1. 能了解闭塞的基本概念,掌握闭塞区间的划分。
2. 熟悉城市轨道交通常用闭塞的种类,各种闭塞制式特点和工作原理。
3. 理解不同闭塞适用行车条件,保证行车安全,提高设备的使用效率。

任务描述

区间闭塞是城市轨道交通重要信号设备之一,区间闭塞设备的作用是保证列车在两站之间安全行车,提高列车在区间通过的能力。本项目主要学习城市轨道交通基本闭塞方式自动站间闭塞系统、准移动闭塞系统、移动闭塞系统的设备组成、工作原理与运用。

学习任务

1. 明确闭塞的基本概念。
2. 了解闭塞设备的组成及工作原理。
3. 区分不用的闭塞制式,识别闭塞系统设备。
4. 掌握闭塞设备的运用。

任务一 闭塞的基本概念

一、闭塞(相关教学资源见二维码18)

二维码18

1. 闭塞的定义

为了确保列车在区间内的运行安全,列车由车站向区间发车时,必须确认区间内没有列车,并需遵循一定的规律组织行车,以免发生列车正面冲突或追尾等事故。这种为保证列车运行的安全,在组织列车运行时,通过设备或人工控制,使连续发出列车保持一定间隔距离安全行车的办法,称为行车闭塞法,简称闭塞。

我国的轨道交通线路以车站为分界点划分为若干区间,采用区间作为列车运行的空间间隔。区间行车组织的基本方法一般有以下两种,即时间间隔法和空间间隔法。

(1)时间间隔法,即列车按照事先规定好的时间由车站发车,使前行列车和追踪列车之间必须保持一定时间间隔的行车方法。

(2)空间间隔法,即把线路划分为若干个段落(区间或分区),在每个段落内同时只准许一列列车运行,使前行列车和追踪列车之间必须保持一定距离的行车方法。

时间间隔法因追踪列车不能确切地得到前行列车的运行状况,所以不能确保列车在区间的运行安全,在我国已不再使用该种行车方法。空间间隔法能严格地把列车分隔在两个空间,可以有效地防止列车追尾和正面冲突事故的发生,确保列车运行安全。我国目前所采用的行车组织的基本方法是空间间隔法,通常所说的闭塞就是基于空间间隔的闭塞方法。

2. 闭塞区间的划分

在城市轨道交通线路上采用的闭塞方式不同,闭塞区间的划分也不相同。采用站间闭塞时,在单线上以两个车站的进站信号机机柱的中心线为车站与区间的分界线;在双线或多线上,分别以各线路的进站信号机机柱或站界标的中心线为车站与区间的分界线。两站间的线路区段称为站间区间。

采用大区间闭塞时,并非所有的车站都是闭塞区间的分界点,通常根据作业需要将某些大站(或重要车站)设置为闭塞区车站;两闭塞区车站之间的线路区段称为大区间,其他车站则为大区间内的闭塞分区分界点。

采用移动闭塞时,是以同方向保持最小运行间隔的前行列车尾部和追踪列车头部为活动闭塞区间的分界线。

区间与站内的划分,是行车组织工作的一项重要内容,也是划定责任范围的依据。列车进入不同地段时必须取得相应的凭证或准许。在我国,列车占用区间的凭证通常为车站出站信号机的准许显示或目标点和速度码。闭塞区间的划分,如图4-1~图4-4所示。

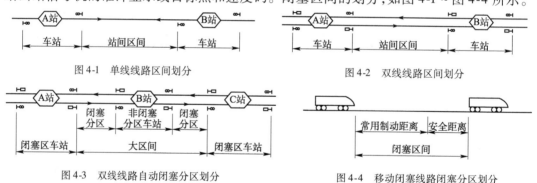

图4-1 单线线路区间划分　　　　　图4-2 双线线路区间划分

图4-3 双线线路自动闭塞分区划分　　图4-4 移动闭塞线路闭塞分区划分

二、实现区间闭塞的制式

下文对城市轨道交通常用闭塞法进行介绍。

1. 电话闭塞法

电话闭塞法被作为一种最终的备用闭塞,由人工办理。相邻两端车站值班员利用行车专用电话办理联络手续,以电话记录的方式共同确认闭塞区间空闲后,方准列车进入该闭塞分区的行车闭塞法。电话闭塞不论单线或双线,均按站间区间办理,闭塞分区为车站出站信号机至前方相邻出站信号机之间。为保证同一区间在同一时间内不会用两种闭塞法,在停用基本闭塞法改按电话闭塞法或恢复基本闭塞法时,均需行车调度员下达调度命令后方准采用,行车凭证为由人工控制的出站信号机进行显示。

电话闭塞通过人工完成,所以闭塞区间的空闲需人工确认。一个电话闭塞区间需两个车站共同确认。电话闭塞区间分为接车区间、接车线路、发车区间3部分。接车站需确认接车区间、接车线路空闲。发车站需确认发车区间空闲。电话闭塞为代用闭塞法只能由车站行车值班员办理。

2. 站间自动闭塞法

站间自动闭塞法是以车站进、出站信号机或指定的分界点信号机为分界线,能自动完成闭塞的行车闭塞法。站间自动闭塞是代用闭塞法的一种,当基本闭塞法因故不能使用时,通过车站值班员的操作人工转换为站间自动闭塞,如图4-5所示。闭塞分区位于出站信号机或区间分界点信号机与同方向相邻区间分界点信号机或相邻前方站进站信号机之间。地面信号系统根据列车前方站间区间的占用情况,自动控制后方站出站信号机的关闭和开放。当前次列车整列进入前方闭塞区间后,自动开放后方出站信号机或区间分界点信号机,出站信号机或区间分界点信号机显示闪动绿色灯光(或闪动的黄色灯光),司机根据地面的信号机显示驾驶列车。所以行车凭证为车站出站信号机或分界点信号机闪动的绿色灯光(或闪动的黄色灯光)

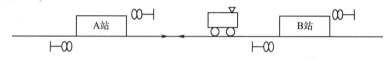

图4-5 站间自动闭塞

站间自动闭塞法作为一种代用闭塞法只能由车站值班员办理。列车到达前方站后,后方站出站信号机可自动开放,减少人工办理,提高运营效率。其通过能力低于超速防护自动闭塞,但通过能力及安全系数高于电话闭塞。

3. 进路闭塞法

进路闭塞法是代用闭塞法的一种,当基本闭塞法因故不能使用时,通过设备自动转换或人工操作,使地面信号机由灭灯状态转换为点灯状态。进路闭塞其闭塞区间为同方向相邻两架信号机间的区段(包括:出站信号机、防护信号机、顺向阻挡信号机等),地面信号系统根据列车运行前方区间占用情况、进路排列情况,自动控制后方信号机的关闭与开放,司机根据地面的信号机显示驾驶列车。其闭塞区间为同方向相邻信号机间。行车凭证为信号机稳定的绿色或黄色灯光。

进路闭塞是一种代用闭塞法,可由行车调度员集中办理,也可将控制权下放由车站办理,列车到达前方相应区间后,后方信号机可自动开放,减少人工办理,提高运营效率。其通过能力低于超速防护自动闭塞,但通过能力及安全系数高于电话闭塞;由设备自动完成闭塞区间信号机的点灯,无须人工操作。

4. 准移动闭塞

准移动闭塞方式的列车控制系统采取目标距离控制模式(又称连续式一次速度控制)。目标距离控制模式根据目标距离、目标速度及列车本身的性能确定列车制动曲线,不设定每个闭塞分区速度等级,采用一次制动方式。准移动闭塞的追踪目标点是前行列车所占用闭塞分区的始端,当然会留有一定的安全距离;而后行列车从最高速开始制动的计算点是根据目标距离、目标速度及列车本身的性能计算决定的。目标点相对固定,在同一闭塞分区内不依前行列车的走行而变化,而制动的起始点是随线路参数和列车本身性能不同而变化的。空间间隔的长度是不固定的,由于要与移动闭塞相区别,所以称为准移动闭塞。

5. 移动闭塞

移动闭塞是全球铁路及轨道交通信号界公认的最先进的信号系统,国际上已有不少城市开始采用这种新技术对现有的城市轨道交通列车控制系统进行更新,如我国武汉地铁1号线、广州地铁3号线等就采用了移动闭塞。该技术的应用,对保证行车安全、缩短列车运行间隔、提高线路通过能力均可起到重要作用,也给运营部门带来良好的经济效益和社会效益。因此,采用移动闭塞方式是城市轨道交通发展的一种趋势。

任务二 自动站间闭塞

一、传统自动闭塞概念

自动闭塞是在列车运行中自动完成闭塞作用的,它将整个区间划分为若干个闭塞分区,每个闭塞分区的起点装设通过信号机,列车运行借助车轮与轨道电路接触发生作用,自动控制通过信号机的显示。这种方式不需要办理闭塞手续,又可开行追踪列车,既保证了行车安全又提高了运输效率。自动闭塞比其他各种闭塞方式都要优越,是一种先进的闭塞方式。这种方法因为不需要人的操纵,所以叫作自动闭塞。

1. 自动闭塞设备的使用

传统双线自动闭塞区段的车站发车时,车站值班员不需办理闭塞手续,在发车进路准备妥当后,从控制台上确认区间空闲符合发车条件时,即可开放出站信号机发车。为使接车站做好接车准备,应向接车站通报列车车次、出发时刻及有关注意事项。双线单方向自动闭塞,如图4-6所示。它将一个区间划分为若干小段,即闭塞分区,在每个闭塞分区的起点装设通过信号机(图4-6中的1、3、5、7和2、4、6、8信号机均为通过信号机),用以防护该闭塞分区。每个闭塞分区内都装设轨道电路(或计轴器等列车检测设备),通过轨道电路将列车和通过信号机的显示联系起来,根据列车运行及有关闭塞分区的状态使通过信号机的显示自动变换。因为闭塞作用的完成不需要人工操纵,故称为自动闭塞。

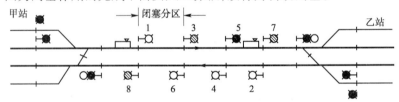

图4-6 双线单方向自动闭塞示意图

单线自动闭塞区段车站发车时,发车站得到行车调度员准许后,按下发车按钮,该列车运行方向的发车表示灯及接车站的接车表示灯亮灯,车站值班员即可开放出站信号机发车。列车到达后,接车站的接车表示灯和发车站的发车表示灯均熄灭,表示区间空闲。

2. 自动闭塞区间行车办法

采用传统的自动闭塞方式,列车进入闭塞分区的行车凭证为信号机的准许信号显示。

在三显示区段,列车进入闭塞分区的凭证为出站或通过信号机的黄色灯光或绿色灯光。为确保客运列车的安全,对客运列车及跟随客运列车后面在车站通过的列车,只准在出站信号机显示绿色灯光的条件下从车站出发或通过。

三显示自动闭塞就是通过信号机具有3种显示,能预告列车前方两个闭塞分区状态的自动闭塞。其特征如下:通过信号机的3种显示,能预告列车前方两个闭塞分区状态;分为两个速度等级。

在四显示区段,列车进入闭塞分区的凭证为出站或通过信号机的黄色灯光、绿黄色灯光、绿色灯光。对客运列车及跟随客运列车后面通过的列车,进入闭塞分区的凭证为出站信号机的绿黄色灯光或绿色灯光,但特快旅客列车由车站通过时为出站信号机的绿色灯光。

三显示自动闭塞中,黄灯是注意信号,表示运行前方有一个闭塞分区空闲,一个闭塞分区的长度能满足从规定速度到零的制动距离,可以越过黄灯后再开始制动。四显示自动闭塞中,绿黄灯是警惕信号,表示运行前方有两个闭塞分区空闲,两个闭塞分区的长度满足从规定速度到零的制动距离,可以越过绿黄灯后再开始减速;黄灯是限速信号,列车越过黄灯时必须减速至规定的限速值,不然就难以保证在下一个红灯前可靠停车。

3. 自动闭塞的优点

(1)由于两站间的区间允许续行列车追踪运行,就大幅度地提高了行车密度,显著地提高区间通过能力。

(2)由于不需要办理闭塞手续,简化了办理接发列车的程序,因此既提高了通过能力,又大大减轻了车站值班人员的劳动强度。

(3)由于通过信号机的显示能直接反映运行前方列车所在位置以及线路的状态,因而确保了列车在区间运行的安全。

(4)自动闭塞还能为列车运行超速防护提供连续的速度信息,构成更高层次的列车运行控制系统,保证列车高速运行的安全。

由于自动闭塞具有明显的技术经济效益,所以广泛应用于各国铁路(尤其是双线铁路)。更由于自动闭塞便于和列车自动控制、行车指挥自动化等系统相结合,它已成为现代化铁路必不可少的基础设备。

二、自动站间闭塞

一般基本闭塞法为超速防护自动闭塞时,遇到 ATP 车载设备故障时会改按站间自动闭塞法行车或有时按照进路闭塞法行车。

站间自动闭塞以车站进、出站信号机或指定的分界点信号机为分界线,能自动完成闭塞的行车闭塞法。

1. 闭塞分区

站间自动闭塞分界线,包括:进、出站信号机,分界点信号机。

闭塞区间包括多种情况:出站信号机—进站信号机;出站信号机—出站信号机(如北京地铁5号线、机场线);出站信号机—防护信号机;出站信号机—区间分界点信号机;区间分界点信号机—进站信号机;区间分界点信号机—区间分界点信号机。

2. 闭塞设备

闭塞设备:站间自动闭塞设备;

实现方法:由设备自动完成。

3. 行车凭证

行车凭证:车站出站信号机或分界点信号机闪动的绿色灯光或闪动的黄色灯光。

4. 工作原理

站间自动闭塞有时作为基本闭塞方法,有时是代用闭塞法的一种。当基本闭塞法因故不能使用时,通过车站综控员的操作,人工转换为站间自动闭塞。

如图4-7所示,出站信号机或区间分界点信号机与同方向相邻区间分界点信号机或相邻方进站信号机间,地面信号系统根据列车前方站间区间的占用情况,自动控制后方站出站信号机的关闭和开放。当前次列车整列进入前方闭塞区间后,自动开放后方站出站信号机或区间分界点信号机,出站信号机或区间分界点信号机显示闪动的绿色灯光(或闪动的黄色灯光)。司机根据地面的信号机的显示驾驶列车。

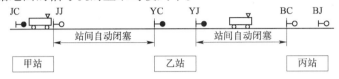

图 4-7　站间自动闭塞工作原理和闭塞区间示意

任务三　准移动闭塞

一、准移动闭塞的概念

准移动闭塞(也可称为半固定闭塞)是预先设定列车的安全追踪间隔距离,根据前方目标状态设定列车的可行车距离和运行速度、介于固定闭塞和移动闭塞之间的一种闭塞方式。它前、后列车的定位方式是不同的。前行列车的定位采用固定闭塞方式,而后续列车的定位则采用连续的或称为移动的方式。采用轨道电路辅以环线或应答器来实现。

准移动闭塞速度模式既有无级特点,又有分级性质。在控制安全间隔上比固定闭塞进步,但其后续列车的最大目标制动点仍必须在先行列车占用区间的外方,并没有完全突破轨道电路的限制。

二、准移动闭塞的工作原理

准移动闭塞信号系统采用一次模式曲线控制方式,并且可以根据地面信号设备提供的目标速度、目标距离、线路状态(曲线半径、坡道等数据)等信息,车载设备计算出适合于本列车运行的模式速度曲线。制动的起点可以延伸,但终点总是某一分区的边界(根据每个区段的坡道、曲线半径等参数,包含在报文中);要求运行间隔越短,闭塞分区(设备)数也越多,列车最小运行间隔≥100s;采用报文式数字轨道电路,辅之环线或应答器,信息量较大。

该模式在城市轨道交通信号系统中有一定的运用,例如上海地铁 2 号线和 3 号线,广州地铁 1 号线和 2 号线等。

1. 控制原理

目前较为广泛采用的基于数字式无绝缘轨道电路列车自动控制系统以数字信号技术为基础,仍然利用钢轨为列车所需信息的传送载体。在信号传输、信号处理过程中均实现数字化,不但信息量大,而且抗干扰能力强,车载设备还可以实现列车的连续曲线速度控制。

采用这种方式构成的列车自动控制系统,地面轨道电路可以向列车传递足够用于列车连续曲线速度控制的信息(包括目标速度、目标距离、线路状态、线路允许速度、轨道电路强度等级及长度等),列车仍以闭塞分区为最小行车安全间隔,但根据目标速度和目标距离随时调整列车的可行车距离。该种方式后续列车所知道的目标距离是距前车或目标地点所处轨道电路区段边界的距离,不是距前车的实际距离。因此,根据目标速度和目标距离随时调整的列车可行车距离是"跳跃式"的,即在列车尾部依次出清各电气绝缘节时"跳跃式"跟随。因而,该种列车自动控制系统相对于移动闭塞系统而言,也称为准移动闭塞式的列车自动控制系统。如图4-8所示为列车采用准移动闭塞式距离-速度控制曲线示意图。

该系统减少了阶梯式控制的安全保护距离对列车运行间隔的影响,提高了列车控制的精度和行车效率,使得司机在驾驶中比较轻松,不需要进行频繁的制动、牵引,可以达到较好的节能效果,提高乘客的乘坐舒适度。

2. 技术特点

(1)线路被划分为固定位置、某一长度的闭塞分区,一个分区只能被一列列车占用。

(2)列车间隔是按后续列车在当前速度下所需的制动距离,加上安全余量计算和控制的,确保不冒进前行列车占用的闭塞分区。

(3)制动的起点是动态的,终点是固定在某一分区的边界(根据每个区段的坡道、曲线半径等参数,包含在报文中)。

(4)采用连续曲线速度控制方式,只需要具有一定长度的保护距离(距离前行列车占用闭塞分区的边界)。

(5)要求运行间隔越短,闭塞分区(设备)数也越多,通常列车最小运行间隔为85~90s。

(6)采用报文式数字轨道电路,辅之环线或应答器,信息量较大。

(7)系统具有集中和分散控制的多级控制方式,降级和后备控制方式选择较多。

(8)系统具有断轨检测功能。

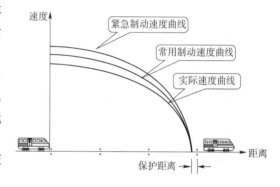

图4-8 列车距离-速度控制曲线图

任务四 移动闭塞

一、移动闭塞的基本概念

移动闭塞(Moving Block,简称MB)是相对于固定闭塞而言的。固定闭塞有固定的闭塞分区,移动闭塞与固定闭塞相比最显著的特点是,取消了以通过信号机分隔的固定闭塞分区,列车间的最小运行间隔距离由列车在线路上的实际运行位置和运行状态确定,闭塞分区随着列车的行驶,不断地向前移动和调整,所以称为移动闭塞。

移动闭塞采用车地双向通信,并将前方列车的移动信息,经由车地通信安全地传给后续列车。在移动闭塞中,后行列车的追踪目标点为移动的前车的尾部。移动闭塞列车间隔是按后续列车在当前速度下所需要的制动距离,加上安全余量计算和控制的,确保不追尾。移动闭塞的行车凭证是后续列车收到的经由车地通信系统传过来的移动授权,该授权包括前方列车的速度和距离,以及前方的线路坡度、曲线等线路信息。列车根据该移动授权方能继续前行,由于该移动授权是随前方列车的运行不断由车地通信系统传给后续列车,因此闭塞分区是不固定的。

移动闭塞方式的列控系统与准移动闭塞方式的列控系统相同,采取目标距离控制模式(又称连续式一次速度控制)。但移动闭塞的追踪目标点是前行列车的尾部,也留有一定的安全距离,后行列车从最高速开始制动的计算点也是根据目标距离、目标速度及列车本身的性能计算决定的。目标点是前行列车的尾部,与前行列车的走行和速度有关,是随时变化的,而制动的起始点也随线路参数和列车本身性能不同而变化。空间间隔的长度是不固定的,所以称为移动闭塞。其追踪运行间隔要比准移动闭塞更小一些,移动闭塞一般是采用无线通信和无线定位技术来实现的。

如今,上海地铁6号、8号、9号线,广州地铁4号、5号线,北京地铁2号、4号、10号线以及机场线、昌平线、亦庄线都采用 CBTC 技术。

二、移动闭塞的特点

1. 移动闭塞的基本要素

在移动闭塞技术中,闭塞分区仅仅是保证列车安全运行的逻辑间隔,与实际线路并无物理上的对应关系,因此,移动闭塞在设计和实现上与固定闭塞有比较大的区别。其中,列车定位(Train Position)、安全距离(Safety Distance)和目标点(Target Point)是移动闭塞技术中最重要的3个概念,可以称为移动闭塞的3个基本要素。

1) 列车定位

在固定闭塞和准移动闭塞中有轨道电路或计轴等设备作为闭塞分区列车占用的检查,就能粗略地进行列车定位,再配以测速测距就能较细地进行列车定位,最多再加应答器校准坐标。在移动闭塞中没有轨道电路等设备作为闭塞分区列车占用的检查,被控对象基本处于动态过程中,只有了解所有列车的具体位置,以何种速度运行等信息,才能实施对列车的有效控制,所以列车定位技术在移动闭塞系统中就显得更为重要。

列车定位由地面设备和车载设备共同完成。列车定位信息的主要作用是:为保证安全列车间隔提供依据,CBTC 系统对在线的每一列车能计算出距前行列车尾部距离,或距进站信号点的距离,从而对它实施有效的速度控制;作为列车在车站停车后打开车门以及屏蔽门的依据。

目前,在列车自动控制系统中得到应用的列车定位技术主要有:测速定位法、查询-应答器法、交叉感应线圈法、卫星定位法。另外,还有多普勒雷达法、无线扩频列车定位法、惯性列车定位法、航位推算系统定位法、漏泄波导法、漏泄电缆法等等。其定位方式描述如下:

(1) 车载测速定位法。车载测速定位法是将光电脉冲测速传感器安装在列车车轮上,列车运行时车轮转动,传感器测量每秒车轮转动轮周数,就可测得列车的速度。在此基础上,加上与时间参数的处理,就可以获得相应运行里程数,从而获得列车的定位值。

这种将测速转为测距来取得列车定位的方式在国内外实际工程中获得广泛应用。但在实际应用中会发生因车轮的不规范运动,诸如抱死、滑行等,以及车轮边缘磨损等情况而产生干扰和误差,这需要在实际运行中进行校正。

(2) 查询应答器法。它是一种短程的无线电设备,在一般应用中地面道床上设置应答器,列车上安装查询器。当列车经过应答器时,向地面应答器通过无线电波发射能量信号后,地面应答器激活后立即将地面应答器内存储的里程标等信息向列车查询器发送;列车查询器收到这些里程标信息后,就可以获得自身的精确定位数值。

由于应答器安装在地面固定位置,用它给列车定位只能是点式的,通常作为其他定位系统的校正使用。

应答器根据信息来源可以分为无源应答器和有源应答器。无源应答器发送的信息是固定的,事先存储好的;有源应答器发送的信息是可变的,它除了传输位置信息外,还可以传输其他一些实时的信息。

(3)多普勒雷达法。它的原理是:雷达发射电波,经过反射后被雷达传感器检测到。根据多普勒效应,接收电波将会发生随列车速度变化的频率漂移,由此检测实际列车速度和行驶距离,并且不受车轮空转/打滑的影响。

采用雷达测速法对环境要求比较严格,如不允许有遮挡物、空气中不允许有烟雾杂物等。

(4)交叉感应环线法。将电缆铺设在轨道中间,并且按照一定距离进行一次交叉,在列车上安装感应天线,在经过交叉点时,通过相位变化可以判决交叉点信号,并且对交叉点进行计数。通过交叉点计数来进行相对定位,通过环线区段边界进行绝对定位。

2)安全距离

安全距离是后续追踪列车的命令停车点与其前方障碍物之间的一个固定距离。障碍物可以是确认了的前行列车尾部的位置或者无道岔表示(道岔故障)的道岔位置。该距离是基于列车安全制动模型计算得到的一个附加距离,它保证追踪列车在最不利条件下能够安全地停止在前行列车的后方不发生冲撞。所以,安全距离是移动闭塞系统中的关键,是整个系统设计的理论基础和安全依据。

移动闭塞基本原理为:线路上的前行列车经 ATP 车载设备将本车的实际位置,通过通信系统传送给轨旁的移动闭塞处理器,并将此信息处理生成后续列车的运行权限,传送给后续列车的 ATP 车载设备。后续列车与前行列车总是保持一个"安全距离"。该安全距离是介于后车的目标停车点和确认的前车尾部之间的一个固定距离。在选择该距离时,已充分考虑了在一系列最坏的情况下,列车仍能够被安全地分隔开来。

如图 4-9 所示,安全距离是附加在列车常用制动距离上的一段富余量。列车行驶过程中,追踪列车 T_2 和前行列车 T_1 始终保持一个常用制动距离加上一个安全距离,即一个移动闭塞间隔,以确保在最不利的情况下,追踪列车和前行列车不发生碰撞。安全距离与线路状况、列车性能等因素有关。通常在系统设计阶段规定了系统能使用的最小安全距离,同时在满足运营时间间隔的前提下,采用比理论计算值大的安全距离,提高系统运行的安全性。

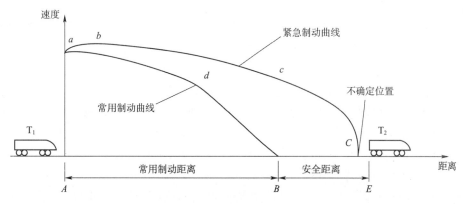

图 4-9 安全距离示意图

3)目标点

目标点是列车运行的行车凭证,如同固定闭塞系统中的允许信号,列车只有获得了目标点,才能够向前移动。目标点通常是设在列车前方一定距离的某个位置点,一旦设定,即表明列车可以安全运行至该点,但不能超过该点。移动闭塞系统就是通过不断前移列车的目标点,引导列车在线路上安全运行。移动闭塞追踪示意图,如图4-10所示。

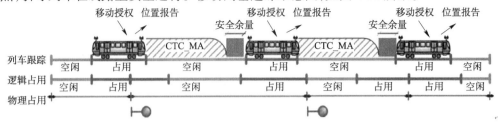

图4-10 移动闭塞追踪示意图

2. 技术特点

(1)线路没有固定划分的闭塞分区,列车间隔是动态的,并随前一列车的移动而移动。

(2)列车间隔是按后续列车在当前速度下所需的制动距离,加上安全余量计算和控制的,确保不追尾。

(3)制动的起点和终点是动态的,轨旁设备的数量与列车运行间隔关系不大。

(4)列车最小运行间隔可做到80~85s。

(5)减少了牵引回流对信号系统的谐波干扰,可靠性高。

(6)可减少轨旁设备,便于安装维修,有利于紧急状态下利用线路作为人员疏散的通道,有利于降低系统全生命周期内的运营成本。

(7)支持灵活多变的运行,很容易实现双方向运行而不增加地面设备,有利于线路故障或特殊需要时的反向运行控制。

三、移动闭塞的工作原理

1. 地铁信号和列车自动保护系统

在城市轨道交通中,为保证列车运行安全,须保证列车间以一定的安全间隔运行。早期,人们通常将线路划分为若干闭塞分区,以不同的信号表示该分区或前方分区是否被列车占用等状态,列车则根据信号显示运行。不论采取何种信号显示制式,列车间都必须有一定数量的空闲分区作为列车安全间隔。

地铁的信号原理也基于此。但由于地铁的特殊条件,对安全的要求更加严格,因此必须配备列车自动保护(ATP)系统。ATP通过列车间的安全间隔、超速防护及车门控制来保证列车运行的安全畅通。在固定划分的闭塞分区中,每一个分区均有最大速度限制。若列车进入了某限速为零或被占用的分区,或者列车当前速度高于该分区限速,ATP系统便会实施紧急制动。ATP地面设备以一定间隔或连续地向列车传递速度控制信息。该信息至少包含两部分,即分区最高限速和目标速度(下一分区的限速)。列车根据接收到的信息和车载信息等进行计算并合理动作。速度控制代码可通过轨道电路、轨间应答器、感应环线或无线通信等传输,不同的传递方式和介质也决定了不同列车控制系统的特点。为了保证安全,地铁ATP在两列车之间还增加了一个防护区段,即双红灯区段防护(见图4-11)。后续列车必须停在第二个红灯的外方,保证两列车之间至少间隔一个闭塞分区。

2. 移动闭塞——基于通信的列车控制系统

传统的固定闭塞制式下,系统无法知道列车在分区内的具体位置,因此列车制动的起点和终点总在某一分区的边界。为充分保证安全,必须在两列车间增加一个防护区段,这使得列车间的安全间隔较大,影响了线路的使用效率。

准移动闭塞在控制列车的安全间隔上比固定闭塞进了一步。它通过采用报文式轨道电路辅之环线或应答器来判断分区占用并传输信息,信息量大;可以告知后续列车继续前行的距离,后续列车可根据这一距离合理地采取减速或制动,列车制动的起点可延伸至保证其安全制动的地点,从而可改善列车速度控制,缩小列车安全间隔,提高线路利用效率。但准移动闭塞中后续列车的最大目标制动点仍必须在先行列车占用分区的外方,因此它并没有完全突破轨道电路的限制。

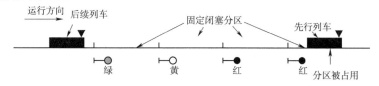

图 4-11　地铁 ATP 的双红灯防护

移动闭塞技术则在对列车的安全间隔控制上更进了一步。通过车载设备和轨旁设备不间断的双向通信,控制中心可以根据列车实时的速度和位置动态计算列车的最大制动距离。列车的长度加上这一最大制动距离并在列车后方加上一定的防护距离,便组成了一个与列车同步移动的虚拟分区(见图 4-12)。由于保证了列车前后的安全距离,两个相邻的移动闭塞分区就能以很小的间隔同时前进,这使列车能以较高的速度和较小的间隔运行,从而提高运营效率。

移动闭塞的线路取消了物理层次上的分区划分,而是将线路分成了若干个通过数据库预先定义的线路单元,每个单元长度为几米到十几米之间,移动闭塞分区即由一定数量的单元组成。单元的数目可随着列车的速度和位置而变化,分区的长度也是动态变化的。线路单元以数字地图的矢量表示。如图 4-13 所示,线路拓扑结构的示意图,由一系列的节点和边线表示。任何轨道的分叉、汇合、走行方向的变更以及线路的尽头等位置均由节点(Node)表示;任何连接两个节点的线路称为边线。每一条边线有一个从起始节点至终止节点的默认运行方向。一条边线上的任何一点均由它与起点的距离表示,称为偏移。因此所有线路上的位置均可由[边线,偏移]矢量来定义,且标识是唯一的。

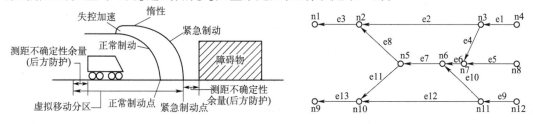

图 4-12　移动闭塞系统的安全行车间隔　　　　图 4-13　线路拓扑图示例

移动闭塞系统中列车和轨旁设备必须保持连续的双向通信。列车不间断向轨旁控制器传输其标识、位置、方向和速度,轨旁控制器根据来自列车的信息计算、确定列车的安全行车间隔,并将相关信息(如先行列车位置、移动授权等)传递给列车,控制列车运行。

边线 e7 连接节点 n5 和 n6,默认方向为从 n6 到 n5 方向;节点 n5 与边线 e7、e8 和 e11 相连。

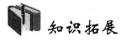

电话闭塞法行车

一般基本闭塞法为超速防护自动闭塞,遇到 ATP 车载设备故障时会改按站间自动闭塞法行车或有时按照进路闭塞法行车。当站间自动闭塞法或进路闭塞法行车仍不能进行时,往往采用电话闭塞法行车。

1. 电话闭塞法的基本原理

(1) 闭塞分区

电话闭塞法是人工办理闭塞的一种方法,是由相邻两个车站的行车值班员利用行车专用电话进行联系,以电话记录的方式共同确认闭塞区间空闲后,方准列车进入该闭塞分区运行的行车闭塞法。实行电话闭塞法行车时,列车发车间隔须满足"一站一区间"空闲的要求,即列车发车时,前方"一站一区间"必须为空闲状态。

闭塞区间:相同运行方向两架相邻出站信号机间,或出站信号机与相邻出/入段信号机间的区域。

(2) 使用时机

遇下列情况,经值班主任批准,可采用电话闭塞法组织行车:

①正线一个或多个联锁区联锁设备故障时。

②车厂与相邻车站联锁设备故障时。

③其他情况需采用电话闭塞法组织行车时。

(3) 组织原则

①实行电话闭塞法行车时,列车发车间隔须满足"一站一区间"空闲的要求,即列车发车时,前方"一站一区间"必须为空闲状态。

②在一个闭塞区间内,只允许一列车占用。

③列车占用闭塞区间的行车凭证为路票(见图4-14)。

④终点站列车折返时,按调车方式组织折返。

⑤人工情况下线路准备进路时,按由远到近顺序依次办理;未准备好发车或接车进路,不得请求或承认闭塞。

⑥电话闭塞法的两端站和相关报点站须向行车调度员报列车到开点;各站按规定时机向前方站和后方站报列车开点。

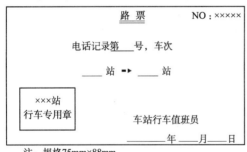

图4-14 路票

⑦采用电话闭塞法组织行车时,行车调度员应向行车值班员、司机等岗位发布调度命令,各岗位按规定办理行车手续。

2. 电话闭塞法的组织程序

行车调度员发布采用电话闭塞法行车的调度命令前应完成以下工作:

(1) 及时进行列车定位,行车调度员与故障区域列车司机确认列车位置及车次。

(2) 行车调度员将受影响列车扣停在列车所在车站。

(3) 如列车因故停在区间,行车调度员与相关车站行车值班员共同确认进路安全后,优先组织列车限速运行至前方车站待令。

(4) 行车调度员与车站、司机、搭档共同确认好故障区域所有列车后,向相关车站通报列车位置。

(5) 行车调度员发布采用电话闭塞法的调度命令(车站、司机):"因××××故障,自发令时起至另有通知时止,××站至××站上/下行线采用电话闭塞法组织行车"。

(6)有关车站、司机接到命令后,做好相关准备工作,办理相关行车手续;采用电话闭塞法组织行车区域的列车司机听从车站指挥,确认条件满足后动车。

(7)相关需要下线路钩锁道岔的车站,根据行车调度员发布采用电话闭塞法的调度命令下线路现场办理进路,并做好现场安全防护。

(8)各站在准备好本站发车进路后,方可请求闭塞。接车站确认本站站内至后方站区间空闲,准备好接车进路后,同意发车闭塞请求,并给出承认发车闭塞号。接到同意发车的承认闭塞号后,发车站行车值班员填写路票并签名,加盖本车站行车专用章自检后交值班站长(或指定胜任人员);值班站长(或指定胜任人员)逐字逐项复诵,核对无误后,到站台端墙处复诵传达并亲自交给司机。

(9)值班站长(或指定胜任人员)确认司机关门后,向司机显示发车信号;信号显示地点为头端第二个车门处,司机在接到车站值班站长(或指定胜任人员)的发车信号后,鸣笛回示动车;值班站长(或指定胜任人员)在列车鸣笛后收回信号。对同一列车,接路票、递交路票与显示发车信号者必须为同一个人。

(10)确认区间空闲:发出第一趟列车,发车站、接车站与行车调度员共同确认空闲状态;后续列车,发车站与接车站按行车日志确认空闲状态。

(11)除始发站以外,车站值班站长(或指定胜任人员)要先将司机手中的后方车站的路票收回以后,方可将本站的路票交给司机。收回后方车站的路票要划"×"注销,并在本站存留一个月,以备查验。

(12)列车整列到达指定站台并发出后视为闭塞解除。

3. 电话闭塞法的作业程序

(1)电话闭塞法行车的接车作业程序,见表4-1。

电话闭塞法行车的接车作业程序 表4-1

项目	作业程序			备注
	行车值班员	值班站长	指定胜任人员	
1. 确认闭塞区间空闲	(1)向行车调度员询问接发车顺序		(1)监控行车值班员的作业	行车值班员将行车调度员的接发车顺序报值班站长
	(2)首趟车与行车调度员和后方站共同确认,后续列车根据《行车日志》与后方站确认区段空闲			
2. 准备进路	(3)申请下线路	(1)带齐工具,穿戴好防护用品到站台待命		
	(4)在来车方向设置防护	(2)设置红闪灯防护		
	(5)布置进路:"准备上/下行接车进路"	(3)复诵"准备上/下行接车进路"后下线路准备进路		按六步曲执行
	(6)复诵"上/下行接车进路准备好"	(4)进路准备好并到达安全位置后报车控室:"上/下行接车进路准备好"		
	(7)通知值班站长取消防护	(5)取消红闪灯防护		

续上表

项目	作业程序			备注
	行车值班员	值班站长	指定胜任人员	
3.承认闭塞	(8)接到闭塞请求后,发出电话记录"×时×分,同意××站××次闭塞,电话记录号×号"			
	(9)听取复诵无误,填写《行车日志》			
4.接车	(10)听取发车站开车通知,复诵"××次×分×秒开"			
	(11)填写《行车日志》			
	(12)通知接车人员:"上/下行线接车"		(2)复诵"上/下行线接车"后到站台接车	
	(13)复诵"上/下行线列车停稳"后填写《行车日志》		(3)列车停稳后,报车控室"上/下行线列车停稳"	
	(14)列车开出后,向前后方车站报点,报点站向行车调度员报点		(4)向司机收回路票,并打×作废	

(2)电话闭塞法行车的发车作业程序,见表4-2。

电话闭塞法行车的发车作业程序　　　　表4-2

项目	作业程序			备注
	行车值班员	值班站长	指定胜任人员	
1.确认闭塞区间空闲	(1)向行车调度员询问接发车顺序		(1)监控行车值班员的作业	行车值班员将行车调度员的接发车顺序报值班站长
	(2)首趟车与行车调度员和前方站共同确认,后续列车根据《行车日志》与前方站确认前方闭塞区段空闲			
2.准备进路	(3)申请下线路	(1)带齐工具,穿戴好防护用品到站台待命		
	(4)在来车方向设置防护	(2)设置红闪灯防护		
	(5)布置进路:"准备上/下行线发车进路"	(3)复诵"准备上/下行线发车进路"后下线路准备进路		
	(6)复诵"上/下行发车进路准备好"	(4)进路准备好并到达安全位置后报车控室:"上/下行发车进路准备好"		
	(7)通知值班站长取消防护	(5)取消红闪灯防护		

续上表

项目	作业程序			备注
	行车值班员	值班站长	指定胜任人员	
3. 请求闭塞	(8) 向接车站请求闭塞:"××站××次请求闭塞"			
	(9) 接到同意闭塞后复诵:"×时×分,同意××站××次闭塞,电话记录号×号"			
	(10) 填写《行车日志》			
4. 填写路票	(11) 根据《行车日志》填写路票			
	(12) 与发车人员(值班站长或指定胜任人员)核对路票		(2) 与行车值班员核对路票	
5. 发车	(13) 指示发车"上/下行线发车"		(3) 复诵"上/下行线发车"	
			(4) 向司机交递路票,并核对路票	
			(5) 向司机显示发车手信号	
	(14) 复诵"上/下行线出清",并填写《行车日志》		(6) 列车出清后报车控室"上/下行线出清"	
	(15) 向前后方车站报点,报点站向行车调度员报点			

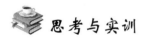

思考与实训

实训 4-1 调研城市轨道交通闭塞制式

(1) 请分组调研某城市所有线路不同行车条件下使用的闭塞制式,并完成表 4-3 的填写。

(2) 各组之间交流调研过程和收获。

区间闭塞制式调研　　　　　　　　　　　　　　　　　　表 4-3

城市:_____　　　　　　　　　小组:_____

闭塞制式 线路	移动闭塞 (适用情况)	准移动闭塞 (适用情况)	自动站间闭塞 (适用情况)	电话闭塞 (适用情况)	…
1 号线					
2 号线					
3 号线					
…					

实训4-2　了解闭塞系统现场教学

一、实训目标

了解不同闭塞系统各部分设备的组成。

二、实训设备

城市轨道交通闭塞设备的轨旁设备及室内设备。

三、实训步骤

(1)控制中心教学:通过ATS工作站参观正线区间闭塞设备布置情况,了解设备作用。

(2)车站教学:调研各种闭塞制式的使用条件,了解不同闭塞模式的变更作业;掌握电话闭塞法行车时接发列车作业注意事项。

(3)现场教学:在车站站台门端门附近,观察闭塞现场设备的实物,如计轴设备、应答器、感应环线等。

实训4-3　了解闭塞系统录像教学

一、实训目标

了解不同闭塞模式的应用。

二、实训设备

城市轨道交通闭塞系统教学录像。

三、实训步骤

(1)观看教学录像,观看不同行车闭塞法下的列车区间运行录像。

(2)讨论:不同闭塞法的优缺点各有哪些?

项目五　列车自动控制系统

教学目标
1. 知道 ATC 系统的构成。
2. 能阐述 ATC 系统在城市轨道交通系统中的作用。
3. 会使用 ATP、ATO、ATS 各子系统的主要功能。
4. 掌握 CBTC 系统的种类、工作原理。
5. 掌握基于交叉感应环线的 CBTC 系统和基于无线通信的 CBTC 系统这两者之间的区别。
6. 掌握信号系统后备运营方式及不同行车条件下的运营模式。

任务描述
通过阅读学习资料,能了解列车自动控制的构成,知道 ATC 系统在城市轨道交通系统中的作用,会使用 ATP、ATO、ATS 各子系统的主要功能。掌握 CBTC 系统的实现方式,工作原理;了解不同运营条件下,信号系统的运营模式。

学习任务
1. 能知道 ATC 系统的构成。
2. 了解 ATC 系统在城市轨道交通系统中的作用。
3. 能解释 ATC 系统的工作原理。
4. 会使用 ATP、ATO、ATS 各子系统的主要功能。

任务一　ATC 系统的组成和功能

列车自动控制系统包括 3 个子系统:列车自动防护(ATP,Automatic Train Protection)、列车自动运行(ATO,Automatic Train Operation)、列车自动监控(ATS,Automatic Train Supervision)系统。ATP 是整个 ATC 系统的基础。ATO 和 ATS 子系统都依托于 ATP 子系统的工作。

ATC 系统包括以下 5 个功能:ATS 功能、联锁功能、列车检测功能、ATC 功能和 PTI(列车识别)功能。

（1）ATS 功能:可自动或由人工控制进路,进行行车调度指挥,并向行车调度员和外部系统提供信息。ATS 功能主要由位于 OCC(控制中心)内的设备实现。

（2）联锁功能:响应来自 ATS 功能的命令,在随时满足安全准则的前提下,管理进路、道岔和信号的控制,将进路、轨道电路、道岔和信号的状态信息提供给 ATS 和 ATC 功能。联锁功能由分布在轨旁的设备来实现。

(3)列车检测功能:一般由轨道电路、计轴器等完成。

(4)ATC 功能:在联锁功能的约束下,根据 ATS 的要求实现列车运行的控制。ATC 功能有 3 个子系统:ATP/ATO 轨旁功能、ATP/ATO 传输功能和 ATP/ATO 车载功能。ATP/ATO 轨旁功能负责列车间隔和报文生成;ATP/ATO 传输功能负责发送信号,它包括报文和 ATC 车载设备所需的其他数据;ATP/ATO 车载功能负责列车的安全运营、列车自动驾驶,且给信号系统和司机提供接口。

(5)PTI 功能:通过多种渠道传输和接收各种数据,在特定的位置传给 ATS,向 ATS 报告列车的识别信息、目的号码和乘务组号及列车位置数据,以优化列车运行。

一、ATP 子系统

城市轨道交通的信号系统中,列车自动防护系统是非常重要的组成部分,它为列车行驶提供安全保障,有效降低列车司机的劳动强度,提高行车效率。如果没有 ATP 系统,列车的行车安全需要由列车司机人工来保障,这样会造成列车司机过度疲劳,产生安全隐患,为行车作业效率带来负面影响。因此,在城市轨道交通中,尤其是在运营作业繁忙的线路上,信号系统中设置列车自动防护系统是非常必要的,它是行车作业的安全保障和体现。

1. ATP 系统设备的组成(相关教学资源见二维码19)

ATP 系统主要由 3 部分组成,即用以实现控制列车运行的车载设备,用于产生控制信息的轨旁设备,以及轨旁与车载相互通信的中间传输设备。ATS 系统负责监督和控制 ATP 系统,联锁系统和轨道空闲检测装置为 ATP 提供运行线路的安全信息,列车是 ATP 的控制对象。

二维码19

(1)ATP 车载设备组成。ATP 的车载设备主要包括由车载主机、司机状态显示单元、速度传感器、列车地面信号接收器、列车接口电路、电源和辅助设备等。如图 5-1 所示。

图 5-1 车载主要设备

①车载主机。它由各种印刷电路板、输入/输出接口板、安全继电器和电源等设备组成。这些设备分层放在机柜中,各板之间利用机柜上的总线进行通信。

②司机状态显示单元。它是车载系统与列车司机之间的人机界面,可以显示列车当前运行速度、列车到达某点的目标速度、列车到达某点的走行距离、列车的驾驶模式和有关设备的运行状态等与行车直接相关的信息;还设置一些按钮,用于司机操作、控制列车运行。如图 5-2 所示。

③速度传感器。通常在列车上装有两个速度传感器,安装在列车的车轴上,用于测量列

车的运行速度和列车运行距离及判定列车运行的方向。有时也安装多普勒雷达测速。如图 5-3 所示。

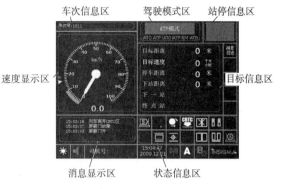

图 5-2 面板状态显示单元

④列车地面信号接收器。它安装在列车底部,用于接收从轨道上传来的信息,这些信息可以由地面轨道电路发送,或由安装在地面的专门设备如应答器发送给列车。列车的地面信号接收器,根据所接收的信息格式、容量和处理速度等因素,设计为感应天线或其他形式,以保证列车在一定的运行速度下能及时接收和处理所收到的信息。

⑤列车接口电路。ATP 的车载设备通过车载主机与列车进行接口,车载主机将控制信息通过接口电路传送给列车;同时车载主机通过接口电路从列车获得列车运行的状态信息。

⑥电源盒辅助设备等。列车为 ATP 提供所需的电源,列车上还有列车运行模式选择开关,各种电源开关盒等其他一些辅助设备等。

图 5-3 速度传感器

(2)ATP 轨旁设备。ATP 系统的核心设备安装在列车上,但是它所需的主要信息都来自轨旁设备。根据城市轨道交通信号系统的不同制式,列车自动防护系统轨旁设备可以设置应答器、轨道电路、计轴器、无线、环线或者波导管等,向列车传递有关信息,由安装在列车上的设备接收和处理这些信息。

①点式应答器。通常会在线路上间隔一定的固定距离设置点式应答器,存储线路中有关列车运行的信息。在列车经过时,由安装在列车车底的查询器感应接收、读取信息,由车载主机对这些信息进行综合分析处理。

点式应答器中所包含的信息,包括有线路位置、列车幸运距离、基本线路参数、速度限制等,这些信息固化在应答器中。应答器可分为有源应答器和无源应答器:有源应答器向线路发送实时信息,由列车接收,可以根据需要对应答器内的数据进行更新;无源应答器,只有在列车经过时,由列车从应答器中读取事先存入的固定数据。

②轨道电路和计轴器。轨道电路除了具有表示列车是否占用轨道的功能外,还可以向线路上实时发送列车运营所需的信息,由列车接收和处理。轨道电路所发送的信息,其容量大,有利于列车的车载系统对列车进行实时控制。一般来说,轨道电路所送的信息有以下内容:轨道电路的长度、坡度和曲线参数、载波频率、轨道电路编号、线路限制速度、目标距离、目标速度、道岔定反位、列车停站信号、备用信息等,这些信息以数字编码的方式,顺序排列,

放在一个信息包里。列车收到信息后进行实时处理,实时控制列车运行状态。

因为计轴器的方便维护,且不受天气和道床状态影响等优点,越来越多的在实际使用中代替轨道电路检查区间占用与空闲的功能。

2. ATP 子系统的功能

列车自动防护(ATP)子系统的主要功能是监督及控制列车安全地运行,其应满足故障-安全原则。它具备以下主要功能:

(1)列车速度监督(见二维码20)和超速防护(见二维码21)。列车速度监督是 ATP 系统的基础功能,也是最重要的功能。ATP 轨旁设备从联锁设备和轨道空闲检测设备获得驾驶指令,并处理为相应格式的数据后传输至 ATP 车载设备。驾驶指

二维码20　　二维码21

令一般包括目标速度、目标距离、最大允许线路速度和线路坡度数据等。ATP 车载设备通过此数据计算列车在当前位置的允许速度;然后将列车运行所需数据传输至驾驶室显示器指示给司机。

同时,测速装置对列车运行的实际速度和驶过的距离进行连续测量。ATP 车载设备将列车实际速度与列车允许速度进行比较。如图 5-4 所示,v_0 为所允许的最高列车速度,v_1、v_2、v_3 分别为所测得的实时速度,则 ATP 会根据不同情况采用不同的方法,以保障列车安全、平稳地运行。

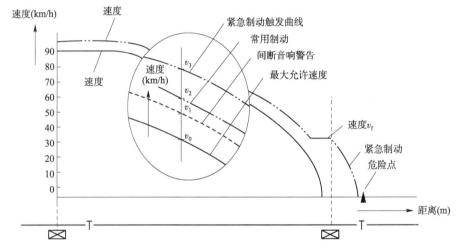

图 5-4　列车超速防护系统的速度监控曲线

如果列车速度为 v_1,ATP 系统给出音响报警,如果此时司机警惕并降速,使车速低于 v_0,则一切趋于正常。如果列车速度为 v_2,ATP 系统自动启动常用制动(通常为启动最大常用制动),列车自动降速至 v_0 以下,若列车制动装置具有自动缓解功能,则在列车速度降至 v_0 以下时,制动装置即可自动缓解,列车行驶趋于正常;若列车制动装置不具备自动缓解功能,则常用制动使列车停止运行后,列车由司机经过一定的手续重新人工启动。如果列车速度为 v_3,ATP 系统启动紧急制动实施超速防护,确保列车在危险点的前方安全停车。

ATP 的速度监督和防护除了最大允许速度外,还包括线路限制速度、列车运行最高速度、临时限速等。

①列车最大允许速度。车辆的自身构造决定了车辆所能运行的最大速度,超过这个速度,列车可能会出现故障,或者影响列车寿命。

②区间最大允许速度。在线路的曲线段、坡道处或者道岔弯轨设置速度限制,如果列车超过此速度,容易出现脱轨或者颠覆事件。

③临时限速。因线路故障或者维修作业等需要列车限速运行。这些临时限速可以在 ATS 控制中心由行车调度员按照安全程序人工设置,设定的数据会从 ATS 系统传送给 ATP 轨旁设备,ATP 轨旁设备通过通信信道将限速发送到车上。

ATP 系统始终严密监视速度限制不被超越,一旦超过,先提出警告,后启动紧急制动,并作记录。

(2)列车检测和定位。采用计轴器或者轨道电路等 ATP 轨旁设备作为列车检测设备。通过发送不同的信息检测区段是否有车占用,通常检测的数据送入联锁设备中。

列车定位由车载设备测速传感器结合地面应答器或环线交叉点等来完成,车载设备能通过车-地通信系统向地面 ATP 报告列车位置。

(3)测速和测距功能。列车允许速度和位置测量是车载设备的关键技术。列车运行速度的测量是速度控制的依据。速度值的准确和精度直接影响列车控制的效果。列车利用车载速度传感器和多普勒雷达进行列车速度及位移的测量。速度传感器安装于列车轮轴上,通过检测车轮转动的角速度,来进行列车位移及速度的测量,并可检测车轮的空转和打滑;多普勒雷达可补偿列车空转及打滑所引起的误差。

在目标距离模式中,列车位置对于安全性至关重要。如果列车无法掌握它在线路中的准确位置,那么它就无法保证在障碍物或限制区域范围内减速或停下。ATP 车载设备通过连续测量列车行驶的距离,可以随时查找列车的精确位置;也可采用地面应答器进行测速测距。应答器沿线路等间距放置。这些地面应答器由装在列车上的查询器读取。每个应答器都有一个唯一的标识号,存储在 ATP/ATO 系统存储器中。这个系统可以确保在指定范围内对轮脉冲速度传感器发出的信号进行自动重新校正,也能进一步确定列车位置。

(4)安全性停车点防护功能。安全性停车点防护,以保证列车停在停车点(不超过停车点)为目的。按照列车至停车点的距离,ATP 车载设备根据列车制动性能以及接收到的前方线路的信息等,计算一条最终为零的制动曲线。列车的速度限制连续的改变,并通过最终为零的制动曲线实施定点制动。

(5)车门/屏蔽门控制。列车车站停车位置统一规定车头停在站台端部,只有列车停在站台区,并满足站台屏蔽门对停车精度要求的情况下或者司机按压强行开门按钮后,ATP 系统才允许 ATO 向列车发送开车门和向站台屏蔽门控制系统发送屏蔽门的开门命令。停站列车的车门和站台屏蔽门均已关闭后,才允许启动列车。开左门或右门应符合站台的位置和运行方向。

正向运行的列车在车站停车误差超过 ATP 允许范围时,ATP 将实施保护,不允许开车门和站台屏蔽门,并给出表示。这时允许人工驾驶列车前进或后退以校正停车精度。但后退速度、后退次数及最大后退距离都受到严格控制。若停车误差大于后退允许距离范围(比如 5m),则列车只能跳停至下一站。

运行中的列车在车门因故开启时,会立即制动;站台屏蔽门因故失去状态表示,会封锁站台股道。停站列车的车门和屏蔽门或安全门因故不能全部关闭时,会禁止列车启动,除非采用特定的操作方式启动列车。

(6)站台非常情况下紧急停车按钮功能。在每个车站的车控室、站台上设紧急停车按钮。当按下紧急停车按钮后,向对应站台区域和离去区段发送紧急停车命令;并须经人工确认后才能恢复,如有地面信号机,还应切断信号开放电路。

(7)列车非正常移动(溜车)监控。列车在轨道上的运行方向是由列车移动授权来决定的。只有在运行方向允许的情况下,列车才能获得移动授权通过该轨道。列车非正常移动(溜车)监控功能的作用是监督列车在"非正常"方向的任何移动,如果此方向的移动距离及次数超过规定值,就会实施紧急制动。"非正常"运行的移动距离监督是累计完成的,即若在单次后移或几次短后移过程中,"非正常"移动的累计距离及次数如果超过规定值,则将实施紧急制动。

二、ATO 子系统（相关教学资源见二维码22）

二维码22

ATO 子系统是自动控制列车运行的设备。在 ATP 的保护下,根据 ATS 的指令实现列车的自动驾驶,能够自动完成对列车的起动、牵引、巡航、惰行和制动的控制,确保达到设计间隔及旅行速度。

ATO 子系统能使整个列车自动控制系统的优越性充分发挥出来,使轨道交通的管理水平上一个档次。特别是在高密度、高速度运行的轨道交通线路中,满足高水准的列车运行自动调整,节约能源,规范对列车运行的操作控制,减轻司机的劳动强度,提高列车正点率,保证运营指标的实现,实现无人驾驶折返、车站站台精确停车控制,提高乘客乘坐的舒适度都起着非常重要的作用。

1. ATO 系统设备的组成

ATO 系统是非故障-安全系统,由车载设备和地面设备组成。

（1）ATO 轨旁设备组成。ATO 轨旁设备通常也用做 ATP 轨旁设备,接收与列车自动运行有关的信息。地面信息接收发送设备和轨旁环线都属于 ATO 轨旁设备。这些轨旁设备,如点式应答器、轨道电路能够接收来自列车 ATO 车载天线发送的信息,也能够把 ATS 有关信息通过轨道环线或其他轨旁设备发送到列车上,由列车 ATO 车载设备进行接收和处理。

地面信息接收发送设备通常安装在线路旁,但是其调谐控制部分通常安装在信号设备室内,而轨道环线则安装在线路上。

（2）ATO 车载设备组成。ATO 车载设备包括 ATO 车载控制器、ATO 车载天线、人机界面。

①ATO 车载控制器。它设置在列车每一端驾驶室内。它是 ATO 系统的核心组成部分,它从 ATP 车载设备获得必要的信息,如列车运行速度和列车位置信息等,进行实时处理,计算出列车当前所需的牵引力和制动力,向列车发出请求;列车牵引或制动系统收到请求指令后,对列车施加牵引或制动,使列车得到实时控制。

②ATO 车载天线。它包括安装在列车每一端驾驶室车体下的两个 ATO 接收天线和两个 ATO 发送天线。它接收由地面 ATS 传输的信息,有列车开关门命令、列车车次号确认、列车测试指令、跳停/扣车指令和列车运行等级等;同时向地面 ATS 发送有关的列车状态信息。这些信息一般包括列车识别信息、列车运行方向、列车车门状态信息、车轮磨损信息、车载 ATO 状态和报警信息等。

③人机界面。列车司机通过人机界面可以将列车运行的模式选择为"ATO",起动列车在 ATO 模式下运行。

车载 ATO 设备为主备冗余,当主 ATO 单元发生故障,自动从主 ATO 单位切换到备用 ATO。

2. ATO 的功能

ATO 系统的功能主要有自动驾驶、自动折返、自动控制车门开关、合理控制列车运行、列车运行状态自诊断。

1）自动驾驶（相关教学资源见二维码23）

（1）自动调节列车运行速度。ATO车载控制器通过比较实际列车运行速度及ATP给出的最大允许速度及目标速度，并根据线路的情况，自动控制列车的牵引和制动，使列车在区间内的每个区段始终控制速度（ATP计算出来的限制速度减去5km/h）运行，并尽可能减少牵引、惰行和制动之间的转换。

二维码23

（2）停车点的目标制动。列车以车站停车点作为目标点，车站停车点由ATP轨旁单元和ATS系统控制。当停车特征被启动后，ATO系统基于列车速度、预选决定的制动率和距停止点的距离计算出一个制动曲线，采用最合适的减速度（制动率）使列车准确、平稳地停在规定的停车点。与列车定位系统相配合，可使停车位置的误差达到0.5m以下。

（3）从车站自动发车。当发车安全条件符合时（即在ATO模式下，关闭了车门，由ATP系统监视），ATO系统给出启动显示，司机按下启动按钮，ATO系统使列车从制动停车状态转为驱动状态。停车制动将被缓解，然后列车加速。ATO通过预设的数据提供牵引控制，该牵引控制可使列车平稳加速。

（4）区间内临时停车。由ATP系统给出目标位置（例如前方有车）及制动曲线，并将数据传送给ATO系统车载设备，ATO系统得到目标速度为"0"的速度信息后自动起动列车制动器，使列车停稳在目标点前方10m左右。此时车门还是由ATP系统锁闭的。一旦前方停车目标点取消，速度信息改为进行后，ATO系统使列车自动起动。假如车门由紧急开门打开，或是司机手柄被移至非零位置，那么列车必须由司机重新起动SM模式或ATO模式。

（5）限速区间。临时性限速区间的数据由轨道电路等轨旁设备通过固定格式的报文传输给ATP车载设备，再由ATP车载设备将减速命令经ATO系统传达给动车驱动、制动控制设备之间的接口。对于长期的限速区段，数据可事先输入ATO系统，在执行自动驾驶时，ATO系统会自动考虑到该限速区间。

2）自动折返

自动折返是在折返站使用的一种特殊驾驶模式。在这种驾驶模式下，无须司机操作，即可完成折返作业。列车收到折返许可后，自动进入自动折返模式。折返许可经驾驶室MMI显示给司机，司机必须确认这个显示，并得到授权，锁闭控制台。司机只有在按下站台AR（自动折返）按钮以后，才实施无人驾驶列车折返运行。ATC轨旁设备提供所需的数据以驾驶列车进入折返轨，列车将自动回到出发站台。列车一到达出发站台，ATC车载设备就会退出AR模式。

3）自动控制车门开关

ATO在车站进行车门管理。其原理是，当ATP检测到列车已停稳且位置正确后，授权ATO或者司机将站台侧的车门打开。ATO或司机随后将指令发送给车辆，然后打开站台侧的车门。

当列车以自动驾驶模式在车站停车时，开门将根据"车门开门选择开关"的位置在ATP的监控下由ATO自动控制或司机人工控制。

一旦检测到列车停靠正确，且满足所有其他安全条件，ATP子系统将发出释放车门授权。然后，在收到自ATS发送的下一个运行命令之前，ATO自动或司机人工控制开车门并开始停站时间倒计时。停站时间一到，根据"车门关门选择开关"的位置，有以下两种关车门方式：

（1）当车门关门选择开关在"人工"位，司机则按压"关车门"按钮，向车辆发送关闭车门命令;当检测到车门关闭并锁定,则 ATP 授权列车可以发车。

(2)当车门关门选择开关在"自动"位,ATO 向车辆发送关闭车门命令;当检测到车门关闭并锁定,则 ATP 授权列车可以发车。

ATO 或司机负责向车辆发送关闭车门命令。当 ATP 确认所有车门均已关闭并锁定后,可授权列车发车。

4)合理控制列车运行

ATO 子系统是在 ATP 的保护曲线下,制定列车的运行曲线,实现对列车运行状态的合理控制,自动完成对列车的起动、加速、惰行、巡航及制动等;对牵引及制动控制满足乘客舒适度的要求。同时节省能源,保证最大能量效率。ATO 协同 ATS 中的列车自动调整(ATR)功能,并通过确定列车运行时间和能源优化轨迹功能实现列车的巡航/惰行功能。

5)列车运行状态自诊断

ATO 子系统具有自诊断功能,当运行中列车发生故障时立即向司机报警。根据故障性质可实施常用制动和紧急制动,并能有效防止列车在车站自动起动。

三、ATS 子系统

ATS 系统主要是实现对列车运行及所控制的道岔、信号机等设备运行状况的监督和控制,为行车调度人员显示出全线列车的运行状态,监督和记录运行图的执行情况,在列车因故偏离运行图时及时做出调整,辅助行车调整行车调度人员完成对全线列车运行的管理。

ATS 系统在 ATP 和 ATO 系统的支持下,根据运行时刻表完成对全线列车运行的自动监控,可自动或人工监督和控制正线(车辆段、停车场、试车线除外)列车进路,并向行车调度员和外部系统提供信息。ATS 功能由位于控制中心内的设备实现。

1. ATS 系统的设备组成

ATS 系统主要由控制中心设备、车站设备、车辆段设备等组成。因用户要求不同,ATS 的硬件、软件配置差别很大。

1)ATS 控制中心设备

控制中心设备是信号系统监控的核心部分。其设备主要包括:ATS 中心设备、培训设备、维护设备及电源设备。主要设备的描述如下:

(1)应用服务器。它是 ATS 子系统的数据处理中枢,它获得全线车站、停车场以及外部系统的数据后,将站场图显示、告警、列车状态等各种信息发往各 ATS 工作站和表示屏显示。应用服务器满足中心自动控制、调度员人工控制以及车站控制的要求;满足地铁行车指挥及运营管理的需要;系统处理能力及处理方式满足可靠性、实时性和可维护性的要求;系统能力具有可扩展性、可与其他自动化控制系统(如综合监控系统)接口。

服务器为双机热备设计,备机实时从主机获得同步的各种数据,可以实现无扰切换。

(2)通信服务器。它提供 ATS 子系统与其他 CBTC 子系统和外部系统间的接口和协议转换。这些外部系统接口包括:无线、PIS、综合监控、FAS、BAS 和广播等。其他 CBTC 子系统接口包括:ATP、ATO、计算机联锁。

(3)数据库服务器和磁盘阵列。控制中心的两台数据库服务器为双机冗余,在数据库服务器上运行并行数据库例程,数据库例程接受数据库访问。数据库数据如计划数据、列车运行数据、列车编组信息等存放在磁盘阵列上,以便系统调用和查看。

(4)大屏接口计算机。它用于实现信号系统与大屏幕显示系统的接口,实现在大屏幕上显示全线线路配线情况、列车位置和车次号、列车进路、轨道区段、道岔和信号机的状态,信号系统设备的工作状态等信息。

(5)调度员及调度长工作站。本工程设4台调度员工作站和1台调度长工作站,通过操作口令5台调度员(长)工作站可分台工作也可并台工作。各个调度工作站在硬件和软件上具有相同的结构,根据登录用户角色和控制区域的不同来完成不同的功能,如果一台调度员工作站故障,另一台调度员工作站可以接管其控制区域。

(6)时刻表编辑工作站和运行图工作站。时刻表编辑工作站用于运行计划人员编制及修改列车运行运行图和时刻表。系统通过人机对话可以实现对运行图、时刻表的编辑、修改及管理。

运行图显示工作站主要用于显示计划运行图和实迹运行图,提供与运行图相关的操作,如运行图修改、打印等。

(7)培训/模拟工作站。它含有模拟服务器和培训工作站,内配有各种系统编辑、装配、连接和系统构成工具以及列车运行仿真的软件,并可与调度员工作站具有相同的显示内容和相同的控制内容,但不参与在线列车的控制。该工作站还能实际仿真列车在线运行及各种异常情况,实习操作员可通过此站模拟实际操作。

(8)培训服务器。它存储培训所需的相关数据,包括车站、停车场以及外部系统的相关数据,将站场图显示、列车状态等各种信息发往培训工作站用于培训。

(9)维护工作站。它主要用于ATS维护、ATC系统故障报警处理和车站、车辆段、停车场信号设备的监测;用于显示全线站场图、系统设备状态、故障报警、重要事件等,并进行数据存储管理、ATS系统管理和网络管理等。

(10)通信前置机。它作为控制中心ATS子系统的通信枢纽,负责为控制中心的外部系统(无线、广播、PIS、时钟、综合监控等系统)提供接入ATS的接口。

(11)打印机。控制中心配备激光网络打印机,用于输出运行图及各种报表。

(12)电源设备。在控制中心配备一套智能电源屏及UPS设备,全线电源系统工作状态及故障报警信息纳入维修监测系统统一管理。

控制中心设备的构成,如图5-5所示。

2) ATS车站设备

在设备集中站和联锁站设置车站ATS分机,用于采集车站的各种表示信息、传送中心的控制命令及存储由中心下载的时刻表或根据列车识别号和目的地号进行控制,并实现车站进路自动控制的功能。

ATS分机与控制中心、车站联锁系统之间进行数据传输,能根据运行图或目的地自动触发列车进路;当列车到达站台后,ATS分机将正确驱动发车计时器的显示。

ATS分机采用双机热备结构,备机实时从主机获得同步的各种数据,可实现无扰切换。

(1)现地控制工作站。在设备集中站和联锁站设置现地控制工作站(ATS与联锁合用)。

现地工作站用于显示系统设备状态、站场图、车次号,用来显示和操作联锁单元,控制操作列车自动进路排列,列车监视和追踪,进行相关控制操作。还可进行职责交接和授权等操作,界面与控制中心基本一致。

现地控制工作站可具有运行图显示功能,主要用于显示计划运行图和实迹运行图,提供与运行图相关的查询操作。

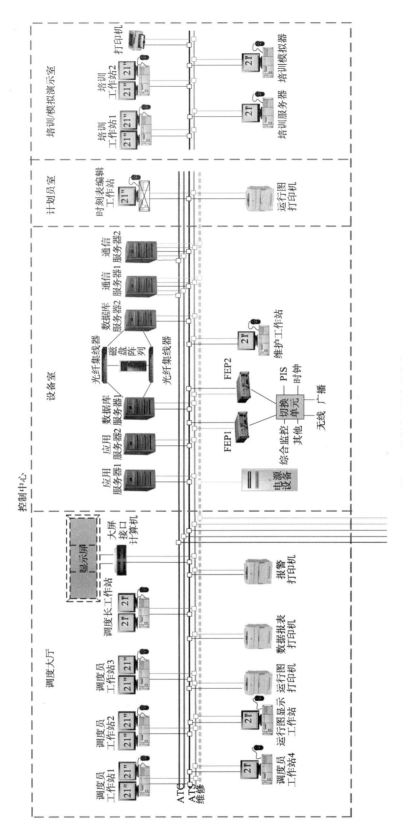

图 5-5 控制中心设备的构成

(2)ATS监视工作站。在非联锁站设置 ATS 监视工作站。它用于监视相应区域的列车运行信息,可显示系统管辖区域内的设备状态、站场图,显示车次号等。

(3)发车计时器。每个车站正向出站方向的站台侧列车停车位置前方适当地点各设一个发车计时器,用于显示发车时机。发车计时器采用发光二极管 LED 作为光源全屏显示。ATS 子系统可以采集发车计时器的状态信息,并可根据需要在中心和车站的模拟表示屏及各工作站上显示。

3)ATS 车辆段设备

ATS 车辆段设备包括 ATS 分机和车辆段终端设备。车辆段联锁设备,通过 ATS 分机与控制中心交换信息,实现段内运行列车的追踪监视;车辆段与控制中心间提供有效的传输通道。

车辆段/停车场纳入 ATS 的监视,在段/场内设一台 ATS 分机,用于采集段/场内列车运行占用信息、信号机的状态信息等,实现段/场内列车车组号的跟踪功能。控制中心表示屏及调度员工作站均可以显示车辆段/停车场进路办理、轨道占用等详细显示信息。

车辆段/停车场派班室内和信号楼控制台室内分别设 ATS 工作站,与车辆段/停车场 ATS 分机相连。其主要实现功能如下:

(1)每日由车辆段/停车场派班室值班员根据当日的列车时刻表,将当天的列车编组情况、车辆识别号由终端设备输入,产生列车运用表传至中心和信号楼,车辆维修周期等情况也可由此终端机输入,送至控制中心,生成车辆维修统计报告。

(2)信号楼接到派班室列车运用表之后,在每列车进入运营线之前的一定时间内(暂定15min),提醒值班员提前办理列车出段/场进路。

(3)显示停车库线内列车的车组号。

2. ATS 的功能

ATS 系统是全线列车运行的监控、指挥系统,它可以实现进路自动设置,能按时刻表控制列车的运行,从而提高运营管理水平、服务水平,降低工作人员劳动强度。ATS 系统具有以下功能:

1)列车自动识别、跟踪、车次号显示

ATS 子系统根据当日计划运行时刻表确定的车次号,以及列车与地面的双向通信功能、列车在线运行的位置、进路状态等信息实现全线的列车自动追踪运行,并显示车次及列车进入、驶出管辖区。

在控制中心采用列车识别号的移动和有关信号设备的状态变化来自动模拟和描述监控范围内列车的实际运行。如图 5-6 所示。

列车识别号必须反映列车的种类和列车的其他相关信息(运行号、目的地号、车体号等)。列车识别号可由中央自动生成或调度员人工设定、修改,也可由司机一次性输入至车载设备,并经车-地通信系统通知 ATS 系统。

ATS 系统必须显示全线运行的列车的位置、识别号,并自动完成在 ATS 用户界面上自动跟踪、持续纪录列车时刻表和其他相关的数据。不同的列车长度可以按比例或是按数据库中标准的长度图标显示。

当列车从车辆段/停车场出发占用转换轨时开始跟踪,至终到站或返回车辆段/停车场离开转换轨时跟踪结束。在列车识别号因故丢失情况下,计算机应能根据运行图、列车位置及时间自动推算并自动设置列车识别号,或设置缺省列车识别号。

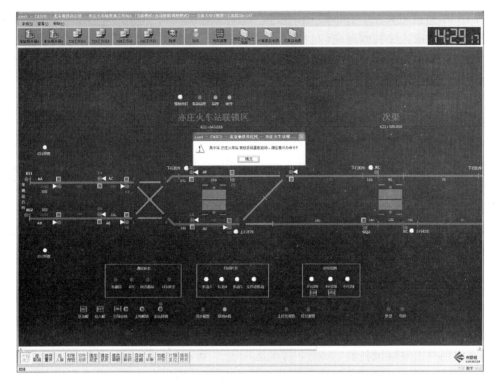

图 5-6　中央级 ATS 工作站

2）运行图、时刻表的编制和管理

通过运行时刻表编辑工作站完成对列车基本运行图的编制。

输入基本数据,包括各区间运行时间、车站停站时间、运行间隔、起始和终到站、时间段等信息,由计算机辅助自动编制基本列车时刻表和运行图。运行图编制过程中应能自动进行冲突检查,并给出明确提示。

基本运行图编制完成后,按不同种类(包括平日、节假日、特殊情况等)存入数据库内,以便根据情况随时调用。

在工作站上,能将当时的计划运行图、实迹运行图用不同颜色在一个画面内进行比较。

每日运行完的实迹图应存入数据库内保存,或存入磁带、磁盘、光盘中长期保存。

3）进路自动控制

ATS 系统根据列车位置报告和列车运行计划,按预先确定的排列进路原则或是 ATS 使用者(调度员)的直接操作,自动或是人工排列进路。

自动进路控制可分为 ATS 中央自动控制和 ATS 车站自动控制。人工控制列车进路可分为调度员控制列车进路和车站值班员控制列车进路。

自动列车进路只有在列车到达某一特定地点"运行出发点"时才被启动,通过车次号中目的地编码来确定列车进路,检查进路的可用性;然后才输出命令,并对联锁系统返回的信息进行确认。

列车进路必须显示在 ATS 用户界面。

ATS 进路办理见二维码 24。

二维码 24

4）列车运行自动调整

ATS 系统必须有能力对照时刻表、行车间隔,自动监测和调整正线区域内列车的运行。

当列车的实际运行与计划运行图发生偏差时自动发出偏差报警,并根据列车实际的偏离情况,自动生成调整计划供调度员参考。当偏离时间在一定范围内时,系统能够自动调整列车运行计划并控制列车运行至正点状态。当列车的实际运行与计划运行发生的偏差超出一定的范围而系统发出报警或调度员认为有必要对计划运行图/时刻表进行修改时,调度员可人工介入调整列车运行计划。系统自动执行调整计划并控制列车运行。

(1)自动调整手段有:

①自动调整列车区间走行时间(仅 CBTC 模式下具有)。

②自动调整列车停站时分,控制列车出发时刻。

(2)调度员人工调整手段有:

①改变列车在区间的走行时分。

②对计划运行图进行在线修改,包括对单个或所有列车"时间平移"、增加或取消列车、改变列车的始发点及始发时间、调整列车的出、入段时间等。

5)停站功能

(1)在下一站停车:ATS 系统应可以控制列车在下一站停车,即使这个车被时刻表定义为跳停那个车站。系统必须在司机及调度员的显示设备上指示 ATS 的停站信息。在 ATO 模式下,列车必须自动地在下一站停车。

(2)车站扣车:ATS 系统可以包括车站扣留(释放)列车,并能禁止列车自动开门。系统必须在司机和调度员的显示设备上指示列车的扣留信息,必须防止在 ATO 模式下列车自动离站。

(3)跳站停车(仅 CBTC 模式下具有):ATS 系统可以控制装备列车通过一个或一组车站而不停靠,系统必须在司机和调度员的显示设备上指示列车的跳站信息,在 ATO 模式下,列车必须能自动地跳过指定的车站。

6)列车运行限制

(1)中途停车(仅 CBTC 模式下具有):ATS 系统应可以使一列装备列车立即停车,并通过显示器提醒司机和调度员注意。

(2)临时限速(仅 CBTC 模式下具有):ATS 系统应能在监控范围内的任一个轨道区段强制实施或撤销临时限速,并修改列车的 ATP 防护速度曲线。

(3)道岔/轨道封闭:ATS 系统必须能单独封锁(释放)一个道岔、一架信号机、一个进路入口或是一个轨道区段。系统必须禁止列车获得越过被封锁的道岔或进入被封锁的进路或轨道区段的移动权限。

(4)工作区(仅 CBTC 模式下具有):ATS 系统能建立(释放)临时的工作区来保护工作人员和作业列车。在接近和通过定义的工作区域时,ATS 系统必须强制实施速度限制。工作区域信息必须被显示在司机和调度员的显示器上,ATO 模式可以不支持通过工作区域的操作(采用 RM 模式来操作列车通过工作区)。

7)提供司机发车指示功能

在列车运行正方向的站台端部,设置发车指示器,倒计时显示发车时间。

8)列车运行的监视功能

控制中心 ATS 根据车站 ATS 设备采集的信息在中心大表示屏上动态显示全线线路、车站、折返线、道岔、信号机、进路,以及在线列车运行的实际位置及各种状态;停车场及车辆段进/出场段列车信号机状态。

在各调度台上根据操作员或调度员的各种操作能给出所需的各种显示,包括各车站、停车场及车辆段的详细站场情况,所管辖范围内的各种设备状况,详细的报警信息,操作及控制指令的显示,时刻表及列车调整的各种参数的显示,各种统计报告及系统的运行状况和提示、告警。

9)系统设备监视功能

ATS 控制中心系统对管辖范围内的信号设备进行监视。系统内的主要设备具有自检测及故障监视功能,一旦检测到故障信息,立即送至控制中心主计算机,并在相关调度工作站或维修工作站上给出报警。

ATS 车站设备能够采集各站的信号 ATP、ATO 及联锁设备的主要工作状况,并能及时传至控制中心和车辆段内的信号维修中心。

控制中心 ATS 主要设备、车站 ATS 设备构成均应采用热备方式。当主机出现工作异常时,可自动或手动切换至备机,保证系统继续运行。

10)操作与数据记录、输出及统计处理

系统能自动进行运行统计,包括列车报告、车站报告、车次号报告以及各种运行指标统计等;具有自行制表功能,工作人员能对运行资料库进行访问,根据需求自行制表。

所有动态操作和有关行车运营及设备运行的数据,均以适当的格式统计和记录;所有报告均能根据要求进行显示和打印。

11)与其他系统交换信息

在控制中心,中央 ATS 与时钟系统、无线传输系统、综合监控系统等接口,提供或接受各系统联动或提高运营安全效率所需的信息。

12)节能运行功能

ATS 自动调整列车运行,实现节能控制。

13)系统的模拟和调度人员培训功能

在培训/模拟服务器上,配备有各种系统编辑、装配、连接和系统构成工具,以及列车运行的仿真软件。培训/模拟工作站可以与中心调度员台一样,具有同样的显示内容和相同的控制功能,并能实际仿真列车的在线运行,但不参与实际的列车控制。

任务二 ATC 系统的分类

城市轨道交通 ATC,按闭塞制式可以分为固定闭塞式 ATC、准移动闭塞式 ATC 和移动闭塞式 ATC。

一、固定闭塞 ATC 系统

1. 基于传统多信息音频轨道电路的固定闭塞 ATC 系统

采用固定划分区段的轨道电路,即基于传统的多信息音频轨道电路,列车以闭塞分区为最小行车间隔,且需设防护区段。其传输的信息量少,对应每个闭塞分区只能传送一个信息代码,即该区段所规定的最大速度码或入口/出口速度命令码。列车速度监控采用的是闭塞分区出口检查方式,当列车的出口速度大于本区段出口速度命令码所规定的速度时,车载设备便对列车实施惩罚性制动;为保证列车运行的安全,这种滞后的速度检查方式必须要有一个完整的闭塞分区作为列车的安全保护距离。系统的 ATP 采用阶梯式控制方式,对列车运行控制精度不高,降低列车运行舒适度、增加司机劳动强度,限制了通过能力的进一步提高。

固定闭塞分区的划分依赖于特定列车的性能,对线路上有不同性能的列车时,为保证安全,需按最严格条件设计,影响运行效率也不适应今后列车类型变更。

基于传统多信息音频轨道电路的固定闭塞 ATP 系统属 20 世纪 80 年代技术水平。早期分别用于北京地铁、上海地铁一号线的 ATP、ATO 系统属于此种类型。

基于传统多信息音频轨道电路的固定闭塞 ATP 系统原理,见图 5-7 所示。

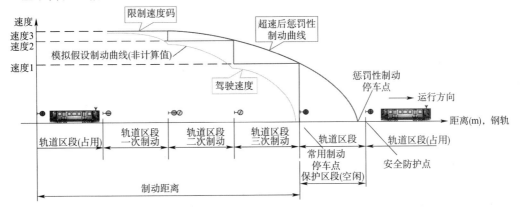

图 5-7 基于多信息音频轨道电路的固定闭塞 ATP 系统列车速度控制原理

2. 基于点式应答器的固定闭塞 ATC 系统

基于点式应答器的固定闭塞 ATP 系统在城市轨道交通中多以移动闭塞的降级模式或者初期运营方式存在,其主要通过与计轴、联锁系统、车载 ATP/ATO 单元共同完成点式 ATP 功能(部分供货商提供的系统还可实现点式 ATO 功能)。点式 ATP 的基本原理如下:

点式 ATP 对列车控制运行仍是基于固定闭塞列车间隔原理。列车的间隔由基于传统进路监督(当允许列车越过信号机进入区间的所有进路条件满足时,给出开放信号显示)的联锁系统来保证。

通过轨旁编码单元(LEU)连接到信号机,用以根据信号机的显示来选择可变数据应答器发送的报文信息。如果信号机为开放,则列车在通过应答器时,信号机对应的可变数据应答器向车载子系统发送一个点式移动授权。

在点式 ATP 列车控制系统,车载子系统通过轨道数据库的信息、接收到的点式移动授权以及自身的定位信息,车载子系统计算、更新列车运行的速度-距离曲线,监督并控制列车运行。

点式 ATP 的安全列车间隔和列车防护依靠联锁进路的固定闭塞以及联锁控制的信号显示。进路通常是两个信号机间的路径。

点式 ATP 的基本功能只有在一直到下一信号机前的整个进路上的区间均为空闲,且其可选的保护区段已经提供的情况下才给出"通过"显示。

基于点式应答器的固定闭塞 ATP 系统原理,见图 5-8 所示。

二、准移动闭塞 ATC 系统

基于报文式轨道电路的准移动闭塞 ATC 系统的基本概念,建立在采用轨道电路检测列车位置的基础上。在准移动闭塞制式中,列车只知道自己在轨道电路中所处的准确位置(通过车载里程仪和轨道区段分割点同步确定),而不知道前行列车在轨道电路中的具体位置。基于轨道电路的速度/距离曲线控制模式 ATP/ATO 系统,采用"跳跃式"连续速度/距离曲线控制模式,"跳跃"方式按列车尾部依次出清各电气绝缘节时跳跃跟随。采用在传统轨道电路上叠加信息报文方法,即把列车占用/空闲检测和ATP信息传输合二为一,它们的追踪间隔和列车控制精度除取决于线路特性、停站时分、车辆参数外,还与ATP/ATO系统及轨道电路的特性密切相关,如轨道电路的最大和最小长度、数量、传输信息量的内容及大小、轨道电路分界点的位置等。基于轨道电路的列车控制系统的追踪间隔一般可达到120s以下。

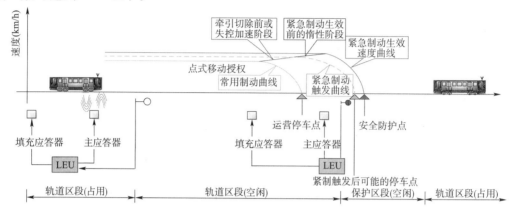

图5-8 基于点式应答器的固定闭塞ATP系统列车速度控制原理

一般采用数字式音频无绝缘轨道电路、音频无绝缘轨道电路兼感应电缆环线,或计轴设备兼感应电缆环线方式作为列车占用检测和ATP信息传输媒介,具有较大的信息传输量和较强的抗干扰能力。通过音频轨道电路的发送设备或感应环线向车载设备提供目标速度、目标距离、线路状态(曲线半径、坡道等数据)等信息,ATP车载设备结合固定的车辆性能数据计算出适合本列车运行的速度/距离曲线,保证列车在速度/距离曲线下有序运行,提高了线路的利用率。采用速度/距离曲线的列控方式,提高了列车运行的平稳性,列车追踪运行的最小安全间隔较固定闭塞短,对提高区间通过能力有利。

准移动闭塞系统在20世纪90年代开始大量采用,如我国广州地铁1号、2号线和深圳地铁一期工程采用的德国SIEMENS公司FTGS轨道电路及LZB-700M列控系统,以及上海、香港等地城市轨道交通采用的美国US&S公司及法国ALSTOM公司的准移动闭塞制式列车控制系统。

准移动闭塞ATP系统原理,见图5-9所示。

三、移动闭塞ATC系统

移动闭塞ATC系统是一种基于通信的列车自动控制系统,列车和地面控制设备之间通过现代通信传输技术,采用各种传输介质[环线、漏缆、波导管、自由空间波(天线)]快速地进行信息传输:列车不断地向地面给出列车位置报告、列车状态信息;地面控制设备不断地根据前行列车的位置和进路状态向列车传递移动授权点信息、限速点位置及限速值、前方信号机状态、线路条件、中央控制命令等信息。列车根据接收到的信息,计算出当前的限制速度和离移动授权点的距离。在正常追踪运行时,后续列车的移动授权点的位置将随着前行列车的移动而不断前移。移动闭塞的列车控制系统的追踪间隔一般可达到80~100s,甚至更小。

该系统不依靠轨道电路,而是采用交叉感应电缆环线、漏缆、裂缝波导管以及自由空间波(天线)等方式实现车地、地车间双向数据传输,列车主动定位并传给轨旁设备,这样轨旁信号设备可以得到控制区内每一列车连续的位置信息和列车运行其他信息,并据此计算出每一列车的运行权限,并动态更新,发送给列车;列车根据接收到的运行权限和自身的运行状态计算出列车运行的速度曲线,车载设备保证列车在该速度曲线下运行,ATO 子系统在 ATP 保护下,控制列车的牵引、巡航及惰行、制动。追踪列车之间应保持一个最小"安全的距离"。这个最小安全距离是指后续列车的指令停车点和前车尾部的确认位置之间的动态距离。这个安全距离允许在一系列最不利情况存在时,仍能保证安全间隔。列车安全间隔距离信息是根据最大允许车速、当前停车点位置、线路等信息计算出的。信息被循环更新,以保证列车不断收到实时信息。因此,在保证安全的前提下,能最大限度地提高区间通过能力。目前,通信的移动闭塞信号系统技术已逐步成熟,在国内轨道交通工程建设中得到广泛应用,已积累了丰富的建设和运营经验。国内地铁已开通移动闭塞 ATC 系统进行运营的城市主要有北京、上海、广州、深圳等。

移动闭塞 ATC 系统原理,见图 5-10 所示。

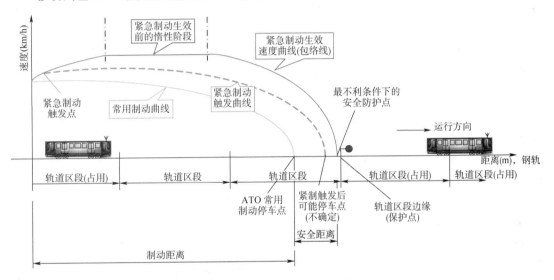

图 5-9 准移动闭塞 ATP 系统列车速度控制原理

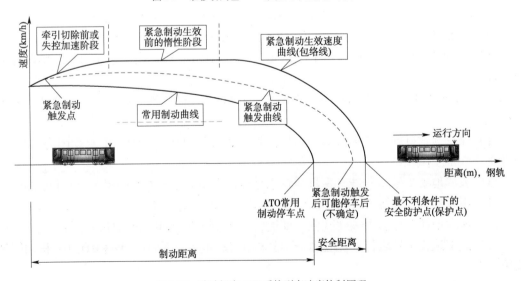

图 5-10 移动闭塞 ATP 系统列车速度控制原理

任务三 基于通信的列车运行控制(CBTC)系统

基于通信的列车自动控制系统即 CBTC 系统,不依靠轨道电路检测列车位置和向车载设备传递信息,而是利用车-地双向通信技术实现列控命令的传送和列车定位及识别。CBTC 系统通过车-地间连续、双向、高速、可靠的数据传输,保证列车定位的高分辨率,提高列车控制命令的更新频率,保证列车运营的安全间隔和提高线路的通过能力,并能实现移动闭塞功能。

一、CBTC 信号系统的发展及应用

近年来国际上几家著名的信号系统制造商,如加拿大的泰雷兹(THALES)公司、德国的西门子公司、法国的阿尔斯通公司、加拿大的庞巴迪公司、美国的安萨尔多公司、日本的日立公司等纷纷把基于通信的移动闭塞系统作为公司研究和开发的重点。移动闭塞制式代表了城市轨道交通领域信号系统的一种发展趋势,很多产品已投入正式运营。世界范围内新建的地铁项目越来越多地采用 CBTC 系统,美国纽约、法国巴黎等发达国家的城市,对其古老的轨道交通网的改造也都采用 CBTC 技术。

国内也有越来越多的轨道交通项目采用移动闭塞系统:

(1)武汉轻轨 1 号线首期工程采用泰雷兹(THALES) SELTRAC MB S40 环线系统,已于 2004 年顺利开通,是国内第一家投入运营的 CBTC-IL 系统。二期工程也于 2010 年 7 月顺利开通。

(2)广州地铁 3 号线同样采用泰雷兹(THALES) CBTC-IL 系统,已于 2007 年上半年开通运行。

(3)广州地铁 4 号、5 号、广佛线采用西门子(SIEMENS) CBTC-RF 移动闭塞系统;4 号线已于 2007 年开通运行,5 号线于 2009 年开通运行。

(4)广州地铁 6 号线采用阿尔斯通(ALSTOM) CBTC-RF 移动闭塞系统。

(5)上海地铁 6 号、7 号、8 号、9 号、11 号线采用泰雷兹(THALES) CBTC-RF 移动闭塞系统。

(6)上海地铁 10 号线采用阿尔斯通(ALSTOM) CBTC-RF 移动闭塞系统。

(7)沈阳地铁 1 号、2 号线采用安萨尔多(ANSALDO) CBTC-RF 移动闭塞系统。

(8)北京地铁 10 号线采用西门子(SIEMENS) CBTC-RF 移动闭塞系统,已于 2008 年开通运行。

(9)北京地铁 4 号线采用泰雷兹(THALES) CBTC-RF 移动闭塞系统,已于 2009 年开通运行。

(10)北京地铁机场线、2 号线改造采用阿尔斯通(ALSTOM) CBTC-RF 移动闭塞系统,已于 2008 年开通运行。

(11)天津地铁 2 号、3 号线和深圳地铁 3 号线均采用庞巴迪 CBTC-RF 移动闭塞系统。

(12)南京地铁 2 号线采用 SIEMENS CBTC-RF 移动闭塞系统。

(13)深圳地铁 2 号、5 号线采用阿尔斯通(ALSTOM)CBTC-RF 移动闭塞系统。

(14)成都地铁 1 号线和西安地铁 1 号线采用安萨尔多(ANSALDO) CBTC-RF 移动闭塞系统。

(15)无锡地铁 1 号线计划采用 CBTC-RF 移动闭塞系统。

二、CBTC 系统的分类与选择

根据 CBTC 移动闭塞信号系统的车-地信息传输方式,可将 CBTC 信号系统分为如下两种:一种是基于交叉感应电缆环线(Inductive Loop)传输方式的 CBTC 系统,即 CBTC-IL 信号系统;另一种是基于无线扩频通信(Radio Frequency)传输方式的 CBTC 系统,即 CBTC-RF 信号系统。

1. 交叉感应环线方式(CBTC-IL)

车-地通信采用交叉感应环线方式,传输特性好,抗干扰能力强。车至地通信 56kHz/600Baud;地至车通信 36kHz/600Baud。感应环线电缆敷设于轨道之间,每 25m 交叉一次。每组感应环线控制距离约为 1000m。车载控制器在经过每个交叉点时检测感应信号相位的变化,并以此来进行其定位计算,定位精度为 6.25m。感应环线电缆的敷设方法较为灵活,可根据道床、牵引轨和列车的情况灵活改变安装方式,但对轨道专业的维护有一定的影响,轨道换轨等维护需要信号专业配合,并且需要对环线交叉点重新精确定位。另外,感应环线数据传输速率较低,但能够满足移动闭塞对数据量的需求。

基于环线的移动闭塞系统主要的代表为 THALES SelTracS40,在世界范围的城市轨道交通和干线铁路领域使用多年,有成熟的运用经验。目前国内应用该技术的武汉轻轨 1 号线、广州地铁 3 号线已投入商业运营。典型的 CBTC-IL 系统通信传输媒介,如图 5-11 所示。

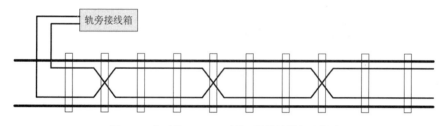

图 5-11 典型的 CBTC-IL 系统通信传输媒介示意图

2. 无线扩频通信方式(CBTC-RF)

无线扩频通信采用开放 2.4GHz 或 5.8GHz 频段传输车地通信。扩频通信具有频谱利用率高,抗干扰性强,误码率低,隐蔽性好,对各种窄带通信系统的干扰很小、能精确地定时和测距等优点。轨旁安装无线发送接收设备和天线,设备较少。

CBTC-RF 信号系统车地通信的传输媒介主要方式有:波导方式,漏缆方式,自由空间传播天线。

(1)裂缝波导管。它采用的是一种长方形铝合金材料,在其表面每隔一段距离(约6cm)刻有一条长 2mm 宽 3cm 裂缝,能够让无线电波从此裂缝中向外漏泄出来,因其波导管物理特性和衰减性能很好,传输距离较远,最大覆盖距离可达到 1600m,且沿线无线场强覆盖均匀,呈现良好的方向性分布,抗干扰能力较强。其具有漏泄同轴电缆的优点,适合于狭长的地下隧道内使用。裂缝波导管传输距离要优于漏泄同轴电缆,减少列车在各个 AP(无线接入点)之间的漫游和切换,大大提高了无线传输的连续性和可靠性。

裂缝波导管的安装要求较高,其与列车车载天线的安装位置要求对应。裂缝波导管可以根据现场条件安装在隧道底部钢轨旁(适用于地下、地面、高架或混合线路均可),或隧道顶部(仅适用于全地下线路,且三轨供电)。

因裂缝波导管的安装位置受到现场条件制约,且必须与车载天线位置对应,因此其安装精度要求较高。裂缝波导管的现场应用,如图 5-12 所示;波导管的安装方式,如图 5-13 所示。

图 5-12 裂缝波导管的现场应用

(2)漏泄同轴电缆。它采用基于 2.4GHz ISM 频段的漏泄同轴电缆,其传输特性和衰减性能较好,传输距离较远,最大传输距离达到 600m,且沿线无线场强覆盖均匀,呈现良好的方向性分布;传输距离不受隧道等建筑物的限制和影响,抗干扰能力较强,适合于狭长的地下隧道内使用。采用漏泄同轴电缆可以减少列车在各个 AP 之间的漫游和切换,提高了无线传输的连续性和可靠性。

漏泄同轴电缆的安装要求不是很高,可以根据现场条件安装在隧道侧墙(仅适用于全地下线路),或隧道顶部(仅适用于全地下线路,且三轨供电),其与列车车载天线的安装位置基本对应。因漏泄同轴电缆的安装位置较高,一般不会影响轨旁设备的维护工作,其自身安装调试完成后维护工作量很小。但漏泄电缆工程造价相对较高。漏泄同轴电缆的现场应用,如图 5-14 所示。

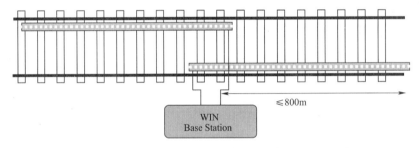

图 5-13 波导管的安装方式

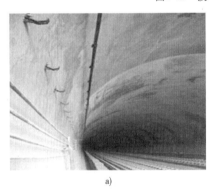
a)

b)

图 5-14 漏缆的现场应用

(3)自由空间传播天线。采用自由空间传播天线技术传输信息,通过 AP 与轨旁无线网络相连接。隧道内约 200m 设置一个 AP(接入点),高架及地面线约 400m 设置一个 AP,见图 5-15 所示。每个车站无线交换机可连接 24 个 AP 点,每个 AP 点采用 2 芯单模(或多模)光纤和 2 芯供电电缆与室内设备连接,根据无线 AP 点的数量可配置多个交换机。采用地面应答器/信标及车载测速设备等确定列车位置。空间波的无线传输方式采用空气自然传播,衰耗相对较大,衰耗不均匀。但是轨旁设备简单,并高度通用模块化,维修工作量小。且轨旁设备安装比较简单,设备采用商业现货,工程投资相对较少,长期运营费用低。设备构成简单,维护工作量小。天线价格便宜。

目前国内在建及新建的全地下线路的地铁项目,多采用此通信方式。已经开通运营的有北京地铁 10 号线 CBTC 系统,广州地铁 4 号、5 号线、广佛线,成都地铁 1 号、2 号线 CBTC 系统等。自由空间波(天线)的现场应用,如图 5-16 所示;无线 AP,如图 5-17 所示。

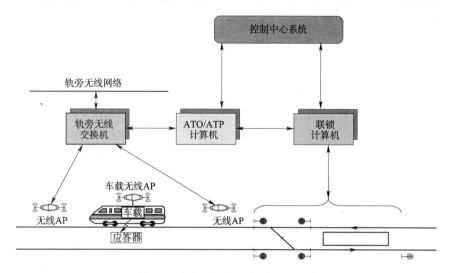

图 5-15　自由空间波(天线)方式原理图

图 5-16　自由空间波(天线)的现场应用

图 5-17　无线 AP

三、CBTC 系统原理

CBTC 系统的特点是列车的定位基于通信而不依赖于轨道电路,即基于通信的列车控制系统,CBTC 系统能够实现移动闭塞的功能。

CBTC 系统的原理是:ATP 地面设备周期性地接收本控制范围内所有列车传来的列车识别号、位置、方向和速度信息。相应地,ATP 地面设备根据接收到的列车信息,确定各列车的移动授权,并向本控制范围内的每列列车周期性地传送移动授权(ATP 防护点)的信息。移动授权由前行列车的位置来确定,移动授权将随着前行列车的移动而逐渐前移。ATP 车载设备根据接收到的移动授权信息以及列车速度、线路参数、司机反应时间等,计算出列车的紧急制动触发曲线和紧急制动曲线,以确保列车不超越现有的移动授权。因此在移动闭塞系统中,ATP 防护点不是在轨道区段的分界点,而是在前行列车车尾后方加上安全距离的位置,它随着列车的移动而移动。后续列车可最大限度地接近前行列车尾部,与之保持一个安全距离。在保证安全的前提下,CBTC 系统能最大限度地提高区间通过能力。移动闭塞列控原理,如图 5-18 所示。

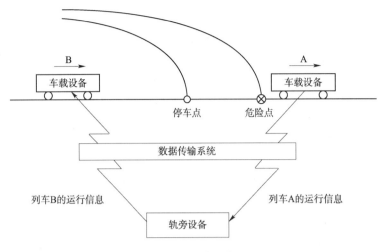

图 5-18 移动闭塞列控原理

四、基于感应环线的 CBTC 系统

1. 移动闭塞系统的基本构成

移动闭塞系统由系统管理中心（SMC）；车辆控制中心（VCC）；车载设备（VOBC）；车站控制器（STC）；感应环线通信系统设备；车场系统设备；车站发车指示器、站台紧急停车按钮、接口等设备组成。如图 5-19 所示，系统管理中心与车辆控制中心进行双向通信，完成对所有列车的自动监控；车辆控制中心与全线的列车进行不间断地双向通信，所有的列车将其所在的精确位置和运行速度，报告给车辆控制中心；车辆控制中心在完全掌握所有列车的精确位置、速度等信息的前提下，告知各列列车运行的目标停车点；列车接收车辆控制中心发来的目标停车点信息，车载计算机根据允许运行的距离、所在区段的线路条件及列车的性能等，不断地计算运行速度，自动地完成速度控制。车辆控制中心还与车站联锁装置通信，完成列车进路的排列。

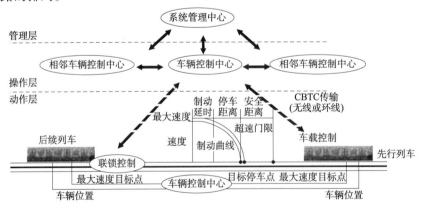

图 5-19 移动闭塞原理示意图

（1）系统管理中心（SMC）的构成。系统管理中心，对系统进行全面的协调管理，完成所有的列车自动监控功能。其设备设于运营控制中心（OCC），系统的软件/硬件都按模块化的原则设计。其主要硬件部分包括：

①系统管理中心工作站。除系统服务器外，还配置调度员工作站、调度长工作站、模拟显示工作站、系统维护工作站、运行图编辑工作站及车场监视工作站。

②运行图调整服务器(SRS)。冗余的运行图调整服务器,通过系统管理中心 I/O 与车辆控制中心相连,以实现运行图调整服务器与车辆控制中心的通信;运行图调整服务器还与 SCADA、时钟、无线等系统接口。

③数据日志服务器,冗余配置,它可以保留两个月以上的运行数据。

④网络通信设施。包括:系统管理中心的双局域网、冗余交换机、与光纤传输通道的冗余接入设施、与培训中心及综合维修基地连接的通信设施等。

⑤车站控制器紧急通路(SCEG)。当车辆控制中心出现故障,不能对系统进行控制时,管理中心通过车站控制紧急通路,直接与车站控制器(STC)进行通信连接,实现对在线列车和轨旁设备的监控。车站控制器紧急通路由紧急通路切换开关设备、协议转换单元(PCU)组成,每台协议转换单元可与两台车站控制器进行通信连接。

⑥系统管理中心 I/O 机架。

⑦投影模拟显示系统。包括:模拟显示控制工作站,及背投模拟显示屏。

系统管理中心还有车场系统管理中心工作站、综合维修基地监测工作站,仿真及培训远程终端设备等。

(2)车辆控制中心(VCC)的构成。它位于运营控制中心,由以下主要部分构成:

①车辆控制中心的中央计算机。中央计算机采取 3 取 2 的配置,它包括三台工业级计算机,以及相关的输入/输出接口;三个中央处理单元通过显示/键盘选择开关,来共享一个显示和键盘;还有通用接口盒、电缆分线盒等。

②车辆控制中心的 I/O 机架。其主要设备有:多路复用输入设备,中央同步设备,电源、定时器、保险丝等。

③车辆控制中心的数据传输架。

④车辆控制中心的调度员终端。

⑤中央紧急停车按钮(CESB)。它与车辆控制中心接口,当调度员按下该按钮,将封锁所有的轨道,而且所有的列车立即停车;当紧急停车按钮中插入钥匙后,才可以解除。

车辆控制中心还设有数据记录计算机、打印机等其他设备。

(3)轨旁设备。它主要有车站控制器(STC)、感应环线通信系统、系统管理中心的车站工作站等设备。

①车站控制器,设于设备集中站,每个车站控制器都有一个道岔安全控制器,其中带冗余的双 CPU 固态联锁控制器,是车站控制器的核心单元。车站控制器通过双共线调制解调链路与车辆控制中心通信,它由调制、解调器机架、接口盘、电源机架、预处理器及其机架等组成。

②感应环线通信系统,位于设备室和轨旁,它由以下设备组成:馈电设备(FID);入口馈电设备(EFID);远端环线盒;感应环线电缆;支架等。感应环线电缆由扭绞铜制线芯和绝缘防护层组成,环线敷设于轨道之间,每 25m 交叉一次。

③系统管理中心的车站工作站,由工业级计算机和接入设备组成,其接入光纤通信环网,实现与系统管理中心的远程通信。它与车站控制器接口,实现车站的本地控制;还与旅客信息向导系统等设备接口。

轨旁设备还包括:站台紧急停车按钮;站台发车指示器;车站现地控制盘;及信号机、转撤机等现场设备。

(4)车载设备。它主要包括:车载控制器(VOBC)及其外围设备。

①车载控制器,由电子单元(EU)、接口继电器单元(IRU)、供电单元等组成。电子单

包括天线滤波器、高频接收器、数据接收器、数据发送器、高频发送器、定位计算机、双 CPU 处理单元、输出/输入端口、发送/接收卡、车辆识别卡、输出继电器、距离测量控制、转速表放大器等。接口继电器单元包括:继电器面板、滤波/防护模块、电子单元与接口继电器单元的互联电缆等。

②车载控制器的外围设备包括天线(每个车载控制器设 2 个接收天线和 2 个发送天线);速度传感器(每个车载控制器设 2 个速度传感器);司机显示盘(TOD),每列车设置 2 套。

③接口。信号系统内部接口包括:与信号监测子系统的接口;与电源子系统的接口;与模拟显示屏的接口;与发车指示器的接口;与中央紧急停车按钮的接口;与信号机、转辙机等继电器控制电路的接口;与车站现地控制盘及站台紧急停车按钮的接口;与车场的接口;人机接口;主系统内部间的接口等。

信号系统外部接口包括:与无线通信系统的接口;与时钟系统的接口;与通信传输系统的接口;与旅客信息系统(包括车上)的接口;与车辆的接口;与车辆管理系统的接口;与电力 SCADA 系统、FAS 系统、BAS 系统等的接口等。

2. 移动闭塞系统的功能

基于感应环线通信的移动闭塞系统,能实现 90s 的最小运行间隔。后续列车与前一列车的安全间隔距离,是根据列车当前的运行速度、制动曲线,以及列车在线路上的位置而动态计算出来的。由于列车位置的定位精度高,因此,后续列车可以在该线路区段,以最大允许速度,安全地接近前一列车最后一次确认的尾部位置,并与之保持安全制动距离,如图 5-20 所示。

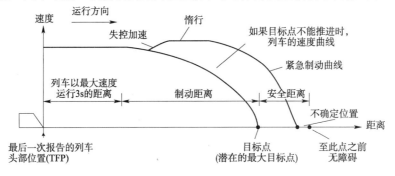

图 5-20 移动闭塞目标点示意图

该"安全距离"是指后续列车的指令停车点(目标点)与前一列车尾部位置之间的一个固定距离,它是以最不利情况发生时,仍能保证安全间隔为前提计算而得。假如列车采用常用制动,列车可以停在目标点,当常用制动失效,实施紧急制动时,除了紧急制动所需时间外,必须增加系统作用时间和牵引停止到紧急制动启动的延时时间。这种情况下列车真正的停车点并不是目标点,而是远于目标点,但必须停在安全距离的范围内。

为了确保列车的安全运行,列车必须连续不断地接收目标点的更新信息,系统设定列车在 3s 内,收不到信息,就判断为通信发生故障,迫使列车紧急停车,保证列车运行安全。目标停车点的周期性前移,主要取决于前一列车向前移动,和其他限制被解除。在车辆控制中心,接收来自列车和现场设备的输入报文,当确认输入报文有效后,才产生相应的指令报文。系统管理中心对整个系统内的列车进路,及运行图/时刻表进行管理,并向负责联锁及道岔控制的车辆控制中心发出排列进路的请求,完成道岔联锁功能。一旦车辆控制中心确认道岔已锁在规定位置,才允许列车通过该道岔。在车辆控制层,车载控制器将确保列车的特定功能(如实施速度限制和车门控制等)的安全控制,均在车辆控制中心限制范围内;车载控制器对来自车辆控制中心的报文,校核其冗余性、一致性、合理性,然后解译,并执行该报文。当然它只对该列车(地址)为报头的报文做出反应,如果报文不是特定选址某一列车,那么车载控制器只从该报文提取环线识别号,以识别从一个环线段至下一个环线段的转换。移动闭塞系统功能框图,见图5-21所示。

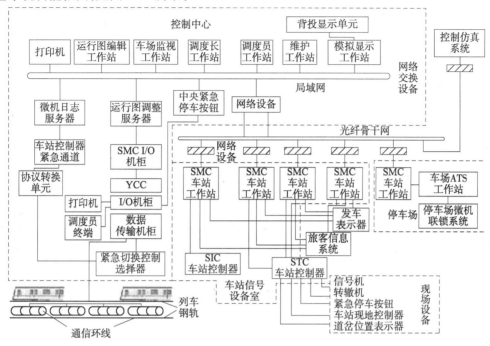

图5-21 移动闭塞系统功能框图

(1)管理层,即系统管理中心(SMC)。它负责列车自动控制系统的全面管理。它起着系统与中心调度员及系统其他用户间接口的作用,它除了监控和显示列车位置、调整列车运行、排列列车进路、实现停站时间控制等功能外,还具备以下功能:调度列车投入运营(增加或减少投入运营的列车);运行图/时刻表管理(包括时刻表的生成、指定和取消);自动调整列车运行(调整列车速度和停站时间);监测列车性能的状况并收集ATO数据;自动跟踪列车;监督列车位置、速度、运行方向;指挥列车操作和排列进路(联锁控制);优化折返作业;列车及线路的报警等。

①系统管理中心的中央工作站。

a.系统维护工作站。所有工作站都由系统维护工作站管理,也即系统维护工作站对网络中的计算机系统进行维护。该工作站主要监视SMC网络性能,进行记录和对整个系统进行诊断和维护。

b.运行图/时刻表编辑工作站。它可以在离线情况下对运行图/时刻表进行编辑;完成的运行图/时刻表文件,通过局域网传送到系统管理中心,也可以进行在线编辑。

c.调度员和调度长工作站。它实时监督在线列车的运行,并可实现列车运行的人工控制。

②系统管理中心的车站工作站。

所有系统管理中心的车站工作站,都接入光纤通信环网,实现与中央系统管理中心的通信。车站工作站,可以实现与控制中心调度员工作站相同的功能,受系统维护工作站管理,由调度员授权,并对其授权管辖区域进行控制和监视。车站工作站,对车站控制器(STC)进行监视和现地控制。它可以实现以下本地控制功能。

　　a. 系统在正常情况下,根据控制中心的授权,车站工作站可以对本站进行控制;控制命令通过光纤骨干网首先传回系统管理中心,然后经过车辆控制中心返回本站车站控制器,执行相关命令。

　　b. 当系统管理中心正常,车辆控制中心全面故障的情况下,车站工作站,仍将控制命令首先传回系统管理中心;在中心切换车站控制器紧急通路(SCEG),通过车站控制器紧急通路传递至本站车站控制器,以实施有关控制。

　　c. 在特殊情况下,由中央授权,车站值班员进行转换操作,车站工作站可以直接与本地车站控制器通信,这时车站工作站可作为现地控制盘使用。

　　d. 当系统管理中心、车辆控制中心全面故障时,车站工作站,实现对车站控制器及室外设备等车站设备的控制。

　　e. 车站工作站通过光纤通信网,向系统管理中心传输所管辖范围内的表示信息。

　　f. 车站工作站,还可作为旅客向导系统的接口。

　　③运行图/时刻表调整服务器(SRS)。

　　运行图/时刻表调整服务器的主要功能,是为系统管理中心提供运行图/时刻表调整,以及自动排列进路。时刻表调整服务器还可以提供列车运行预测引擎,也即可以预测当前时间之后的一个时间段内,列车运行情况,以便为旅客向导系统提供准确的信息。

　　当系统管理中心的时刻表调整服务器与车辆控制中心的主连接发生故障(包括时刻表调整服务器故障)时,自动切换开关,将通信连接切换到备用的时刻表调整服务器计算机。

　　该服务器还完成与其他系统(SCADA、时钟、无线、消防等)进行接口的功能,并实现与车站工作站的通信。

　　④局域网。

　　网络交换机是冗余的,所以单台网络交换机的故障不会造成通信的丢失。网络交换机为系统管理中心工作站、服务器、打印机等提供局域网连接。

　　系统管理中心调制解调器连接到车辆控制中心的数据传输架的调制解调器,对来自在线时刻表调整服务器的串行请求报文进行调制;对来自车辆控制中心的响应报文信息进行解调,转换成串行数据格式后,提供给通信处理器使用。

　　⑤加强型的车站控制器紧急通路(SCEG)。

　　当车辆控制中心发生严重故障时,调度员可以避开车辆控制中心,从控制中心对道岔进行人工控制,通过系统管理中心直接与车站控制器通信。

　　车站控制器紧急通路由转换盒和调制解调器等单元组成。转换盒位于运行控制中心的两台协议转换单元(PCU)之间,每台协议转换单元与车站控制器进行通信。协议转换单元与系统管理中心的数据记录服务器有一个串行连接。这些组件使中央调度员可以转移车辆控制中心对道岔的控制,并通过在系统管理中心输入命令直接与车站控制器通信。

　　在运行控制中心,激活车站控制器紧急通路开关,从物理上断开了车辆控制中心与车站控制器的通信连接,并将系统管理中心与车站控制器连接起来。来自车站控制器的信息从车辆控制中心改变路线到协议转换单元。协议转换单元对信息进行解码,解码后的信息传送到数据记录服务器,并转发至时刻表调整服务器进行处理。

　　中央调度员,可以在系统管理中心输入道岔转动的请求。请求被送到协议转换单元,协议转换单元发送请求至车站控制器,车站控制器确保道岔安全转换。

（2）运营层，即车辆控制中心（VCC）。它提供列车自动防护（ATP）功能。具体而言：

①车辆控制中心子系统，完成集中联锁功能和排列进路功能，也即车辆控制中心接收调度员的指令并按照联锁条件排列进路。

②保证列车的自动运行安全间隔和控制列车自动运行。车辆控制中心保证整个系统中列车的安全间隔。车辆控制中心以"前一列车尾部"最后一次确认的位置为基础，考虑到道岔故障、区段封锁等影响安全制动的因素，向后续列车传送与先行列车之间的最小的安全间隔距离信息，也即后续列车运行的目标点。所以列车自动运行而无须司机或调度员干预，是通过列车跟踪和移动授权这两个功能实现。车辆控制中心通过连续地轮询各个车载控制器，实时地得到列车位置信息来跟踪所有列车；移动授权是通过车辆控制中心连续地向车载控制器发送下一个安全停车位置（目标点）信息来实现的。

对列车的控制，由车辆控制中心与车载控制器的通信完成，车辆控制中心可以发出实施牵引或制动，设置速度限制和制动率、停车站以及开、关车门等命令。车辆控制中心根据最后一次报告的列车车速和位置、行驶方向、前一列车最后一次被证实的位置、限速、停站和地面设备状态等实时信息，生成一个包含有目标点，最大允许速度和其他指令的报文。

③车辆控制中心还负责对中央紧急停车按钮、车站站台紧急停车按钮、车站现地控制盘的状态进行监督，并做出反应。这些设备的状态信息，由车站控制器向车辆控制中心提供。

（3）动作层。它具有车载控制器（VOBC）、感应环线和加强型车站控制器（STC）等的功能。

①车载控制器。

a. 确保列车安全运行。车载控制器负责完成车载 ATP/ATO 功能。车载控制器不断地与车辆控制中心进行通信，在 ATP 保护下进行牵引、制动及车门控制。对超速、目标点冒进及车门状态进行安全监督，以确保列车在允许的包络线内运行；当无法继续安全运行时，自动实施紧急制动。

车载控制器，负责列车在车辆控制中心控制区域的自动运行，每列车装有主/备两套车载控制器，每端一套；车辆控制中心命令其中一套激活工作，另一套处于备用模式。备用车载控制器，监督工作中的车载控制器单元是否正常工作，如果出现故障或车辆控制中心命令切换时，立即接管工作，激活的车载控制器负责车载 ATP/ATO 的功能。正常情况下，激活工作的 ATP/ATO，与列车前部司机显示单元通信；当车载控制器故障时，备用车载控制器激活，并与列车前部显示单元通信。

b. 车载控制器确保列车的定位精度。车载控制器的定位，以敷设于轨道间的感应环线上的信息，和安装于车辆轮轴的速度传感器的信息为基础，每段感应环线都有对应的环线编号，也即车载控制器通过感应环线编号，及计算从每个环线起点开始的环线交叉点，给线路上的列车初步定位；更进一步的精确定位，要通过速度传感器，来测量列车从上一个交叉点起所走行的距离来实现。车载控制器传送到车辆控制中心的列车位置分辨率为 6.25m，它是根据感应环线 25m 交叉一次，以 25m 除以 4，作为车载控制器向车辆控制中心传送列车所在位置的数据。车载控制器与安装在列车底部的加速计、速度传感器、天线等配合能识别和处理列车车辆的打滑、空转，并进行车轮轮径的补偿。

c. 解码与编码。车载控制器对发自车辆控制中心的命令进行解码，并控制列车不超出车辆控制中心指令的速度和距离界限；同时向车辆控制中心传送列车位置、速度、行驶方向及车载控制器状态等数据。车载控制器的校核冗余微处理器，通过冗余性、合理性和一致性校核，测试来自车辆控制中心的报文;然后进行解码,车载控制器只对发给自己的报文做出反应。

②感应环线通信系统。

感应环线数据通信是车辆控制中心和车载控制器之间交换信息的手段。为了进行准确和可靠的数据通信,它与传输数据所伴随的冗余位,保证了被干扰的数据不被接受,也即通过在所有包含安全信息的数据信息中,使用循环冗余校验(CRC)来实现的。另外传输的数据被周期性更新。

交叉感应环线还与车载控制信息之间进行双向数据通信。车辆控制中心呼叫区域内的每一列车,并从每一个车载控制器得到信息,通过"通信安全性测量"来保障车-地通信的可靠性和安全性。

a. 车-地通信频率。车到地的通信使用的频率为56kHz;地到车的通信使用的频率为36kHz。

b. 车辆控制中心到车载控制器命令报文。报头:用于确定报文的开始部分;冗余:CRC码,提供信息质量/完整性的检查。

信息内容包括:车载控制器所在环路编号;列车运行目标点;运行方向(上行/下行);车门控制(开/关,左/右);最大速度;车载控制器编号;车载控制器命令启动/备用;用于慢行区的目标速度;使用非安全码向车载控制器传递特殊数据;制动曲线;停车;列车编号;车载旅客广播信息号;下一个目的地(车站或轨道区段);紧急制动控制;当前位置的平均坡度;来自系统管理中心的特殊ATC机车显示信息等。

c. 车载控制器到车辆控制中心的状态报文。报头:用于确定报文的开始部分;冗余码,CRC提供信息质量/完整性的描述。

信息内容包括:车载控制器编码;列车操作模式;紧急制动状态;列车门状态(开/关);列车完整性状态;车载控制器启动/备用;车载控制器所在地实际环路的编号;运行方向(上行/下行);列车所在环路的位置;实际速度;故障报告(如自动门切换位置、ATP倒车状态、无人驾驶状态)等。

③加强型车站控制器。

车站控制器的控制功能由来自车辆控制中心的指令报文启动,车站控制器采集所有轨旁设备的状态信息,并报告给车辆控制中心。

a. 正常运营情况下,所有联锁功能都由车辆控制中心完成。车站控制器可在现地操纵模式下,完成道岔转动。也即在中央授权下,将车站控制器所在地的车站工作站,与车站控制器相连,选择现地操纵模式。而当车辆控制中心与系统管理中心故障时,车站控制器自动转为现地操纵模式。当车站控制器处于现地操纵模式时,车站工作站就可以向车站控制器发送指令,并接收车站控制器的状态信息。

b. 一旦车站控制器处于现地操纵模式时,道岔的操纵只能由车站工作站转换,而不是由车辆控制中心操纵。处于现地操纵模式下的道岔,不允许自动运行模式的列车和ATP防护人工模式的列车通过,只有限制人工模式及非限制模式的列车通过。

c. 带冗余的双CPU的固态联锁控制器(INTERSIG)是车站控制器的主要单元。车站控制器通过双共线调制解调器链路与车辆控制中心通信。车站控制器为车辆控制中心提供联锁逻辑信息;而车辆控制中心将联锁逻辑命令发送给车站控制器,车站控制器执行车辆控制中心的命令,对相应的轨旁设备进行控制。

所以车站控制器所提供的功能可以归纳为:道岔控制和表示采集;监督并报告,中央紧急停车按钮、车站现地控制盘上紧急停车按钮及站台紧急停车按钮的状态;信号机的点灯和灯丝报警;与车辆控制中心通信;与车站工作站通信等。

任务四 信号系统的后备运营

一、后备运营信号系统的定义及必要性

早期轨道交通 ATC 系统以传统的轨道电路作为列车占用检测和向列车发送 ATP 信息。当时的 ATC 系统以轨道电路检测列车的占用,并增加轨旁信号机的条件下,可降级为联锁级功能,满足某些 ATC 设备故障情况下的运营要求。

当轨道交通 ATC 系统发展到 CBTC 时代后,由于 CBTC 系统检测列车的占用不再依赖于轨道电路,一旦车地通信设备故障,CBTC 系统便无法检测列车的位置。因此,如何保证失去车地通信列车的运行安全和继续维持正常运营的问题就暴露出来。为保证故障情况下的列车运行安全和不中断线路的正常运营,国内的轨道交通运营单位就提出了 CBTC 系统必须考虑后备运营信号系统的问题。

所以,后备运营信号系统是当 CBTC 系统故障时能够在保证列车安全的前提下,提供较低运营级别的降级运行信号设备,并达到一定的运营能力,维持或不中断轨道交通的正常运营。

根据不同类型 CBTC 系统的结构和工作原理,CBTC 系统的后备运营信号系统包括降级运营信号设备和完全后备的信号设备。

因此,后备运营信号系统就是 CBTC 系统功能故障后降级使用的信号系统。

CBTC 系统是随着通信技术的发展逐渐发展起来的,目前除了采用基于交叉感应电缆环线技术的 CBTC 系统较成熟外,基于无线局域网传输车地信息的 CBTC 系统都在进一步的稳定和完善中。在轨道交通投入商业运营时,大都采用后备系统过渡开通,即便是基于交叉感应电缆环线的 CBTC 系统,在运营过程中也存在车载设备的故障。为保证轨道交通不中断正常的运营,在我国轨道交通大运量和主体城市轨道交通的现实中,我国城市轨道交通信号系统的建设应采用后备运营信号系统。

二、后备运营信号系统的等级

1. 联锁级后备运营信号系统

CBTC 系统的后备运营信号系统都是基于其联锁系统功能完好来实现的,列车运行在联锁级时必须保证列车运行进路的安全。基于联锁级的降级运营方式既适用于地面设备故障情况,又能适用于车载设备故障或未装备车载设备的列车情况下的行车控制。在没有车载设备工作的情况下,司机采用人工驾驶方式按照轨旁信号机的显示和线路限速信息行车。

联锁降级系统以联锁设备保证进路安全,以进路闭塞的方式保证列车行车间隔。系统工作于联锁降级系统时,每条进路中仅允许存在一列列车,进路采用信号机至信号机的办理方式,联锁设备需要检查进路内的所有区段空闲、道岔位置及锁闭、敌对信号机的状态、终端信号机的红灯灯丝状态等,另外,还需要检查终端信号机内方的保护区段的空闲及锁闭状态,才能开放进路始端信号机。

在联锁列车控制等级,司机以限制人工驾驶模式或非限制人工驾驶模式,以地面信号指

示驾驶列车运行并保证行车安全。

联锁降级系统由 ATS 子系统进行轨旁设备的监控,仅具备个别的自动功能;由于联锁降级系统不具备车地通信功能,因此 ATS 只能依靠轨旁设备对列车进行监控。

由于信号机显示距离、保护区段设置等原因,联锁级控制仅能保障限速人工驾驶模式(25km/h 及以下)状态下的安全。如果要在联锁级别下实现高速运行,必须在进路开放基础上根据调度命令行车,并且只能按站间电话闭塞行车。

联锁级控制能实现非通信列车(CBTC 列车)和通信列车(CBTC 列车)混合运营,及局部信号系统设备故障后的后备运行。联锁级后备运营信号系统,如图 5-22 所示。

图 5-22 联锁级后备运营信号系统

2. 点式 ATP 级后备运营信号系统

点式降级运营方式适用于地面设备故障情况下的行车控制,其利用轨旁与信号机发生联系的可变数据应答器定点向列车发送前方进路状态信息,可以让列车根据自身存储的线路数据信息控制列车在 ATP 防护方式行车。目前国内大部分降级运营模式均采用此种方式。

点式应答器包括有源应答器和无源应答器两种。有源应答器也称为可变数据应答器,向列车传输移动授权信息;无源应答器也称为固定数据应答器,供列车定位和向列车传输固定的线路数据信息。在轨道交通信号系统的应用,采用符合欧标的 EUROBALISE 系列应答器和符合美标的 TAG 系列应答器。

点式降级系统在进路始端信号机外方设置可变数据应答器设备,应答器将相关进路的联锁信息发送给列车。列车通过可变数据应答器时,获取前方相关进路联锁信息和可变数据应答器所对应的信号机防护的进路的相关移动授权信息,指导司机按点式 ATP 防护曲线驾驶列车运行。

点式降级系统以联锁设备保证进路安全,以进路闭塞的方式保证列车行车间隔。系统工作于点式降级系统时,每条进路中仅允许存在一列列车,进路采用信号机至顺向信号机的办理方式,联锁设备需要检查进路内的所有区段空闲、道岔位置及锁闭、敌对信号机的状态、终端信号机的红灯灯丝状态等。另外,还需要检查终端信号机内方的保护区段的空闲及锁闭状态,才能开放进路始端信号机。

点式 ATP 系统由 ATS 子系统进行轨旁设备的监控,并具备一定的自动功能;由于点式 ATP 控制级别下不具备车地无线通信功能,ATS 和车载设备无法通信,因此 ATS 只能依靠轨旁设备对列车进行监控。另外,联锁子系统也可对联锁设备进行监控。点式后备系统列车控制原理,如图 5-23 所示。

在点式 ATP 模式下,在不依赖于车站 ATP 设备的条件下,车载 ATP 可实现如下功能:

(1)点式列车超速防护功能。
(2)列车车门监控功能及列车车门和屏蔽门的联动控制功能。
(3)闯红灯防护功能。
(4)列车完整性监督功能。
(5)运行方向和退行监督功能。

(6)列车非预期移动防护功能。

(7)人工和自动轮径校准功能,轮径补偿范围770~840mm。

(8)临时限速功能。

(9)在所有具备折返条件的地点,列车折返后,如为正方向运行,则应具备立即建立点式ATP驾驶模式条件。

(10)日月检发车测试功能。

(11)TOD界面的完整显示功能。

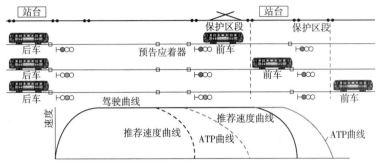

图 5-23 点式后备系统列车控制原理

3. 点式 ATO 级后备运营信号系统

在点式 ATP 级后备运营设备的基础上,利用车载 ATO 的功能以及部分车地通信设备,实现列车在区间的自动运行和车站的自动定点停车。

车载 ATO 设备根据点式 ATP 设备提供的移动授权和线路数据,计算列车的区间运行曲线和车站停车曲线,并控制车门及屏蔽门的开闭。

点式 ATO 功能的实现要求站台区的车地双向数据通信,点式 ATO 的功能在有屏蔽门的线路上作为过渡开通的信号系统设备很有必要。

列车运行在点式 ATO 模式下,司机根据地面信号机的显示确认起动列车,列车在区间自动运行和实现车站自动停车,并实现列车车门及屏蔽门的控制功能。点式 ATO 级后备运营信号系统,如图 5-24 所示。

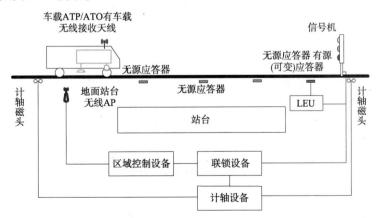

图 5-24 点式 ATO 级后备运营信号系统

三、后备运营信号系统的应用

使用后备级信号系统运营的状态主要有以下几种:

(1)当地铁线路建设开通初期,信号系统不具备完整的 CBTC 开通条件时,后备模式作为临时过渡期间列车运行模式。这种情况下,全国范围内具有一定的实例,例如:杭州地铁、沈阳地铁、成都地铁等以浙大网新为代表的 USSI 信号系统较多。此种场景下,可应用点式 ATP 级后备运营模式。但随着承包商的经验和技术水平的提高,地铁建设工期的趋于合理化,这种情况将逐步减少。

(2)当出现未配备车载设备的列车(如工程车或不兼容本线信号系统的列车),车站值班员需直观确认其对区段的占用出清这种情况,为提高作业效率可使用后备信号系统。这种运营情景主要是工程车每天上线作业,通过联络线进入本线进行厂、架修的其他线路所属列车。随着各地线网的不断扩充,这种实际运营情况将越来越多。在此状态下,仅能采用联锁级后备。

(3)当正线的轨旁设备故障(如轨旁 ATP 主机、轨旁通信网络或轨旁接入点 AP 故障)而联锁完好时,要求运行状态能够导向安全,支持具有一定运营效率的系统运行,这种情况可采用后备。尽管大量项目运营经验虽证明 ATP 设备双系统故障出现概率极低,且无线网络自身冗余配置,重叠覆盖,可靠性极高,但随着各领域无线设备的应用越来越广泛,特别是个人手持移动终端的普及,无线使用环境日益复杂,场景车地无线通信被干扰的可能性始终存在,在此场景下可应用点式 ATP 级后备模式。

(4)当出现车载设备故障时,方便调度员进行列车追踪定位,以便使故障列车尽快撤离,恢复系统正常运营,这种状况下也可使用后备级信号系统。车载设备故障是目前 CBTC 系统最常出现的故障之一,此场景下只可选择联锁级后备。

对于点式 ATO 级后备的应用,在实际运营应用情况如下:

(1)点式 ATO 级是降级及后备运营的最完整级系统,点式 ATO 级后备系统功能的实现至少应具备车站范围及接近车站区域的车地双向通信设备,车载 ATO 的功能是完整的。点式 ATO 降级及后备运营信号系统的产生是由于 CBTC 的成熟性不够,在不能按工期开通而又必须解决精确停车和屏蔽门接口的要求下产生的。与其说点式 ATO 系统是 CBTC 的降级后备运营信号系统,倒不如说点式 ATO 系统是 CBTC 的过渡信号系统或分步开通的信号系统。实质上,点式 ATO 子系统是 CBTC 分步开通的一个解决方案。

(2)点式 ATO 级后备运营信号系统车载 ATO 的功能是 CBTC 完整的功能。地面必须有车站区域的车地双向通信,如果利用 CBTC 的车地通信设备,当 CBTC 的 DCS 功能不稳定时,照样影响到点式 ATO 系统功能的实现;要是 DCS 系统的运行可靠,利用点式 ATO 过渡开通的必要性也就不大。如果为了实现点式 ATO 的功能再在车站区域增加其他类型的车地双向通信系统,那就增加了系统的硬件和车载设备的软件,使整个 CBTC 系统复杂化。目前,仅北京地铁 8 号线采用点式 ATO 级后备信号系统。

任务五　信号系统的控制模式

一、ATC 系统控制模式

1. 控制中心调度指挥方式

正常情况下列车的运行处于中央自动监控状态,联锁设备根据 ATS 指令自动设置进路,列车在 ATP 的安全保护下,按照 ATS 指令由 ATO 实现列车的自动驾驶(ATO)模式功能,满足规定的行车、折返间隔及列车出、入段等作业要求并实现列车运行的自动调整。调度员和司机仅监督列车及设备的运转,当运行秩序被打乱而不能自动处理或其他特殊情况时,可进行人工介入。

(1) ATS 自动监控模式。在每天开始运营前,根据需要调用相应的基本运行图,经检查确认、必要时进行局部修改后,作为当天的计划运行图,自动控制列车运行。

在 ATS 自动监控模式下,中央 ATS 设备主要完成以下工作:

① 根据列车运行图、列车位置自动生成进路控制命令,传送给联锁设备,设置列车进路。

② 自动完成正线区段的列车车次号的自动追踪。

③ 对运行列车进行调整包括:

a. 对单个或多个列车的区间走行时分进行调整;

b. 对车站的列车出发及停站时分进行控制。

④ 完成对列车基本运行图或时刻表的编制及管理。

(2) 调度员人工介入模式。调度员可通过工作站发出有关非安全相关命令,对全线的列车运行进行人工干预。

① 调度员人工调整列车运行。在 ATP/ATO 设备(地面及车载设备)及联锁设备无故障状态下,列车的实际运行与实施的计划运行图之间发生严重偏差,调度员在行车调度工作站上给出有关命令对列车运行进行人工调整。调度员人工介入的列车运行调整包括:

a. 改变列车在区间的走行时分;

b. 对有关列车实施"扣车/中止站停"或"跳停";

c. 等间隔调整;

d. 对计划运行图进行在线修改。

② 人工进路控制。调度员根据需要,在工作站上对车站计算机联锁发送进路控制命令,设置列车进路。

③ 人工设定列车车次号。当列车向中央 ATS 发送的车次号与中央 ATS 计算机中的车次号不一致时,将产生报警信号;调度人员通过调度工作站可对该列车的车次号进行重新设定、修改、删除等。

(3) 列车出、入车辆段的调度模式。中央 ATS 系统通过数据传输子系统(DCS),与车辆段的派班终端和信号设备室的现地工作站连接;车辆段调度员根据控制中心行车调度员提供的列车计划运行图编制车辆计划,并传送到中央 ATS 系统;车辆段调度员根据车辆计划及采用的列车计划运行图设置出库列车进路或进库列车进路,完成列车出入车辆段及进库停车作业。

① 列车出车辆段。

列车在预定离开车辆段前,通过车载设备的自检和自诊断功能确认设备工作正常后方可驶离停车库。

对于出段列车,司机在停车库内上车后首先输入司机号,驶入转换轨,自动将车组号和司机号传送到中央 ATS 系统;中央经与计划运行图和当天的派车计划进行比较,赋予相应的服务号,经调度员确认后将服务号传送至列车,此列车便进入 ATC 监控区,并自动或人工转换为无人驾驶模式、ATO 驾驶模式或 ATP 监督下的人工驾驶模式后,进入正线运行。根据计划运行图,列车也可在折返线、存车线按上述方式登记进入 ATC 监控区。

② 列车入车辆段。

列车入车辆段前,ATC 系统向司机和停车场值班员发出列车回库信息。

列车可以任意一种驾驶模式从正线进入车辆段转换轨,办理出线"销号"手续;然后切换成限速人工驾驶模式驶入车辆段。

2. 车站现地控制方式

车站联锁设备与ATS系统结合,实现车站和中央两级控制的转换。在中央ATS系统故障或经车站值班员申请,中央行车调度人员授权后,车站ATS、联锁系统可改由车站现地控制。

如果中央ATS正常,在需要情况下车站值班员可强行取得控制权操纵联锁设备;此时列车在区间的运行时分和停站时分将根据预先储存的运营时刻表进行。在现地控制方式下OCC行车调度人员应通过无线电通信系统与列车司机保持联系,并通过调度电话与集中站值班员通信以了解列车运营情况及设备状况。

(1)车站自动控制方式:

①ATS正常情况下的自动控制模式。在该控制模式下,值班员可在车站的现地工作站上将部分或全部信号机置于自动状态;车站联锁和ATS设备可根据运行图自动排列进路,而其他联锁操作则由值班员人工操作。

②ATS故障情况下的自动控制模式。根据采用不同的信号制式,将考虑仅在中央ATS故障情况下,利用车站的ATS设备和接收到的列车目的地号自动排列进路的功能。

(2)车站联锁人工控制方式。在车站现地控制方式下,车站值班员可以直接对其控制区域内的联锁设备进行控制。车站值班员在车站现地工作站上选用人工进路模式,通过鼠标、键盘等设备进行进路设置,并可对联锁控制范围内的信号机、道岔和轨道区段作特殊的设置或操纵。

在联锁人工控制的模式下,车站值班员可对常用的正向进路设定为自动追踪状态,当列车进入防护该进路的信号机所定义的接近区段时,将会自动排出一条固定的列车进路。

(3)其他的现地控制方式。在特殊要求或紧急情况条件下,车站值班员还可对车控室的紧急后备盘及紧急停车按钮进行操纵。

①紧急后备盘的操纵。设于车站控制室的紧急后备盘有关信号按钮是为车站值班员设置,用于调整在线列车运行的装置。在车站值班员认为必要的情况下,可通过按压紧急后备盘上的有关按钮,对停于本车站对应股道上的列车实施"扣车"、"中止扣车"操作;同时在该盘上还可进行"紧急停车/紧急停车恢复"的操作。

②紧急停车按钮的操纵。车站的每侧站台设有两个紧急停车按钮,在车站股道上发生突发事件情况下,为保护乘客及设备的安全,可使列车紧急停车。

按压紧急停车按钮后,信号设备将对进、出站列车实施紧急制动,因此使用时必须慎重和负责,非紧急情况下不得随意按压。在故障已排除,允许解除列车紧急制动时,车站值班员可操作紧急后备盘上的紧急停车恢复按钮恢复列车正常通行。

③对信号元素的封锁及轨道区段临时限速的设置。在车站的现地工作站上,可对信号机、道岔、轨道区段等信号控制元素实施封锁及相应的轨道区段进行临时限速的设置,以阻止列车通过该元素及设置的临时限速的速度通过该区段。

3. 车辆段列车控制方式

车辆段内的列车,调车进路全部由车辆段现地控制。车辆段计算机联锁设备除满足基本联锁功能外,还应能进行特殊性质的作业,包括:信号元素的封锁、解锁、单独操纵、引导进路等,以及具有与试车线等的接口操作。

二、控制模式间的转换

1. 转换至车站操作

只有当控制中心 ATS 已经发出相应的命令,才能转换到车站操作模式。因此,所有转换操作只能由车站操作员才能有效实施。当转换模式时,不用考虑特别检查联锁条件,自动运行功能不受影响。即使转换至车站操作,联锁显示还应该传输至控制中心 ATS,仅由车站操作站的打印机执行对显示和命令的记录。

2. 强制转换至车站操作

在没有收到控制中心 ATS 发出的命令时,也可以转换至车站操作。通过一个已经登记的转换操作可以转换至车站操作,并且联锁系统的所有转换操作仅能由车站操作员来执行。

3. 转换至控制中心 ATS 操作

只有当车站操作已经发出释放的命令,才能转换到控制中心 ATS 操作,然后由控制中心 ATS 确认。因此,所有转换操作只有由控制中心操作员才能有效实施。在这种情况下,只有正常的转换操作才能被接受。随着转换至控制中心 ATS 操作,控制中心 ATS 可以执行所有允许的操作。但是,当车站操作故障时,在没有车站操作的释放命令的情况下,也可以转换至控制中心 ATS 操作。

三、列车运行控制模式(相关教学资源见二维码25)

二维码 25

1. 列车驾驶模式

列车运行模式为无人驾驶模式、ATO 模式、ATP 监督下的人工驾驶模式、限制人工驾驶模式、非限制人工驾驶模式、自动折返模式。

无人驾驶模式、ATO 模式、ATP 监督下的人工驾驶模式为正常驾驶模式;限制人工驾驶模式、非限制人工驾驶模式为非正常驾驶模式(车辆段除外)。

(1)无人驾驶模式。它是 ATP 监控下的列车全自动运行模式。在该模式下,ATP 子系统保证列车的运行安全,ATO 子系统实现列车在区间和车站的自动发车、自动运行、自动停车、自动折返、自动开/关门等功能,无须司机做任何操作。

(2)ATO 模式(ATO mode)。它是 ATP 监控下的列车自动运行模式。在该模式下,ATP 子系统保证列车的运行安全;ATO 子系统实现列车在区间的自动运行、自动停车、自动开/关门等功能。

(3)ATP 监督下的人工驾驶模式 SM(ATP mode)。它是 ATP 监控下的人工驾驶运行模式。在该模式下,ATP 子系统确定列车运行的最大允许速度,司机驾驶列车在 ATP 保护的速度曲线下运行,ATP 子系统实现列车自动防护的全部功能。站台停车以及车门及屏蔽门的开关均由司机人工控制。

(4)限制人工驾驶模式 RM(restrict mode)。在 RM 驾驶模式下,车载 ATP 限制列车在某一固定的低速(如 25km/h)之下运行,司机根据调度命令和地面信号显示驾驶列车;列车运行超过该固定的速度时,车载 ATP 设备对列车实施紧急制动,强迫列车停车。列车运行的安全由联锁设备、ATP 车载设备、调度人员、司机共同保证。

(5)非限制人工驾驶模式 URM(UN-RM)。它是完全人工驾驶模式,车载设备处于切除状态而不监控列车的运行,司机根据调度命令和地面信号的显示驾驶列车。列车运行的安全由联锁设备、调度人员、司机共同保证。

2. 列车折返模式

列车折返方式为 ATO 无人折返模式、ATO 有人折返模式、ATP 监督下的人工折返模式。为减少折返作业时间，提高折返能力，同时考虑达到操作的稳定性、一致性，列车折返常用模式采用 ATO 无人折返模式。

3. 列车驾驶模式转换

以上几种基本列车运行驾驶模式，在满足一定条件后可以相互转换。

（1）列车驾驶模式转换的规定：

①ATC 系统控制区域与非 ATC 系统控制区域的分界处，应设驾驶模式转换区（或称转换轨），转换区的信号设备应与正线信号设备一致。

②ATC 系统宜具有防止列车在驾驶模式转换区域末将驾驶模式转换至列车自动运行驾驶模式或列车自动防护驾驶模式，而错误进入 ATC 系统控制区域的能力。

③驾驶模式转换可采用人工方式或自动方式，并应予以记录。当采用人工方式时，其转换区域的长度宜大于一列车的长度。当采用自动方式时，应根据 ATC 系统的性能特点确定转换区域的设置方式。

④为保证行车安全，在 ATC 控制区域内使用限制模式或非限制模式时，应有破铅封、记录或特殊控制指令授权等技术措施。

（2）各种驾驶模式间的转换。驾驶模式间的转换符合安全、高效、操作简单的原则，确保驾驶模式转换时列车运行的安全。在 ATC 控制区内转换为限制人工驾驶模式的过程中车载信号设备具有相应的安全保证措施。

各驾驶模式之间可采用人工转换，在某种情况下也可自动转换。驾驶模式的转换，如表 5-1 所示。

驾驶模式转换表　　　　　　　　　　　　　　　　　　　表 5-1

原驾驶模式	转换后驾驶模式			
	ATO 自动驾驶模式	ATP 监督下的人工驾驶模式	限制人工驾驶模式	非限制人工驾驶模式
ATO 自动驾驶模式		无论列车处于运行或停车状态，司机都可使列车立刻处于该模式	正线需停车后人工转换；在出入段/场线转换轨，当速度低于 25km/h 时可不停车转换	司机确认列车停车后，使用 ATC 切除开关切除 ATC
ATP 监督下的人工驾驶模式	列车处于运行（满足一定条件下）或停车状态，司机均可使列车处于该模式		正线需停车后人工转换；在出入段/场线转换轨，当速度低于 25km/h 时可不停车转换	司机确认列车停车后，使用 ATC 切除开关切除 ATC
限制人工驾驶模式		列车获得定位并接收到正确的移动授权后，自动转换为该模式		司机确认列车停车后，使用 ATC 切除开关切除 ATC
非限制人工驾驶模式			车载 ATP 设备可用时，列车停车后，司机将 ATC 切除开关恢复至 ATC 正常位	

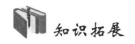

RFID 在列车运行控制系统中的应用

射频识别(RFID)技术,又称电子标签,通过无线信号感应方式识别铁定目标,并读写相关数据。识别器和被识别目标之间没有特定物理接触或光学接触。因此可以方便实现对各类物体,尤其是在移动状态下的自动识别和管理。从频率波段而言,RFID 技术在低频段、中频段和高频段均有不同应用方式和技术特点。

1. 列车运行控制的基本原理

列车运行控制系统是一种基于控制技术、通信技术、计算机技术及铁路信号的行车指挥、控制及管理的自动化系统。

列车运行控制系统由地面设备、车载设备及信息传输设备组成。地面设备包括联锁设备、区域控制中心及轨旁基础设备(LEU、应答器等);车载设备包括车载 ATP 设备、车载 ATO 设备、人机显示设备等;信息传输设备包括轨旁通信系统及车地通信系统等。

列车运行控制系统有如下不同的分类方式:

(1)从控制模式上,可以分为阶梯控制模式及目标距离控制方式。阶梯控制模式包括出口端检查及入口端检查方式。目标距离方式采用一次制动曲线监控列车速度,速度控制更加平滑。

(2)从闭塞方式上,可以分为固定闭塞、准移动闭塞及移动闭塞方式。

(3)从地车信息传输方式上,可以分为点式列车运行自动控制系统和连续式列车运行自动控制系统。点式列车运行控制系统依赖于应答器或信标,通过有源应答器向列车车载设备传递信号机显示信息。连续式列车运行控制系统中车载设备和轨旁设备连续通信,具体实现上,可以通过交叉感应环线、WLAN、漏缆、泄漏波导等多种方式。

2. RFID 在列车运行控制系统中的应用方式

(1)测速定位的应用

RFID 测速的基本原理是利用车载阅读器周期性读取轨道上固定安装的标签,获取标签 ID;根据标签 ID 和车载存储的数据,得到位置。同时,结合读取时间计算列车速度。

车载阅读器在读取标签数据的同时,也记录读取该标签的时间。当车载设备连续读取两个以上标签时,即可以通过标签之间的距离差和时间差计算列车的速度。

(2)列车占用检测的应用

电子标签 RFID 方案原理是基于列车通过检测点时阻断标签读取机读取无源标签信息的方式,类似于红外线阻断原理。因电子标签采用无线通信方式,一般的障碍物如树叶、行人等无法阻断设备之间的通信,因此不会对系统造成干扰,故可用性较高。

(3)车次号追踪的应用

车次号是 ATS 系统中用于识别在线运行列车的标识符,是列车进路自动排列的基础,是列车运行自动调整和实际运行图自动生成的重要条件,是调度命令实现的前提,是 ATS 系统的关键信息,也是实现城市轨道交通运输管理和指挥真正现代化和智能化的基础和有力保障。正常运行的列车都与 1 个车次号相关联,ATS 系统根据车次号对全线列车进行自动控制及管理。列车从车辆段出发经过转换轨获得车次号,如果它是计划列车,则按计划运行图自动分配一个车次号。如果是临时加车或计划运行图中没有的车辆,则赋予它一个非计划车次号。列车到站时,车次号会在对应车次窗内显示;ATS 时刻表比较模块计算出早晚点偏差,将调整计划发送给车载ATO,控制列车出站时间和站间运行时间;当车站倒计时为0且进路已排列时,出站信号机亮绿灯,指示列车出站。列车到达折返站时,ATS按运行情况校对并修改车次号,使全线列车按计划运行图运行。

思考与实训

实训　列车驾驶模式转换

一、训练目标

学生掌握列车驾驶模式转换的条件。

二、训练要求

学生根据教师设置的条件选择正确的驾驶模式转化。

三、课堂展示内容

1. 驾驶模式的转换——RM-SM

(1)RM模式是列车上电时的初始模式(通常在车辆段)。在RM模式,司机驾驶列车。

(2)在列车经过两个固定数据应答器后,确定了列车的位置,建立了列车与轨旁设备的连续式通信通道,RM模式将转换为SM模式。从ATP轨旁设备接收到移动授权后,列车变为AM模式。

(3)如果不能建立连续式通信通道,列车在RM模式下驾驶直到经过可变数据应答器(连接到信号机)。经过可变数据应答器时,ATP接收到信号机发出移动授权,列车驾驶变为SM模式。

2. 驾驶模式的转换——SM-AM

(1)所有门已关闭。

(2)驾驶/制动手柄在0位。

(3)钥匙开关在前进位置。

(4)当司机操作AM启动按钮时,ATP车载单元从SM模式转换为AM模式。该转换也可以在驾驶期间进行。

3. 驾驶模式的转换——AM-SM

(1)如果司机将驾驶/制动手柄从零位移开,或将钥匙开关从前进的位置移开,ATP车载单元将从AM模式转换为SM模式。

(2)如果列车在站外停稳,司机按压门允许按钮打开车门,ATP车载单元将从AM模式转换为SM模式。

4. 驾驶模式的转换——AM/SM-RM

(1)如果ATP车载单元启动紧急制动,ATP车载单元可以自动地从AM/SM模式切换到RM模式而无须司机的干预。如果司机想继续驾驶,他必须当列车停稳时启动RM按钮。

(2)如果列车在站外停稳,司机按压门允许按钮打开车门,ATP车载单元将从AM/SM模式转换为RM模式。

(3)ATO或司机控制列车停在车辆段轨道的前面的停车点,当列车停稳后,司机按压RM按钮,ATP车载单元从AM/SM模式转换为RM模式。

5. 驾驶模式的转换——SM-AR

(1)ATP车载单元接收到来自ATP轨旁单元的自动折返命令。

(2)前面和后面的ATP车载单元之间的通信正常。

(3)ATP 车载单元将从 SM 模式转换为 AR 模式。

6. 驾驶模式的转换——AR-SM

(1)当监督列车的 ATP 车载单元(前-后)转换成功时。

(2)司机解锁驾驶室。

(3)ATP 车载单元将从 AR 模式转换为 SM 模式。

7. 驾驶模式的转换——AR-RM

(1)如果 ATP 车载单元启动了紧急制动,则无须司机的任何额外操作,ATP 车载单元将自动从 AR 模式转换为 RM 模式。如果司机想继续前进,必须在列车停稳后按压 RM 按钮。

(2)如果列车在停稳状态,司机按压了 RM 按钮,则 ATP 车载单元从 AR 模式转换为 RM 模式。

8. 驾驶模式的转换——RM-旁路

(1)只有在 ATP 故障的情况下,才要求使用旁路。列车将自动停车,司机操作封闭的安全电路开关,转换至旁路。这个转换将被车载记数器记录。这个转换程序也适用于 AM 模式和 SM 模式至旁路的转换。

(2)旁路时,列车的驾驶由司机负全部责任。

项目六　通　信　系　统

教学目标
1. 对城市轨道交通通信系统的作用有所了解,掌握本系统的特点、系统组成。
2. 对城市轨道交通通信系统有基本认知,并完成相关实训。

任务描述
　　城市轨道交通通信系统是保证列车安全、准时、有序运行的重要机电设备。本项目主要从系统特点、作用、组成等多个方面展开阐述,使学生对通信系统的作用、组成及其发展有一个全面的了解,为后续工作任务的掌握奠定基础。

学习任务
1. 掌握城市轨道交通信号系统对列车的指挥作用。
2. 知晓城市轨道交通信号系统各组成部分之间的联系。
3. 明确城市轨道交通通信系统对地铁运营安全和效率的作用。

任务一　传　输　系　统

传输系统作为轨道交通通信网络的基础设施,是通信系统的骨干,是最重要的子系统,它不仅为通信各子系统提供信息传送服务,同时还为轨道交通中的各种控制系统提供信息传送平台。其安全可靠性将直接影响基于其上的各种业务系统的稳定性和可用性。

一、通信传输系统的结构

1. 传输系统的构成

通信传输系统由光纤骨干网络、网络节点、用户接口卡、网络管理系统等组成,如图6-1所示。

光纤骨干网,贯穿整个传输介质,它有光纤、电缆两种传输介质。短距离连接使用电缆或多模光纤和 LED 光源;长距离只能使用单模光纤,获得可靠保障。

网络节点是用户访问、使用网络的途径。它为用户接口卡提供电源,接收用户接口卡信息并发送到光纤网络;同时接收光纤网络信息并传送到用户接口卡。

用户接口卡是实现用户接入系统的硬件工具,使自身系统无限向外延伸。它有硬件和软件两种实现形式:硬件形式,即通过板卡自身跳线和微动开关实现;软件形式,即通过网络中心实现。

网络管理系统,基于主流、成熟的操作系统和友好的操作界面,实现对传输网络进行配置、扩展、管理和维护功能。

2. 传输网络的拓扑结构

城市轨道交通通信传输系统的网络拓扑结构包括物理拓扑和逻辑拓扑。网络的物理拓扑描述的是传输网络节点以及连接各节点的传输媒介的时机分布及连接方式;网络的逻辑拓扑描述的是信息流在网络中的流通的途径。

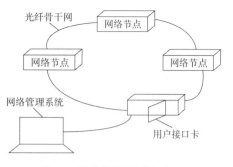

图6-1 通信传输系统的构成

城市轨道交通传输网络的物理拓扑结构,多数采用如图6-2所示的双环结构环形网络。双环包括主要光纤环与备用光纤环,见图6-2a);为使各节点间光纤长度均匀分布,一般采用隔站相连方式组成环网,见图6-2b)。网络中若发生节点故障或光纤中断时,传输节点会自动绕开故障点,在主、备两个环路中重新组织路由,从而使环中的通信不受影响或少受影响。

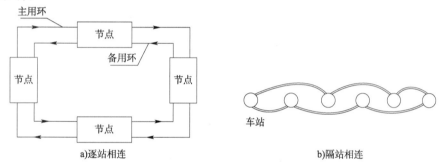

图6-2 双环结构环形网络

在城市轨道交通的环网物理拓扑结构中,根据信息在物理网络中的流通途径,可划分为如图6-2所示的点对多点型(星形)、总线型与环形3种逻辑拓扑结构(见图6-3)。城市轨道交通通信是以控制中心为核心的与车辆段、各车站之间的通信,在这种情况下点对点型与星形的逻辑拓扑结构没有区别;总线型与环形的逻辑拓扑结构也很少有区别。

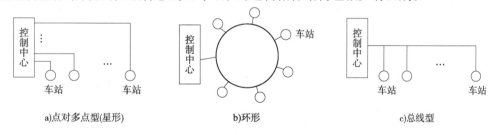

图6-3 传输网络的3种逻辑拓扑结构

1)星形逻辑拓扑结构

星形逻辑拓扑结构包括:点对多点E1传输线路[如公务电话中继、无线集群中继、CCTV(闭路电视)等];点对点音频话路(如调度用户电话等);点对点低速数据传输(如RS-232、RS-422、RS-485等电路数据传输等)。如图6-3a)所示。

点对多点型逻辑拓扑结构的实现,需要更多的设备、电缆,并且受地理环境影响大。

2)环形拓扑结构

环形拓扑结构安装时所需的光电缆较星形拓扑结构要少,同时,采用双环路结构的环形网络在故障发生时会自动地在两个环路中选择路由完整的路径传输信息流。环形网应用较广泛,如校园、铁路和机场等。如图6-3b)所示。

3)共享总线型逻辑拓扑结构

总线拓扑是采用单根传输作为共用的传输介质,将网络中所有的计算机通过相应的硬件接口和电缆直接连接到这根共享的总线上。信号沿介质进行广播式传输,使用总线型拓扑结构需解决的是确保端用户使用媒体发送数据时不能出现冲突。如图6-3c)所示。

在点到点的链路配置时,如链路是半双工操作,只需使用简单的机制便可保证两个用户轮流工作。在一点到多点方式中,对线路的访问依靠控制端的探询来确定。

最常见的总线拓扑结构的网络是以太网。同轴电缆曾是它主要的传输介质,但现在大多数新的安装使用了双绞线。双绞线以太网是安装成星形的总线拓扑结构,总线本身被紧缩到一个称作集线器的小盒子中,从集线器连接点到工作站的线路分支呈星形布局。

总线拓扑结构的网络只有一条唯一的电缆干线,以菊链的形式连接一个接一个工作站。总线拓扑的数据传输是广播式传输结构,数据发送给网络上的所有的计算机,只有计算机地址与信号中的目的地址相匹配的计算机才能接收到。采取分布式访问控制策略来协调网络上计算机数据的发送。

所有的节点共享同一介质,某一时刻只有一个节点能够广播消息。虽然总线拓扑适合办公室的布局,易于安装,但是干线电缆的故障将导致整个网络陷入瘫痪。

3. 传输介质

传输介质是连接通信网络发送方和接收方的物理通路。共有3种类型的传输介质,每一种类型都有许多品种。第一种类型是金属导体介质,包括对称电缆(双绞线是较常见的一种)、同轴电缆等。第二种类型是光导纤维介质,包括多模光纤、单模光纤等。第三种类型是无线介质,包括微波、红外线、激光等。

1)双绞线

双绞线由按规则螺旋状扭在一起的两根绝缘导线组成。线对扭在一起可以减少相互间的辐射电磁干扰。双绞线是最常用的传输媒体,用于电话通信中的模拟信号传输,也可用于数字信号的传输。

(1)物理特性:双绞线芯一般是铜质的,能提供良好的传导率。

(2)传输特性:双绞线既可以用于传输模拟信号,也可以用于传输数字信号;其数据传输率的高低与传输距离有密切关系。

(3)连通性:双绞线普遍用于点到点的连接,也可以用于多点的连接。作为多点介质使用时,双绞线比同轴电缆的价格低,但性能较差,而且只能支持很少几个站。

(4)地理范围:双绞线可以很容易地在几十米或更大范围内提供数据传输。局域网的双绞线主要用于一个建筑物内或几个建筑物间的通信,在100kbps速率下传输距离可达1km,但10Mbps和100Mbps传输速率传输距离一般不超过100m。

(5)抗干扰性:在低频传输时,双绞线的抗干扰性相当于或高于同轴电缆,但在超过10~100kHz时,同轴电缆就比双绞线明显优越。

(6)使用特性:双绞线的优点是价格便宜、使用方便、安装容易。因此,常作为用户与本地中心站及中心站与中心站间的连线。

(7)常见分类:为了提高双绞线的抗干扰能力,可以在双绞线的外面增加金属屏蔽层。

双绞线根据有无屏蔽层,可以分为非屏蔽双绞线(UTP)和屏蔽双绞线(STP)。

2)同轴电缆

同轴电缆是按"同轴"形式构成线对,如图6-4所示,最里层的内芯是铜质或铝质导体,向外依次为绝缘层、由网状导体构成的屏蔽层,最外层则是起保护作用的塑料外套,内芯和屏蔽层构成一对导体。闭路电视所使用的电缆就是宽带同轴电缆。

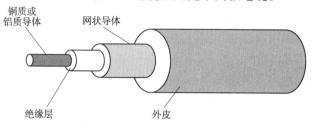

图6-4 同轴电缆

(1)物理特性:单根同轴电缆的直径约为1.02~2.54cm,可在较宽的频率范围内工作。

(2)传输特性:基带同轴电缆仅用于数字传输,数据传输速率最高可达10Mbps。宽带同轴电缆既可用于模拟信号传输又可用于数字信号传输,对于模拟信号发送带宽可达300~450MHz。

(3)连通性:同轴电缆适用于点到点和多点连接。基带50Ω电缆每段可支持几百台设备,在大系统中还可以用转接器将各段连接起来;宽带75Ω电缆可以支持数千台设备,但在高速数据传输率下(50Mbps)使用宽带电缆时,设备数目限制在20~30台。

(4)地理范围:传输距离取决于传输的信号形式和传输的速率,典型基带电缆的最大距离限制在几公里,在同样数据速率条件下,粗缆的传输距离较细缆的远。宽带电缆的传输距离可达几十公里。

(5)抗干扰性:同轴电缆的抗干扰性能比双绞线强。

(6)使用特性:具有寿命长、通信容量大、质量稳定、外界干扰小、可靠性高和维护便利等优点,在有线通信中占有很大比重。

(7)常见分类:按其阻抗特性来分主要有两大类,即50Ω、75Ω。在早期的局域网中,传输介质几乎全部采用的是50Ω基带同轴电缆(又叫基带电缆)和75Ω宽带同轴电缆(又叫宽带电缆)。

3)光导纤维

光导纤维的简称是光纤,通常由非常透明的石英玻璃拉成细丝状,是一根很细的且能传导光束的介质。

(1)物理特性:光纤是一种细小(50~100μm)柔软并能传导光波的介质。目前通信用的光纤是石英玻璃制成的横截面很小的双层同心圆柱体,未经涂覆和套塑的光纤称为裸光纤,由纤芯和包层所组成。

在实际应用中,为使光纤耐拉伸并不易受损伤,一般将光纤制成不同结构的光缆,使其具有一定的结构强度,不仅能在各种环境下使用,而且能保证传输的稳定性和可靠性。光缆的基本结构包括:纤芯、缓冲层、加强层和外表皮层,如图6-5所示。

(2)传输特性:光纤通过内部的全反射来传输一束经过编码的光信号,内部的全反射可以在任何折射指数高于包层媒体折射指数的透明媒体中进行。实际上光纤作为波导管,其频率范围从1014~1015Hz,覆盖了可见光谱和部分红外光谱。

(3)连通性:光纤普遍用于点到点的链路。因为光纤功率损失小、衰减少并具有较大的带宽潜力,因此一段光纤能够支持的分接头数比双绞线或同轴电缆多得多。

(4)地理范围:光纤可以在几公里的距离内不用中继器传输,因此光纤适合于在几个建筑物之间通过点到点的链路连接网络或长距离的骨干传输网。

(5)抗干扰性:光纤具有不受电磁干扰或噪声影响的独有特征,适宜在长距离内保持高数据传输率,而且能够提供很好的安全性。

(6)使用特性:传输频带宽、速率高、传输损耗低、传输距离远、抗雷电和电磁的干扰性好、保密性好、不易被窃听或截获数据、传输的误码率很低、可靠性高。

(7)常见分类:根据传输模数分为单模光纤和多模光纤两大类。

单模光纤:如图6-6所示,光纤中只有一种波长的光波传输,其特点是纤芯细、色散小、效率高、价格贵,适于长距离与高速场合。

多模光纤:如图6-7所示,光纤中有不同种波长的光波传输,其特点是纤芯粗、色散大、效率较低、价格较便宜,用于短距离与低速场合。

光纤的工作波长可以分为3大类:多模通信所用的0.8~0.9μm短波段,单模或多模通信应用的1.25~1.35μm长波段和单模通信所用的1.53~1.58μm长波段。

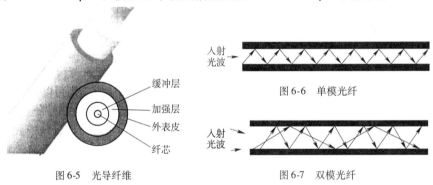

图6-5 光导纤维   图6-6 单模光纤

图6-7 双模光纤

4)无线传输介质

无线传输介质通过空间传输,不需要架设或铺埋电缆或光纤,目前常用的技术有:无线电波、微波、红外线和激光。便携式计算机的出现,以及在军事、野外等特殊场合下移动式通信联网的需要,促进了数字化无线移动通信的发展,现在无线移动个人网络和无线局域网产品已经得到广泛应用。无线传输,如图6-8所示。

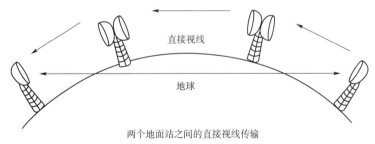

两个地面站之间的直接视线传输

图6-8 无线传输

微波通信的载波频率为2~40GHz范围,因为频率很高,所以可同时传送大量信息。微波通信的工作频率很高,与通常的无线电波不一样,它是沿直线传播的,如图6-8所示。由于地球表面是曲面,微波在地面的传播距离有限。直接传播的距离与天线的高度有关,天线越高传播距离越远,超过一定距离后就要用中继站来接力传输信号。微波通信一般用于长距离的骨干网。

卫星通信是微波通信中的特殊形式,卫星通信利用地球同步卫星做中继来转发微波信号。卫星通信可以克服地面微波通信距离的限制,一个同步卫星可以覆盖地球的1/3以上表面,三个这样的卫星就可以覆盖地球上全部通信区域。这样,地球上的各个地面站之间都可互相通信。卫星通信的优点是容量大,传输距离远;缺点是传播延迟时间长,对于数万公里高度的卫星来说,从发送站通过卫星转发到接收站的传播延迟时间约要花数百毫秒(ms),这相对于地面电缆的传播延迟时间来说,两者要相差几个数量级。卫星通信一般用于船舶通信和军事通信。

红外通信和激光通信也像微波通信一样,有很强的方向性,都是沿直线传播的。这三种技术都需要在发送方和接收方之间有一条视线通路,故它们统称为视线介质。所不同的是红外通信和激光通信把要传输的信号分别转换为红外光信号和激光信号,直接在空间传播。这三种视线媒体由于都不需要铺设电缆,对于连接不同建筑物内的网络特别有用。这三种技术对环境气候较为敏感,例如雨、雾和雷电。相对来说,微波对一般雨和雾的敏感度较低。

4. 传输介质的选择

传输介质的选择取决于以下因素:网络拓扑的结构、实际需要的通信容量、可靠性要求、环境因素、投资价格等。

双绞线的显著特点是价格便宜,但与同轴电缆相比,其带宽受到限制。对于单个建筑物内的低通信容量的网络来说,双绞线的性能价格比可能是最好的。

同轴电缆的价格要比双绞线贵一些,对于大多数的网络来说,需要连接较多设备而且通信容量相当大时可以选择同轴电缆。

光纤作为传输媒体,与同轴电缆和双绞线相比具有一系列优点:频带宽、速率高、体积小、重量轻、衰减小、能电磁隔离、误码率低等。因此,在国际和国内骨干传输网、高速数据通信网中得到广泛应用。随着光纤通信技术的发展和成本的降低,光纤作为局域网的传输媒体也得到了普遍采用。

无线介质具有不受地理条件限制,以及建网速度快等优点。个人移动通信手机、卫星通信等发展迅速,普及较广。随着便携式计算机及智能移动终端的发展和普及,可移动的无线综合业务数据网也得到了高速发展。

二、城市轨道交通通信传输系统功能

传输系统作为城市轨道交通专用通信系统的基础网络,是轨道交通通信系统的骨干,是最重要的通信子系统。它不仅为通信其他子系统提供信息传送服务,同时还为轨道交通中的各种控制系统提供信息传送平台,其安全性、可靠性将直接影响其上的各种业务系统的稳定性和可用性;传输系统的容量及组网方式需考虑现有业务远期容量要求、新业务增加的要求和与其他各线路连接的要求。因而,它必须具备可靠、冗余、可扩展、可重构和灵活的特性。传输系统作用见二维码26。

二维码26

轨道交通传输网的最大特点在于它承载的信息多样化,并且不同的业务需求和实时性要求各不相同,需要一个综合信息承载平台。随着通信技术的不断发展,远距离、高速度、多业务、按需分配带宽、安全高效的传输成为必然,充分发挥光传输系统的优势为各种信息提供可靠通道。

1. 系统功能

(1) 传输系统作为各种业务信息基础承载平台,其功能是为通信系统的各子系统以及其他自动控制、管理系统提供控制中心、车站、车辆段之间的信息传输通道。

(2) 传输系统容量满足本次工程要求,并预留一定的远期扩展需求带宽。

(3) 综合考虑轨道交通传输网所要承载的信息类型,采用合理的传输制式解决不同业务的承载需求,最大程度利用带宽资源和提高传输效率,同时系统需具有极强的网络生存性和极短的故障恢复时间。

(4) 传输系统将为以下各通信子系统和其他自动控制管理系统等提供信息传送功能:

① 专用电话系统;
② 无线通信系统;
③ 公务电话系统;
④ 视频监视系统;
⑤ 广播系统;
⑥ 时钟系统;
⑦ 乘客信息系统;
⑧ 信息网络系统;
⑨ 电源系统网管;
⑩ 综合监控系统(预留通道,已集成了 SCADA、BAS 等的信息);
⑪ 自动售检票系统;
⑫ 门禁系统;
⑬ 列车自动控制系统(信号电源监控信息和维修信息);
⑭ 其他运营维护及管理数据信息。

2. 传输系统网络容量分析

城市轨道交通传输系统传输的业务信息有语音、数据、图像 3 种类型。

(1) 语音信息包括:无线通信、专用电话、公务电话、广播等。

(2) 数据信息包括:时钟信息、PIS、信息网络系统信息、AFC、ATS、ACS、ISCS,以及各种网管信息等。

(3) 图像信息包括:CCTV、PIS、信息网络等。

详细的业务种类和主要特性,见表 6-1。

专用通信系统业务种类需求 表 6-1

业务名称	信息类别	传送要求	接口类型	带宽估算	附注
无线通信	语音+信令	实时	E1	42×2M	车辆段/停车场 6×2M,车站 1×2M
	数据	允许延时	FE	3×10M	车辆段、停车场调度台至 OCC 调度服务器
公务电话	语音+信令	实时	FE	100M	
专用电话(含集中录音)	语音+信令	实时	E1+FE	12×2M+4×2M+6×2M+10	

续上表

业务名称	信息类别	传送要求	接口类型	带宽估算	附注
CCTV	图像	允许延时	GE	600M	
广播	语音+信令	实时	FE	10M	
时钟	数据	实时	FE	10M	
PIS	数据+图像	允许延时	GE	600M	
信息网络系统	数据+图像	允许延时	GE	500M	
通信系统网管/监控信息	数据	允许延时	FE	10M	电源
信号系统电源监控信息	数据	允许延时	FE	10M	
AFC	数据	允许延时	FE	100M	
ATS	数据	实时	FE	2×50M	
ACS	数据	允许延时	FE	10M	
ISCS	数据	实时	GE	400M	预留通道
其他系统网管信息	数据	允许延时	FE	3×10M	含备用
共计				2648M	其中2520M为以太网业务

从表6-1可以看出，轨道交通对语音信息（含窄带数据信息）的带宽需求基本上维持在100M左右；对数据信息（主要是各种自动化系统的监控信息和办公、运营信息）的带宽需求在2500M左右，但随着实时通信的要求提高，需求量还可能增大。

3. 常用传输技术分析

轨道交通常用的传输技术体制主要有如下两种：第一种是内嵌RPR的MSTP[以下简称MSTP（RPR）]；第二种是OTN（比利时GIMV的开放式传输系统）方案（以下简称OTN）。

1）MSTP（RPR）

RPR（Resilient Packet Ring 弹性分组环）是一种基于分组交换的新型的网络结构和技术，是主要面向数据业务的一种光纤环网技术，是IEEE定义的在环形拓扑结构上优化数据交换的MAC层的协议，可兼容多种数据速率。RPR是在前有的以太网、SDH和ATM技术的基础上发展起来的，它采用了以太网的IP技术、SDH的自动保护倒换技术、ATM的QoS技术等，以实现高可靠、低成本的数据、语音传输网路。

RPR便于支持组播/广播业务的开展，由任意一个节点发出的组播/广播信息可以在只占有一个通道的情况下发送到不同的节点中，非常适合轨道交通视频监控、PIS、广播等业务的应用。

RPR可以配置丰富的接口，可以提供各种面向以太网口的专线服务，其中基于SDH的RPR设备在面向IP优化的同时支持电信级TDM专线，可以满足轨道交通各系统的通信传输需要。

RPR技术使得运营商在网络内以低成本提供电信级的服务成为可能。它吸收了千兆以太网的经济性、SDH对延时和抖动的严格保障、可靠的时钟和50ms环保护和恢复等特性；并具有空间复用、带宽动态分配、支持业务级别等特点，带宽利用效率最高，主要用于城域语音及窄带数据的汇聚、接入和传送。

单独的 RPR 传输技术已成功应用于轨道交通警用通信系统的数据(含 IP 语音和图像)业务传输,目前尚未在轨道交通专用通信系统有过应用。

随着 MSTP(Multi Service Transport Platform 多业务传送平台)技术的不断发展,内嵌 RPR 的 MSTP 技术应运而生。MSTP(RPR)基于 SDH 平台,既能保证目前大量的 TDM 业务对传输性能的要求,同时融合了 RPR 技术对以太网数据业务高效、动态的处理功能,将不同业务最适合的承载方式集于一体。MSTP(RPR)实际上是在 SDH 环网的传输通道上根据实际应用需要设定传送 TDM 话音业务的 VC 通道和传送 IP 等数据业务的 RPR 通道(nxVC-X)带宽。传送话音的 VC 通道仍保持所有的 SDH 特性,其保护倒换遵从标准的 SDH 环网保护方式,从而保证了话音业务的 QoS(时延和抖动);传送数据业务的 VC 通道支持 RPR 技术,并在 RPR 带宽的业务接入点进行业务分类、公平控制、拥塞处理,以保证数据业务传输的 QoS。武汉地铁 1 号线一期工程传输系统已在国内率先实现了 MSTP 系统到内嵌 RPR 的 MSTP 系统的平滑升级。

MSTP(RPR)结合了 SDH 和 ATM 的优势,又实现了网络和业务的综合化,简化了网络层次,提高了带宽使用效率。

MSTP(RPR)的缺点在于只能实现 TDM、ATM、IP 业务的综合接入、传送,不具备 IP 业务的三层交换功能;无法完全满足各类信息系统网络互联服务涉及的大规模 IP 数据多点交换的要求,只能说 MSTP 可以实现 IP 数据的传输,但 MSTP 并不是实现 IP 数据传输的最好的方式。

2) 开放式传输系统(OTN)

OTN(Open Transport Network 开放式传输网络)是专为轨道交通、油田等专用通信领域专门开发并在全球投入使用的光纤传输技术。目前可提供 150M、622M(或 600M、2.5G 和 10G)的传输容量,可实现语音、宽带音频、综合数据、计算机局域网和视频等多种业务的综合传输和接入。

OTN 已在广州地铁 1 号、2 号线和 4 号线,南京地铁 1 号线,上海地铁 2 号线,香港地铁等多条城市轨道交通项目的传输系统中采用。它的主要特点是:采用一次复用机制,在占用较少开销比特数的情况下,综合不同的网络传输协议,集成多种用户接口,一体化的实现低速和高速信息的接入和传输。可以直接提供工业界标准的通信协议接口,如话音接口、E1、RS-232/422/423/485 接口、高质量音频接口、10/100M Ethernet、4/16M Token Ring 接口、视频接口等,而不需借助接入设备。同时,它还具有设备简单、组网灵活、集中维护方便等优点。由于其特殊的帧结构,系统的带宽利用率比 MSTP 要高。

OTN 传输设备的缺点在于它所建立的是一个相对封闭的网络,不具备系统标准的开放性,只是实现了用户侧接口的开放,但无法直接与其他通信网络高速互连。此外其设备只具有 2 个方向的线路光口,不支持多方向的光路传输。由于采用专有技术,OTN 只能由比利时 GIMV 公司进行生产和提供技术支持,价格较贵、国产化率低。由于技术封闭,OTN 的复用方式还未透明。

近几年,新一代 OTN 系统开发出 2.5G 标准光接口用于同 SDH 互联,至少可以完成 OTN 设备与 SDH 设备间的透明传输;随着 OTN 系统的技术更新,与标准通用传输设备的互联、互通有望取得突破。另外,新一代 OTN 系统具备 10G 传输容量,视频业务支持 H.264 及 IP 的解决方案,值得进一步关注。

OTN 的优点在于业务接入针对专网设计。

任务二 电话系统

二维码27

一、公务电话系统（相关教学资源见二维码27）

公务电话系统是为轨道交通系统内运营、管理、维修等部门工作人员提供日常工作联系的手段，它是集语音、中低速数据为一体的 N-ISDN 交换网络。

1. 系统功能

（1）公务电话系统的号码分配。城市轨道交通企业用户的电话号码分配方式有两种：一种方式，不与公网联系，号码可根据应用要求自行分配；另一种方式，与外网通过中继连接，需要电信局分配号码段，然后用户内部根据具体需求在此号码段中自行选择分配。

（2）城市轨道交通组网模式：

①通过远端模块与交换机相连模式。一般本地用户可直接与交换机相连，不需要外加设备。但对于轨道交通企业来说，公务交换系统服务于整个企业的沿线车站、段厂、控制中心等，覆盖范围一般在几公里到几十公里。各车站一般采用加装远端模块的方式，如图6-9所示。通过 E1 中继链路将远端模块与交换机连接；车站电话再与远端模块相连。

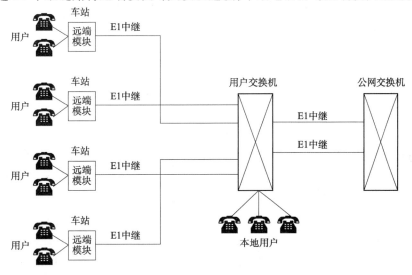

图6-9 远端用户连接模式示意图

②通过 OTN 板卡传输连接模式。OTN 系统采用由西门子公司提供的开放式传输模式，包括与交换机连接的电话板卡 P 卡和与用户话机连接的 T 卡。利用这种传输系统车站电话用户直接接入 T 卡，在交换机一侧连接到相应的 P 卡即可实现。此方式维护简单，无须外加其他设备。系统连接模式示意图，如图6-10所示。

（3）公务电话系统的功能。公务电话系统主要用于轨道交通内部的一般公务通信和轨道交通内部用户与公用电话网用户的电话联络。在轨道交通专用电话系统（如调度电话系统）出现重大故障时，公务电话系统可以作为专用电话的应急通信手段。

①电话交换功能。内部呼叫及出入局呼叫。对市话公众交换网的呼入、呼出，国内、国际自动呼入、呼出。能将"119"（火警）、"110"（匪警）、"120"（救护）特种业务呼叫自动转移至市话局的"119""110""120"上。

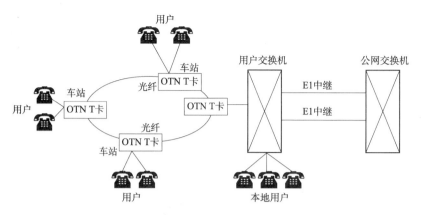

图 6-10 OTN 系统连接模式示意图

②服务功能。具有等待提示、中继遇忙回叫、分机遇忙回叫、遇闲无应答回叫、统一编号、内部缩位编号、强插、ISDN 业务、短消息业务、多方会议电话等功能。具有识别用户数据、用户传真等非话业务的功能,以确保非话业务不被其他业务中断。

能提供传统的电话业务,以及软交换用户终端业务,包括:Login\Logout 功能、H.263\H.264协议视频通话功能、T.38协议传真、移动性回呼功能、座机手机号码绑定功能等。

具有 Web 界面管理功能,临时控制中心、控制中心、各车站设备都可以通过一个 Web 界面统一管理。维护人员可在任意站点维护整条线路设备。

能提供最少 48 方会议功能。能提供 SIP 语音邮箱业务,可将语音文件同步发送至用户电子邮箱。满足以下服务业务功能:缩位拨号、三方通话、会议电话呼叫、热线服务、叫醒服务、优先分机插入、呼出限制、遇忙回叫、主叫号码显示、恶意呼叫追查、预先录音通告、无条件呼叫前转、呼叫等待。

③管理维护及计费功能。维护管理设备包括对交换设备的集中维护、集中计费、配置、性能及故障管理等。系统能对系统内相关设备进行集中管理,并能将维护、测量、计费等管理信息送至管理中心进行集中管理。对用户进行网内、网外、国内、国际长途各种业务,进行分类按时间分段实时计费,应留有定期和脱机计费功能。计费系统能储存一年以上话单。

可进行中继计费。

计费方式:在控制中心设置 1 套独立的计费终端,进行实时集中计费及管理。计费软件要求具有良好的图形化人机界面,良好的安全保护系统,系统软件参数的设置简单方便。

网内电话用户间通话宜采用复式计次方式(按通话距离和通话时长计次),网内复式计次表应分为网内通话、公网通话和特种业务,采用详细记录计费方式;所记录的通话记录内容应为简体中文,应包括主、被叫号码,通话时长,通话的起止时间,通话费用等必要的信息。

可由维护人员通过功能设置实现网内通话记录的计费。

可按维护人员要求对计费信息进行查询、统计并打印输出,所输出的信息应为中文。

具有针对计费系统数据和用户数据的备份和恢复功能。

所有计费信息要求保留 1 年,超过 1 年的信息可以自动清除。

2. 制式的选择

公务电话系统是为轨道交通系统内运营、管理、维修等部门工作人员提供日常工作联系的手段,它是集语音、中低速数据为一体的 N-ISDN 交换网络,可提供轨道交通内部用户之间的电话联络、轨道交通内部用户与公用电话网用户之间的电话联络;还能将"119""110""120"等特种业务呼叫自动转移至公用电话网的"119""110""120"上。在专用电话系统出现重大故障时,公务电话系统可作为专用电话的应急通信手段。

1)电路交换技术

电话交换技术先后经历了人工交换、步进制交换、纵横制交换、程控交换几个阶段。人工交换、步进制交换、纵横制交换属于模拟的空分交换技术,而程控交换技术也经过了模拟(空分)交换和数字(时分)交换的发展历程。

以上这些交换技术都属于电路交换,电路交换它的基本特点是采用面向连接的方式,在双方进行通信之前,需要为通信双方分配一条具有固定带宽的通信电路,通信双方在通信过程中将一直占用所分配的资源,直到通信结束,并且在电路的建立和释放过程中都需要利用相关的信令协议。这种方式的优点是在通信过程中可以保证为用户提供足够的带宽,并且实时性强,时延小,交换设备成本较低,但同时带来的缺点是网络的带宽利用率不高,一旦电路被建立不管通信双方是否处于通话状态,分配的电路都一直被占用。

对于电话交换技术,目前使用得最多的,也是最成熟的,还是数字时分程控电话交换技术。

2)IP交换技术

Internet网络是基于IP协议的技术,属于分组交换技术,采用尽力而为的方式,对每个分组根据路由信息和网络情况独自进行传输和选路。Internet网络主要用来传送数据业务,伴随着Internet的巨大成功,将使IP技术成为未来信息网络的支柱技术。基于TCP/IP的网络技术不仅成为传送数据业务的主导技术,而且传统的电信运营商开始尝试使用IP技术来传送话音业务。现在传统的电信运营商一般都组建了自己的IP网络,除了在IP网络上提供目前利润相对较低的数据业务之外,运营商希望能够充分利用现有资源向用户提供丰富的业务,最主要的是话音业务,目前话音业务仍然属于运营上最主要的收入来源,最早出现的在分组网上传送语音业务的应用就是IP电话技术。

IP电话技术主要采用H.323系列协议;包括负责呼叫建立的信令协议H.225和负责建立媒体通道的H.245协议,语音业务采用RTP分组的方式在IP网中进行传输。IP电话的语音质量虽然没有传统电路交换网向用户提供的语音质量高,但H.323协议被普遍认为是目前在分组网上支持语音、图像和数据业务最成熟的协议,目前在IP电话领域得到广泛应用。

IP电话的成功应用人们看到业务融合的曙光,逐渐认识在分组网上可以传送话音业务,并且可以达到较为理想的通信效果。因特网语音应用,尤其是IP电话,已经成为"三网合一"大潮中最引人注目的应用之一。

不过,对电话交换技术而言,H.323主要存在以下缺点:

(1)H.323协议中的呼叫控制信令是以Q.931为基础的。Q.931协议是一种基于UNI接口的协议,协议本身比较简单,没有关于NNI接口的定义。提供全国性业务及PSTN-to-PSTN连接则必须依赖NNI接口。

(2)H.323网络中使用的是集中式的网关,网关要同时处理媒体流和信令流,在处理能力上也限制了H.323网络的发展。

(3)与SIP相比较,H.323协议的可扩展性较差,不同厂家的H.323设备之间的不易互联也是一个H.323网络发展所面临的一个重要问题。

3)软交换技术

随着技术的发展和业务需求的增加,出现了更为先进的软交换。软交换是网络演进以及下一代分组网络的核心设备之一,它独立于传送网络,主要完成呼叫控制、资源分配、协议处理、路由、认证、计费等主要功能。同时,可以向用户提供现有电路交换机所能提供的所有业务,并向第三方提供可编程能力,是下一代网络(NGN)的核心技术。将业务/控制与传送/接入分离,其核心是硬件软件化,通过软件的方式来实现原来交换机的控制、接续和业务处理等功能,各实体之间通过标准的协议进行连接和通信。

软交换具有成本低、扩展性好、业务提供能力强等优势,可以满足目前行业IP语音通信网络在扩展性、管理维护、业务提供等方面的需求。它主要有以下特点:

(1)提供标准的全开放的应用平台,增加新业务的方式可以是通过应用服务器升级,也可以采用第三方组件。

(2)基于综合性的平台加开放的协议接口,为用户提供了更多更快的业务解决方式。

(3)系统采用基于策略的网络管理机制,有一定的智能化系统,集中处理维护管理,有利于整个网络统一协调管理,实现了传统的静态网管到动态网管的飞跃。

(4)能够与现有的各种网络进行完好的互通互用,使得终端用户在使用业务的过程中可完全屏蔽网络变革所带来的影响。

(5)可以支持多种接口和协议,灵活地兼容其他网络类型,方便地进行大规模扩容。

(6)标准化工作进展良好,ITU-T、IETF等国际标准化组织对软交换技术都有相关的标准。

对于软交换技术已经形成了比较完整的体系,国内有大量针对软交换制定的规范标准,包括软交换网络中涉及的大量设备规范、业务规范、协议规范、测试规范以及组网方案等。目前,各大电信设备制造商均已推出了基于IP的交换设备,如爱立信的ENGING系列交换机、华为公司的U-SYS系列交换机、中兴通讯ZTE Softswitch系列、优力飞的Open Scape等。

软交换设备容量较大、处理能力较强,一次性投入相对较大。但随着轨道交通线路的发展,运营单位会有新的通信需求,比如,可视电话、视讯会议等。软交换设备越来越多地被用于城市轨道交通公务电话系统。

3.系统框架结构和系统构成

以软交换设备为例。

1)系统框架结构

分析轨道交通运营需求,软交换组网采取4层结构方式,即业务管理层、网络控制层、交换/传输层、边缘接入层。

(1)业务管理层。它用于在呼叫建立的基础上提供附加的增值业务以及运营支撑功能。考虑业务管理层设置如下设备及服务器:

①设置应用服务器:为软交换网络提供增值业务。

②设置归属服务器:提供在IP网络上实现各种业务所需的媒体资源功能,包括业务音提供、会议、交互式应答(IVR)、通知、统一消息、高级语音业务等。

③设置网管系统设备(含软件):实现整个网络的资源配置、网络管理功能。

④设置计费系统设备(含计费软件):它为软交换系统提供了有效的访问控制机制,是防止非法用户或设备进入,保证系统安全的关键组件;同时完成各种呼叫的跳表计时功能,完成出入市话的计费功能。

目前业务管理层考虑基本语音交换功能,配置媒体服务器、网管服务器、计费服务器等与语音交换相关的设备组网,而增值业务、可视业务根据运营需求相应地增设多媒体代理服务器等相关设备予以实现。

(2)网络控制层。它实现呼叫控制,并负责相应业务处理信息的传送,其核心设备是软交换机(Softswitch)。完成基本的实时呼叫控制和连接功能,支配网络资源,进行业务流的处理,并能够提供开放的、标准的接口和协议。

(3)交换/传输层。它核心交换层采用分组技术,主要由骨干网、城域网各种设备(如路由器、三层交换机等)组成,用于向用户提供一个高可靠性、具有 QoS 保证和大容量的统一的综合传送平台。

(4)边缘接入层。它通过各种接入手段将各类用户或终端连接至网络,并将其信息格式转换成为能够在网络上传递的信息格式。与 PSTN(公用电话交换网)的出入中继、信令中继以及种类繁多的各类接入终端设备均在边缘接入层接入。该层设置的主要接入设备有:

①中继网关:负责将软交换网络通过中继线接入 PSTN。
②信令网关:实现电路交换网与软交换网网间信令的互通。
③综合接入网关:提供宽窄带综合接入,满足较多电话、宽带用户的综合接入。
④综合接入设备:提供较少电话、宽带用户的接入。
⑤宽带网关:完成计算机终端 IP 地址转换功能,实现计算机终端的宽带接入。
⑥智能终端:软交换网络可以接入种类繁多的具有标准协议的终端设备,如 SIP Phone、H.323 Phone、视频终端等。

某地铁线路的接入方案如下:

①与 PSTN 接入:设置综合媒体网关(综合媒体网关同时提供中继网关、信令网关功能,使用 E1 方式与 PSTN 接入)。
②车辆段、停车场接入:车辆段、停车场是办公、维修场所较为集中的地方,办公电话数量较多,采用综合接入网关接入。
③各车站接入:由于各车站电话用户比较少,从节约投资角度,采用综合接入设备(IAD)接入。

2)系统构成

(1)交换网构成。在临时控制中心、控制中心设置软交换中心控制设备,包括软交换服务器、中继与信令网关、应用服务器、网络管理等设备。部分线路先期开通,启用临时控制中心软交换中心设备。控制中心与临时控制中心的软交换服务器形成复合分担、冗余控制与软件授权,加强系统稳定性。

各车站、车辆段、停车场等处设置综合接入设备等。通过传输系统的 10/100M 接口连接,构成公务电话网。

控制中心中继网关通过 2M 或 10M/100M 接口与无线集群通信交换机、公众电话网连接。

(2)系统容量和中继线数量。某地铁线路系统容量和中继线设置如下:

控制中心用户容量:按 1200 模拟用户线 + 160 数字用户线配置(具备远期 3000 线以上的能力)。

车辆段用户容量:近期容量按模拟 800 用户线 + 16 数字用户线配置(具备远期 1500 线以上的能力)。

车站容量按 80 模拟用户线 +4 数字用户线配置(具备远期 200 线以上的能力)。

电话机设置地点为,数字电话设置在站长室;模拟电话设置在综合控制室、会议交接班室、值班休息室、站务室、站区办公室、会计室、AFC 票务室、乘客服务中心、各系统设备室、变电所控制室、变电所、各类工区办公室、暖通电控室、暖通机房、工务用房、列检所、警务室、安全门设备室、值班室、控制中心各类办公室、车辆段/停车场各类办公室等。

区间电话在全线区间每隔 200m 设一个区间电话机;每个区间每侧的电话占用 1 个邻近车站自动电话号码。发生紧急情况时,维修人员或司机可使用电话机与有关部门联系。中继线配置,见表 6-2。

中继线配置 表 6-2

名　　称	中继线数量
临时控制中心交换控制设备－控制中心交换控制设备	2×FE
临时控制中心交换控制设备－车站、停车场、车辆段综合接入设备	1×FE
与其他线路	5×FE
公务电话系统－无线集群交换机	4×2M
公务电话系统－公众电信运营商	9×2M
预留	15×2M/3×FE

(3)编号计划。公务电话用户暂定采用 5 位统一编号;编号计划和具体号码由轨道公司最终确定。

首位号码、特种业务及新业务号码编号,应符合《自动用户交换机进网要求》(YD344—90)和《国家通信网自动电话编号》(GB3971—83)的相关规定。

公务电话网的内部用户(权限由软件控制)通过公众网可实现国际国内的长途自动呼叫,采用一次拨号方式。

(4)接口协议。模拟电话用户信令采用双音多频。

综合接入设备、语音接入设备、中继网关、信令网关与软交换之间的接口,采用 SIP、MGCP 或 H.248 协议等。

中继网关与公共电信交换机之间的接口,采用 DSS1 信令或 NO.7 信令。

中继网关与无线集群交换机之间的接口,采用 Q-SIG、中国 1 号信令或 DSS1。

应用服务器与软交换设备之间的接口,采用 SIP、INAP 或 Parlay API 协议等,优先 SIP 协议。

网关设备与软交换设备之间的接口,采用 SIP、MGCP 协议等,优先 SIP 协议。

与公共电信交换机、无线集群交换机之间的接口协议需在设计联络中确定,投标人应充分理解,并承诺不因接口协议的改变而影响系统报价。公务电话系统,如图 6-11 所示。

二、专用电话系统

专用电话系统是确保轨道交通的行车指挥、运营、维护管理的安全、高效率的有效手段。专用电话系统主要包括调度电话、站间行车电话、轨旁电话和站(段)内电话。调度电话是为列车运营、电力供应、日常维护、防灾救护提供指挥的专用通信系统,要求迅速、直达,不允许与运营无关的其他用户接入该系统。根据轨道交通运行组织和业务管理的特点,调度电话系统包括行车调度、电力调度、环控(防灾)调度、维修调度等;站(段)内电话指以车站(段)值班员为中心的车站(段)直通电话指挥系统;站间行车电话指相邻站间值班员的直通电话;轨旁电话指区间作业人员与车站值班员或外界的电话系统。图 6-12 所示为电话实物图。

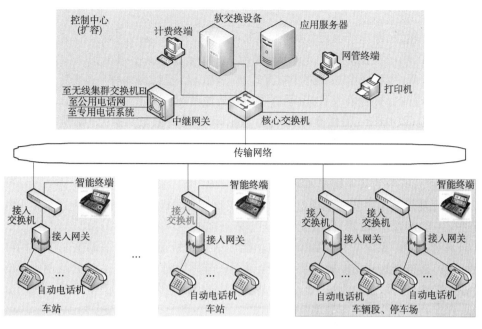

图 6-11 公务电话系统

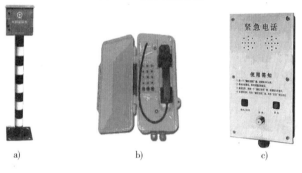

图 6-12 电话实物

1. 系统功能

(1) 调度电话功能,有如下诸方面:

①各调度员能通过值班台与各站(段)相应值班员(分机)直接通话。

②各调度员之间能通过调度台直接通话。

③各调度员呼叫各站(段)值班员时可单呼、组呼、全呼。

④值班主任能通过调度台与各调度员直接通话。

⑤各站(段)值班员呼叫调度员时,调度台上应有可见可闻信号表示;普通呼叫和紧急呼叫的声、光信号应有明显区别,调度台可显示呼叫分机号码及中文站名,紧急呼叫和普通呼叫应有区别。

⑥调度员能利用值班台召开电话会议。

⑦对调度员的所有通话都应自动记录。

⑧调度电话系统应具有维护管理功能,能进行一般性管理、故障管理、配置管理和安全管理。

(2) 站(段)内专用电话功能,有如下几方面:

①站(段)内直通电话功能:直通电话只能与车站值班员通话,两个直通电话之间不能

通话。

②车站、车辆段、停车场值班台功能：车站、车辆段、停车场的值班员能通过值班台有选择地与所管辖区用户直接通话。车站、车辆段、停车场值班员呼叫本辖区域内的直通电话时，应能实现单呼、组呼及全呼三种呼叫方式。各站(段)直通电话呼叫车站(段)值班员时，值班台可显示呼叫分机号码或名称，紧急呼叫和普通呼叫应有区别。

(3)站间电话功能是：提供车站值班员与相邻站(段)值班员，相邻联锁站值班员业务通话。

(4)轨旁电话功能。它应具有自动、直通功能，轨旁电话既能与相应车站值班员通话，也可与公务电话系统中的其他用户通话。

(5)管理功能。本系统应能通过软件设置或改变电话机功能实现，并应具有维护管理功能，能进行一般性管理、故障管理、配置管理、安全管理。

(6)录音功能。系统应具有数字录音功能。录音系统能确保地铁调度和生产指挥的指令正确记录，是整个地铁调度通信系统安全运行的辅助设备，为地铁运营提供现代化的管理手段，提高管理部门信息的收集、处理、联动及反应能力，为管理人员提供准确及时的分析依据，提高管理的科学性和工作效率。

录音系统应用于控制中心、车辆段、停车场、车站，具有对调度台、值班台和对公务电话系统、广播系统及无线通信系统等的通话的集中录音，具有远程录音的播放和网管功能。

2. 方案比选

1)系统构成方案

根据通信技术的发展，目前专用电话系统构成主要有3种方式：

方式一：专用电话系统与公务电话系统合设。本方式通常要求公务电话系统采用用户程控交换机方式，并利用公务电话交换机的调度电话模块和热线功能实现专用电话的所有功能。即调度电话是利用PABX的调度功能实现的，站内电话、站间行车电话、轨旁电话等功能则是利用公务电话交换机的热线功能实现的，这是国内轨道交通较早采取的一种方式。此外，也有采用高可靠性的大容量调度交换机，以调度业务为主，实际是将公务电话系统提高到一个较高的档次，如北京地铁4号线就是采取这种方式。

方式二：控制中心设单独的调度电话交换机，利用传输系统提供的通道和接口，将车站(及停车场车辆段等)的调度电话分机接入控制中心的调度电话交换机；站内电话、站间行车电话、轨旁电话等功能则是利用公务电话交换机的热线功能实现。如上海地铁1号线及广州地铁3号、4号线就是采取这种方式。

方式三：调度电话与车站(停车场)站内直通电话、站间行车电话、区间电话等采用一体化设备，以下简称合设方式；厦门地铁1号线，武汉地铁1号、2号、4号线，上海地铁5号线，苏州地铁1号线及2号线，北京地铁八通线，近年来建设的大多数地铁线及国铁就是采取这种方式。

2)方案比选

"方式一"的公专合一的方案，它少了一套公务电话系统，对公务电话来说，可靠性得到了提高，对专用电话来说，分设方案在专用电话故障时可通过公务电话联络，从造价来说，调度交换机比较贵，总体来说节省不了多少费用。但专用电话与公务电话的服务等级不同，公务电话允许呼损，而专用电话出现呼损是不允许的。本方式解决该问题的方法是加大设备能力，保证专用电话不出现呼损。

"方式二"中的调度电话系统与公务电话分离,站间、站内和轨旁等电话功能利用公务电话交换机的热线功能来实现;调度系统的安全性较高,但调度电话系统在控制中心存在较多模拟接口,站间、站内和轨旁等电话的组网方案需结合公务电话系统组网方案综合考虑,且投资比"方式一"大。

"方式三"是专用电话系统与公务电话完全分离,且专用通信系统融为一体(即调度电话与站间、站内、轨旁电话由同一通信设备实现),是专为专用通信设计,真正完整、独立的专用电话系统。其结构紧凑,便于使用和维修,尤其是可以减少车控室值班员面前的电话分机数量(行车调度、环控调度、维修调度电话分机均可集成到值班员操作台上),还具备统一的监控手段,便于系统的维护、管理。

3)系统技术体制选择

以专用电话系统采用一体化的数字调度系统为例,根据目前电话交换技术可以选用如下3种技术方案:

方案一:采用传统的程控交换技术,利用E1中继通道进行组网。这种方案是目前轨道交通已建线路和在建线路普遍采用的方案。

方案二:采用传统的程控交换技术,并利用交换机内置的IP中继网关(主流的调度交换机均具体IP中继网关),实现TDM信号与IP码流的转换,即将组网通道由E1调整为以太网通道,但系统的终端配置、功能、操作完全与方案一保持一致。这种方案在建的部分线路(如北京地铁14号线、无锡地铁1号线和2号线)采用。

方案三:采用软交换机技术,利用以太网通道组建IP调度通信系统。控制中心配置软交换调度系统,同时配置IP调度员操作台、IP话机、网管系统、IP录音系统等设备,在各个车站/停车场配置各种IP电话(如IP值班员操作台、IP调度电话等),直接注册到控制中心的软交换调度系统上;同时控制中心和车站/停车场也可以采用IP终端+接入网关模式,通过SIP协议注册到控制中心的软交换调度系统上,接入网关用于接入普通的电话机(如站内及站间电话机、轨旁电话、普通的调度分机等)。这种方案在电力、石油、部队等其他行业已广泛采用,在轨道交通还未有应用案例,个别线路在系统设备招标是已将此方案纳入考虑。

3.系统构成

在控制中心、车辆段分别设置1套专用电话主系统设备,主系统之间通过传输系统提供的2M通道互联;在38个车站、停车场分别设置专用电话分系统,主系统和分系统之间通过传输系统提供的2M通道构成双星形网络,分系统之间通过传输系统提供的2M通道实现邻站相连、首尾站相连,相邻站分系统间同时利用站间电缆相连。

1)调度电话

在控制中心新设行车、电力、防灾、维修等调度台及数字话机,在各车站控制室、车辆段/停车场信号楼、车辆段/停车场防灾值班室、各变电所等相关地点设置各种值班台、调度分机,实现控制中心对车站、车辆段/停车场的调度电话功能。

控制中心各调度台通过双"U"口与两套主系统连接,两套系统实现冗余备份,任一主系统故障均不影响调度系统的正常使用。在控制中心设网管设备对系统进行集中维护管理。在换乘站,预留两条线互设调度分机的能力。

2)站内电话

在各车站、车辆段/停车场行车值班员处设多按键电话终端(值班台);在车站、车辆段/停车场相关处所设置站内电话分机,站内电话分机通过音频电缆接入车站/停车场专用电话分系统;车辆段站内电话分机接入车辆段专用电话主系统,实现与车站/段/场值班员的直接通话。

在车站公共区设置车站紧急求助电话,供站内乘客和工作人员在紧急状态下呼叫车站控制室值班员。

3)站间电话

在各车站、车辆段、停车场行车值班员处的值班台兼作站间电话,通过车站值班台上的呼叫按键实现站间电话功能。

4)轨旁电话

在地下区间线路每隔150m,设置一个轨旁电话,实现沿线作业人员与相关部门的通信。

在区间道岔附近设置道岔电话,通过区间电缆接入邻站专用电话分系统,实现沿线作业人员与相邻车站值班员的直接通话。

为了给区间轨旁电话提供通道,并为站间电话、站间模拟中继及应急通信提供实回线备用通道,与光缆同径路,沿上下行区间各敷设1条20P电缆。该电缆采用屏蔽性能好、抗干扰性强、充油电缆,外护层阻燃、低烟、无卤、防鼠。

5)集中录音设备

在控制中心、车辆段、停车场、车站设置集中录音设备,完成通信系统内部无线、公务电话、专用电话、广播等必要语音信息的录音功能,并具有录音查询、输出、备份等功能。

三、程控交换技术

电话交换伴随着电话通信的出现而同时产生,随着电话通信技术的飞速发展,交换系统经历了人工交换、步进制交换、纵横制交换、电子交换等阶段。新一代的电子交换系统利用预先编制好的计算机程序来控制整个交换系统的运行,以代替用布线方式连接起来的逻辑电路控制整个系统的运行,所以这种新型的交换系统叫作存储程序控制交换系统,简称程控交换系统。早期的程控交换机在话路系统方面与机电式交换机并无本质区别,仍然使用了空间分割的话路交换网络,所交换的信息也都是模拟信号,因而这一类交换机叫作模拟程控交换机。随着脉冲编码调制技术(PCM)的应用,PCM传输系统得到发展,促使程控交换向采用时间分割的数字交换机发展。数字交换机所交换的信息是数字信号,所以这类交换机称为数字程控交换机。

1. 程控交换机的分类

(1)按交换方式分类。它可分为电路交换、报文交换和分组交换3种方式。

(2)按控制方式分类。它可分为集中控制、分级控制、全分散控制3种方式。

①集中控制方式:交换机的全部控制工作均由一台处理机(中央处理机)来承担,早期的交换机多采用这种控制方式。此方式的优点是处理机对整个交换机的工作状态有全面的了解,程序是一个整体,修改调试较容易;缺点是软件庞大,所有处理工作都由一台处理机完成,故处理机负担太重,系统比较脆弱。

②分级控制方式:程控交换机中配备若干个区域处理机,来完成监视用户线、中继线状态及接收拨号脉冲等较简单而频繁的工作,中央处理机仅负责智能化程度较高的工作。此方式的优点是由于区域处理机的设立而减少了中央处理机的工作量,使得中央处理机可以采用微处理机,系统可靠性比集中控制式高。

③全分散控制方式:在程控交换机中取消了中央处理机,在终端设备的接口部分配置微处理机来完成信号控制(如:用户摘、挂机和拨号脉冲识别等)及网络控制功能(通路选择及

接续),设立专用微处理机来完成呼叫控制功能。此方式的优点是处理机发生故障时影响面较小,处理机数量可随交换机容量平滑地增长;缺点是处理机数量多,处理机之间通信较频繁,降低了处理机的呼叫处理能力和交换网络的有效信息通过能力。

(3)按交换信息的类型分类。它可分为模拟交换机和程控数字交换机两种方式。

①模拟交换机:在交换网络中交换的信息是模拟信号(即为 0.3~3.4kHz 的模拟话音信号),故称为程控模拟交换机。模拟交换机所采用的交换网络通常是空分方式。

②程控数字交换机:在话路部分和交换网络中传送和交换的是数字信号,故称为程控数字交换机。这种交换网络通常采用时分交换方式。

2. 程控交换机的基本结构

程控数字交换机实质上是一种通过计算机存储程序控制的交换机,由程序软件实现各种电路的接续、信息交换及接口等设备管理、维护、控制功能。虽然不同类型、不同型号的数字交换机具体结构各不相同,但它们的基本结构均可由图 6-13 所示的框图来描述。

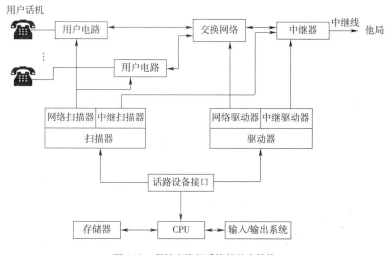

图 6-13 程控交换机系统的基本结构

程控交换系统是由硬件和软件两大部分组成。硬件可分为两个系统:话路系统和中央控制系统。

1)话路系统

话路系统由交换网络和外围电路组成。其中外围电路包括用户电路、中继器、扫描器、网络驱动器和话路接口等几部分。

交换网络的作用是为音频信号(模拟交换)或话音信号的 PCM 数字信号(数字交换)提供接续通路。

用户电路是交换网络和用户线间的接口电路,它的作用一方面把语音信息(模拟或数字)传送给交换网络;另一方面把用户线上的其他信号,如铃流等与交换网络隔离开来,以免损坏交换网络。

中继器是数字程控交换机与其他交换机的接口电路。所谓中继线是该系统与其他系统或远距离传输设备的连接线。根据连接的中继线的类型,中继器可分成模拟中继器和数字中继器两大类;中继器还有出局中继和入局中继之分。

扫描器用来收集用户信息,用户状态(包括中继线状态)的变化通过扫描器可送到控制部分。

网络驱动器是在中央处理系统的控制下,具体地执行交换网络中通路的建立和释放。

话路设备接口,又称信号接收分配器,统一协调信号的接收、传送和分配。

2)中央控制系统

控制系统的功能包括两个方面:一方面是对呼叫进行处理;另一方面对整个交换系统的运行进行管理、监测和维护。

控制系统硬件由如下3部分组成:

(1)中央处理芯(CPU),它可以是一般数字计算机的中央处理芯片,也可以是交换系统专用芯片。

(2)存储器(内存储器),它存储交换系统常用程序、正在执行的程序和执行数据。

(3)输入输出系统,包括键盘、打印机,可根据指令或定时打印出系统数据;外存储器存储常用运行程序,机器运行时调入内存储器。

任务三 无线通信系统

一、无线通信系统概述

专用无线通信系统为工程固定用户与移动用户之间提供可靠的通信手段,它对行车安全、提高运输效率和管理水平、改善服务质量、应付突发事件提供了重要保证。根据轨道交通运营和管理的实际情况,一般无线通信系统分为如下几个子系统:

行车调度子系统:供行车调度员、列车司机、车站值班员、站台值班员之间进行通信联络,满足行车要求。

维修调度子系统:供维修调度员与现场值班员之间进行通信联络,满足线路、设备日常维护及抢修要求。

防灾环控调度子系统:供防灾环控调度员、车站值班员、现场指挥人员及相关人员之间进行通信联络,满足事故抢险及防灾需要。

车辆段/停车场调度子系统:供车辆段/停车场信号楼值班员、列检库运转值班员、列车司机、场内作业人员之间进行通信联络,满足段内调车及车辆维修需要。

1.移动通信的分类方法

(1)按使用对象,可分为民用设备和军用设备。

(2)按使用环境,可分为陆地通信、海上通信和空中通信。

(3)按多址方式,可分为频分多址(FDMA)、时分多址(TDMA)和码分多址(CDMA)等。

(4)按覆盖范围,可分为宽域网和局域网。

(5)按业务类型,可分为电话网、数据网和综合业务网。

(6)按工作方式,可分为同频单工、双频单工、双频双工和半双工。

(7)按服务范围,可分为专用网和公用网。

(8)按信号形式,可分为模拟网和数字网。

(9)按交通工具形式,可分为汽车、坦克、火车、船舶、飞机和航天飞行器等的移动通信,还有个人便携移动通信。

(10)按应用系统,可分为蜂窝式公用移动通信系统、集群调度移动通信系统、无绳电话系统、无线电寻呼系统、卫星移动通信系统、分组无线网等。

2.移动通信的工作方式

移动通信有多种工作方式,包括单向信道的单工方式和双向信道的单工、半双工和双工方式等。

(1)单向单工方式,即单方向工作,如图6-14所示。最典型的是无线寻呼系统,即寻呼发射台用单频发出信息,用户则以此频率接收信息,这是一种单工工作方式。

(2)双向同频单工方式,是指通信双方使用同一个工作频率,但各方收发设备不同时工作的通信方式(见图6-15)。

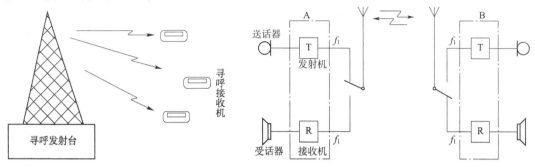

图6-14 单向单工方式(寻呼系统)   图6-15 双向同频单工方式

通常通信双方都处于此频率点上的接收守候状态。当A方讲话时,按下讲话键,此时发射机工作、接收机关闭,B方处于守候接收状态;A方讲完B方接收后,A方松开讲话键变成接收状态,B方按下讲话键,仍在此频率上进行讲话,A方接收。如此反复交替工作,直到双方信息交换完毕。

(3)双向异频(双频)单工方式,即通信双方使用两个不同频率,两频率有一定的间隔,以防止发射机对接收机产生干扰。因而一个基地台可同时使用多对频率而不会引起干扰,容量也可扩展。

(4)双向异频(双频)半双工方式,即通信双方收发信机分别使用两个频率,一方使用双工方式,另一方使用单工方式(见图6-16)。

基地台是双工方式,即收发信机同时工作,而移动台是按键讲话的异频单工方式。基地台用两副天线(或采用天线共用器用一副天线)同时工作,移动台通常处于收信守候状态。

(5)双向异频(双频)双工方式,是指每个方向使用一个频率,通话时无须按下发话键,与普通手机使用情况类似。收发话音可同时进行。双向异频(双频)双工方式,如图6-17所示。

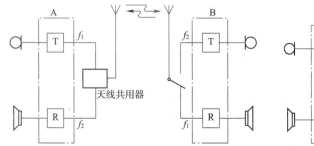

图6-16 双向异频(双频)半双工方式   图6-17 双向异频(双频)双工方式

3.集群通信系统介绍

1)集群通信系统的工作方式

集群通信系统的主要业务是：调度台的收发信机与一群（组）移动台之间建立一条单工或半双工的无线通信线路，或移动台用户（车载台或手持台）之间建立一条单工或半双工的无线通信线路。"集群"是指：向正在申请服务的用户自动分配信道。集群系统分配信道的基本技术有以下几种：

（1）信息集群，即消息集群。整个通话期间，给该通话组用户分配一条无线信道。从移动台按键开始，此信道就被占用，只有通话双方结束通话后一定时间，此信道才被释放。这种技术效率低。

（2）传输集群，即发射集群。当A、B双方用户在单工或半双工工作时，A用户按下讲话键后，就占用一个空闲信道，当A用户第一个消息发送完毕松开讲话键时，就有一个"传输完毕"的信令送到基地台的控制器，这个信令用来指示基地台这个信道可以被别的用户使用。因而在传输集群方式中不会由于通话暂停而仍然占用信道，从而提高信道利用率。

（3）准传输集群，即准发射集群。它是相对于传输集群而言的，是为了克服传输集群的缺点而改进的。

准传输集群兼顾信息集群和传输集群的优点，它缩短了信道的保留时间，用户每次发话完毕，松开讲话键后，信道保留约为0.5~1s，而不会使消息中断。

2）数字集群移动通信系统

（1）数字集群移动通信系统的特点。模拟集群移动通信网的主要问题是频率低；所能提供的业务种类受限，也就是说不能提供高速率数据服务；保密性差，容易被窃听；移动设备成本高，体积大，网的管理控制存在一定的问题等。采用数字通信就表现出了数字集群通信的优缺点。

①频谱利用率高；

②信号抗信道衰落的能力提高；

③保密性好；

④多种业务服务；

⑤网络管理和控制更加有效和灵活。

（2）数字集群通信的关键技术。它主要有：数字话音编码、数字调制技术、多址技术、抗衰落技术等。

①数字话音编码。在数字通信中，信息的传输是以数字信号形式进行的，因而在通信的发送端和接收端，必须相应地将模拟信息转换为数字信号或将数字信号转换成模拟信号。在通信系统中使用的模拟信号主要是话音信号和图像信号，信号的转换过程就是话音编码/话音解码和图像编码/图像解码。

在集群移动通信中，使用最多的信息是话音信号，所以话音编码的技术在数字集群移动通信中有着极其重要的关键作用。话音编码为信源编码，是将模拟话音信号变成数字信号以便在信道中传输。这是从模拟网到数字网至关重要的一步。高质量、低速率的话音编码技术与高效率数字调制技术同时为数字集群移动通信网提供了优于模拟集群移动通信网的系统容量。话音编码方式可直接影响到数字集群移动通信系统的通信质量、频谱利用率和系统容量。话音编码技术通常分为波形编码、声源编码和混合编码3类。混合编码能得到较低的比特速率，在众多的低速率压缩编码中。

②数字调制技术。它是集群移动通信系统中接口的重要组成部分，在不同的小区半径和应用环境下，移动信道将呈现不同的衰落特性。数字调制技术应用于集群移动通信需要

考虑的因素有：

　　a. 在瑞利衰落条件下误码率应尽量低；

　　b. 占用频带尽量地窄；

　　c. 尽量用高效率的解调技术，以降低移动台的功耗和体积；

　　d. 使用的 C 类放大器失真要小；

　　e. 提供高传输速率。

　　在给定信道条件下，寻找性能优越的高效调制方式一直是重要的研究课题。数字移动通信系统有两类调制技术：一类是线性调制技术；另一类是恒定包络数字调制技术。前者如 PSK、16QAM；后者如 MSK、GMSK 等（也称连续相位调制技术）。目前，国际上选用的数字蜂房系统中的调制解调技术，有正交振幅调制（QAM）、正交相移键控（QPSK）、高斯最小频移键控（QMSK）、四电平频率调制（4L-FM）、锁相环相移键控（PLL--QPSK）、相关相移键控（COR-PSK）、通用软化频率调制（GTFM）等。西欧 GSM 采用 GMSK 调制技术，北美和日本采用较先进的 π/4-QPSK。APCD（联合公安通信官方机构）和 NASTD（国家电信局国防联合会）选择正交相移键控兼容（QPSK-C）作为项目 25 数字通信标准的调制技术。QPSK-C 频谱效率高并且具有灵活性，它使用调制技术在 12.5kHz 带宽的无线信道上发送 9.6bps 信息，同时提供与未来线性技术的正向兼容性，这将使系统达到更高的频谱效率。美国 MOTOROLA 新研制生产的 800M 数字集群移动通信系统，在 16QAM 调制技术基础上，自己研发的 M16QAM 技术。

　　③多址方式。在蜂窝式移动通信系统中，有许多移动用户要同时通过一个基站和其他移动用户进行通信，因而必须对不同移动用户和基站发出的信号赋予不同的特征，使基站能从众多移动用户的信号中区分出是哪一个移动用户发来的信号；同时各个移动用户又能识别出基站发出的信号中哪个是发给自己的信号。解决上述问题的办法就称为多址技术。

　　数字通信系统中采用的多址方式有：

　　a. 频分多址（FDMA）；

　　b. 时分多址（TDMA 有窄带 TDMA 和宽带 TDMA）；

　　c. 码分多址（CDMA）以及它们组合而成的混合多址（时分多址/频分多址 TDMA/FDMA、码分多址/频分多址 CDMA/FDMA）等。

二、无线通信系统功能

　　城市轨道交通专用无线通信系统提供通话功能、数据功能、辅助业务功能及网络管理功能。

　　1. 通话功能

　　(1) 中心行车调度员与在线列车司机之间的通话。

　　(2) 车站值班员与在线列车司机之间，车站值班员与站内移动值班人员之间的通话。

　　(3) 列车司机之间的通话。

　　(4) 中心防灾环控调度员与相关移动人员之间，相关移动人员之间的通话。

　　(5) 中心维修调度员与移动维修作业人员之间，移动维修作业人员之间的通话。

　　(6) 车辆段、停车场调度员与段（场）内列车司机之间的通话。

　　(7) 车辆段、停车场调度员与段（场）内持便携台作业人员之间的通话。

　　(8) 车辆段、停车场内持便携台作业人员之间的通话。

（9）公务电话用户与无线用户之间的通话。

（10）不同组成员之间通过调度台转接的通话。

2. 呼叫功能

（1）系统具有单呼、组呼、通播组呼叫和全呼功能以及普通呼叫、紧急呼叫功能。

（2）系统具有中心调度员对运行中的某列车或全部列车进行广播的功能。

（3）通过信号专业 ATS 系统提供的列车进出车辆段、停车场信息、列车在运行线路上的位置信息、列车的车次号、车组号、司机号信息呼叫列车。

（4）系统能在网管、ATS 的配合下实现基站区、集中站区呼叫等。

3. 数据功能

系统数据承载业务，包括电路方式数据业务、短数据业务和分组数据业务。

利用系统数据功能可以在移动终端之间、移动终端和固定用户之间进行短消息传送。在系统二次开发的基础上，还应能提供下列特殊服务：用户的状态信息服务、紧急告警服务、出入库自检服务、列车状态监控服务、控制列车广播系统实现对乘客进行广播服务。

利用数据承载功能，还能提供数据库调阅，文本信息传送等方面的应用。

4. 辅助功能

（1）系统支持的辅助业务功能：远端调度台的接入。

（2）自动录音：对所有调度通话进行自动录音。

（3）空中接口鉴权。

（4）虚拟专网：系统为各调度群用户提供专用调度台，组成虚拟专用网。

（5）故障弱化：支持多话音信道、备用控制信道、中心控制器容错、单基站集群、直通模式功能。

（6）开放信道呼叫。

（7）自动漫游。

（8）移动台遥毙/复活。

（9）越基站无隙切换。

（10）调度区域选择。

（11）移动台自动搜索控制信道。

（12）各用户间的通信自动接续。

（13）超越覆盖指示（声音或显示提示）。

（14）组呼的滞后进入。

（15）会议呼叫。

（16）呼叫提示。

（17）遇忙呼叫转移。

（18）缩位寻址等。

5. 网络管理功能

系统需要能够实现有效、灵活的网络管理与控制，能提供的网管功能包括性能管理、配置管理、用户管理、计费管理、安全管理。

6. 系统的通信方式

相关工作人员分成不同的工作小组划归不同的子系统，各子系统主要以调度选呼、组呼的形式进行通信，也允许相关的无线用户之间必要的无线通信。其通话方式见表 6-3。

无线通信系统通话方式 表6-3

主叫＼被叫	行车调度员	其他调度员	车站	车辆段、停车场	司机	便携台	有线用户
行车调度员		内部双工			双工或半双工	半双工	拨号（受控）
其他调度员	内部双工				半双工	半双工	拨号（受控）
车站					异频单工	异频单工	
车辆段、停车场					双工或半双工	半双工	
司机	双工或半双工	半双工	异频单工	双工或半双工	转接	转接	转接
便携台	半双工	半双工	异频单工	半双工	转接		转接
有线用户	拨号出	拨号出			转接	转接	

三、无线通信系统构成

目前，国内外主要数字集群通信系统包括 TETRA、iDEN、GT800 及 GOTA 等 4 种系统体制。根据各系统技术特点、以往工程建设经验及相关设备使用情况，TETRA 系统在城市轨道交通中使用更为广泛。因此，下文主要阐述采用 TETRA 制式的数字集群设备进行组网的方案。

1. 无线组网方案

目前各地新建及在建轨道交通工程，基本采用多基站小区制组网，即在沿线车站和车辆段/停车场设置集群基站；所有基站通过传输系统所提供的通道与控制中心的集群移动交换机相连。该方案具有性能好、易扩容、多业务扩展性强等优点。

在沿线各车站、车辆段及停车场均设置 1 套 TETRA 基站设备，各基站通过传输系统提供的有线通道与控制中心的移动交换控制中心设备相连。

2. 调度服务器及调度台配置

在控制中心设调度服务器和行车调度、环控（防灾）、维修等调度台；在车辆段/停车场设车辆段/停车场调度台。

3. 终端设备配置

沿线各车站值班员处设置车站固定电台；各列车两端驾驶室内配置车载台；移动作业人员如各车站、车辆段、停车场的工作人员、防灾人员、综合维修部门人员配备便携台。

4. 车辆段/停车场调度实现方案

为解决列车因出入车辆段/停车场时需从行车调度通话组与车辆段/停车场调度组之间的快速切换问题，在移动交换控制中心设置与 ATS 系统的接口，由 ATS 系统提供触发信号，正常情况下根据 ATS 控制自动切换；同时列车电台上设置一个专用按钮，供非正常情况使用和强制性人工切换。当列车进入车辆段/停车场时，列车电台根据 ATS 控制或手动按钮，从行车调度通话组切换到车辆段/停车场调度组，与车辆段/停车场值班员、车辆段/停车场内移动人员共同构成车辆段/停车场无线通信子系统，完成调度对车辆段/停车场内列车及移动作业人员的调度指挥。

专用无线通信系统组网方案的构成，详见图 6-18。

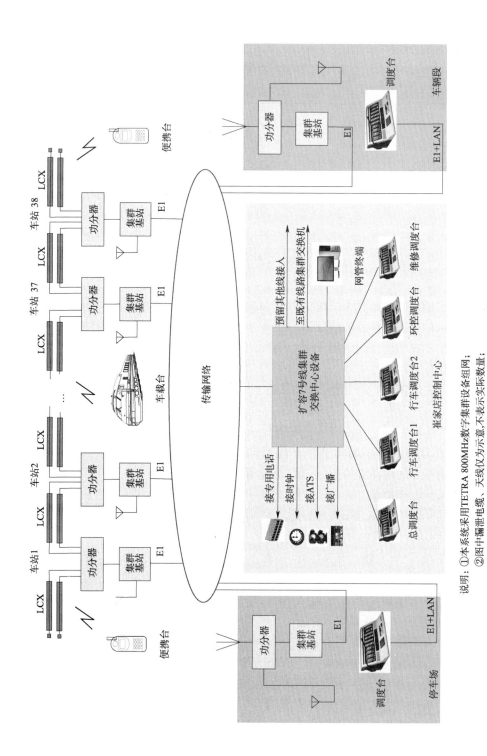

图 6-18 专用无线通信系统组网方案的构成

任务四　视频监视系统

视频监视系统是城市轨道交通维护和保证运输安全的重要手段。它能够为控制中心的调度员、各车站/车辆段/停车场值班员、列车司机等提供有关列车运行、防灾救灾、旅客疏导以及社会治安等方面的视觉信息。闭路电视的作用和使用见二维码28。

一、闭路电视的系统功能

CCTV 在轨道交通领域涉及如下4个方面：
(1) 轨道交通运营 CCTV；
(2) 轨道交通车辆段、停车场安全防范 CCTV；
(3) 运营车辆安全防范 CCTV；
(4) 轨道交通公共地域范围治安 CCTV。

轨道交通运营 CCTV 系统是轨道交通运营、管理现代化的配套设备，是供运营、管理人员实时监视车站客流、列车出入站、乘客上下车及隧道口、隧道口至高架桥梁区间的地面过渡段人员进出和线路设备情况，以加强运行组织管理，提高效率，确保安全正点地运送乘客的重要手段。闭路电视系统从使用上应满足行车管理人员[中心级：行车调度员、环控(防灾)调度员、总调度人员，车站级的车站值班员，列车司机]对相应的管辖区域进行监视。其中站厅区主要监视自动售检票、进出口闸机、上下站台的自动扶梯等情况；站台监视区主要监视乘客上、下列车及屏蔽门开、关的情况。本节内容主要针对该领域的应用。

轨道交通车辆段、停车场安全防范 CCTV 系统将单独论述；运营车辆客室安全防范 CCVT 系统纳入 PIS 系统；轨道交通公共地域范围治安 CCTV 系统则纳入警用通信中，是警用通信的重要子系统。

1. 系统功能

闭路电视监视(CCTV)系统是地铁运营管理现代化的配套设备。该系统为控制中心的行车调度员，车站值班员，列车司机等对车站的站厅、站台、扶梯等主要区域提供监视服务，实时监视车站客流、列车进出站、乘客上下车情况。

(1) 监视范围。闭路电视监视(CCTV)系统主要监视车站站台、站厅、出入口、楼梯及自动扶梯、垂直电梯、乘客进出闸机、自动售检票闸机、监票补票室(乘客服务中心)、票务室、通信设备室、信号设备室、变电所等处。控制中心调度员可在各自的显示终端或大屏幕上任意调看全线任意摄像机的图像；其中环控(防灾)调度员主要监视车站的机电设备运营状态。车站值班员可调看本站任意摄像机的图像。列车司机监视站台上旅客上下车情况。

(2) 图像存储功能。车站可根据需要同时对本站全部或部分多路视频图像进行存储，并保存至少15d。

控制中心调度员可根据时间、地点等信息对全线任何一路图像信号进行检索、查询及回放，并可对所观看图像进行存储，存储的图像资料应便于日后检索及查询。控制中心可调看任意车站的存储图像并刻录。

车站值班员可根据时间、地点等信息对本站任何一路图像信号进行检索、查询及回放。

(3) 控制功能。控制中心各调度员和各车站值班员分别能够在远程和本地控制云台摄像机。控制可以设置优先级,优先级顺序为:控制中心环控(防灾)调度员、车站环控(防灾)值班员、控制中心行车调度员、车站行车值班员、控制中心电力调度员。考虑预留公安视频监控及其他共享视频信息的优先级设置。

控制中心各调度员可选择本线任一摄像机的图像在任一监视器显示,既可自动循环切换,也可手动切换;车站行车值班员可选择本站与行车相关的任一摄像机的图像显示在监视器上,既可用各种时序自动循环切换,也可手动切换。控制中心各调度员和各车站值班员分别能够在远程和本地控制云台摄像机。

控制中心各调度员能分区控制各车站的摄像机、监视器的电源,自动或手动设置列车停运后关闭,开始运营前开启,以延长设备的使用寿命。

(4)字符叠加。在各控制室所显示的图像,可同时显示相应的必要信息,如车站站名、摄像点的区域编号、日期及时间等字符等,并可用汉字显示。所有字符的格式、内容等信息,均可由用户方便地自由修改。

(5)管理功能。控制中心设置一套网管设备,主要负责系统相关设备的运行状态进行综合的监视、管理与维护,能对系统数据及配置进行修改。并能将系统故障及告警信息上传至专用通信集中告警系统。

(6)系统扩展。系统具有扩展功能,扩展时要求不影响既有设备的使用,增加的设备较少,软件基本不变。视频监视系统应增加分配器将固定监视公共区的图像同时传送给治安视频监控系统。

2. 设计方案比选

1)图像编码方式比选

图像压缩编码有多种方式,适合视频监视系统图像质量要求的,主要有 M-JPEG、MPEG-2、MPEG-4、H.264 等几种编码方式。下面从图像分辨率、带宽占用、价格等方面比较这几种编码方式。

(1)图像分辨率。上述编码方式中,提供的图像分辨率均能达到 720×576,但在相同的画面质量的条件下,采用 H.264 技术压缩后的数据量只有 MPEG-2 的 1/8,MPEG-4 的 1/3。H.264、MPEG-4 和 MPEG-2 较 M-JPEG 更适用于激烈运动动态图像的压缩存储。

(2)带宽占用。M-JPEG 占用带宽最高,每路图像需要 $12 \sim 16 Mb/s$ 的带宽;MPEG-2 每路图像占用带宽为 $6 \sim 8 Mb/s$;MPEG-4 每路图像占用带宽相对较低,为 $128 kb/s \sim 2 Mb/s$,H.264 每路占用带宽最低,它实现了在 $1.2 \sim 1.5 Mbit/s$ 的视频码率下传输清晰的 D1 图像。

(3)价格。根据目前市场价格来看,M-JPEG 的价格最高,MPEG-4 价格最低。H.264 编码设备已开始在轨道交通视频监视系统广泛使用,价格已不是其在市场竞争中的劣势。

2)录像存储技术比选

录像存储技术目前主要有 DAS(直接连接存储)、NAS(网络附加存储)技术、SAN(存储区域网络)3 种。

DAS:是指将外置存储设备通过连接电缆,直接连到服务器。它的特点是存储架构简单,但存储设备与服务器直接相连,导致连接的存储设备及其存储的数据有限,而且整个系统中的数据分散,共享和管理比较困难。并且 DAS 方式无法实现物理存储设备对多服务器的物理共享,目前虽然单台存储设备的容量不断提高,然而随着系统整体存储容量和使用存储资源服务器数量的提升会造成存储设备的使用效率、管理、维护以及应用软件的开发成本增加。

NAS:该设备功能上独立于网络中的主服务器,不占用服务器资源。NAS设备直接通过网络接口连接到网络上,作为网络的一个节点存在,简单的配置IP地址后,就可以被网络上的用户共享使用。由于NAS设备直接接入到网络中,所以整个系统的扩展性好,而且NAS设备提供硬盘RAID、冗余的电源、控制器,可以保证稳定运行。

SAN:存储区域网络,即建立了一个专用区域网络连接所有存储资源和要访问这些存储资源的服务器,实现存储资源的物理共享。SAN是一种将存储设备、连接设备和接口集成在一个高速网络中的技术,它本身就是一个存储网络。在SAN中,所有的数据传输在高速网络中进行,其存储实现的是直接对物理硬件的块级存储访问,提高了存储的性能和升级能力。SAN采用高安全性的存储阵列,支持RAID,确保存储图像的安全性,提高了存储系统长时间连续工作能力;其在综合网络的灵活性、可管理性和可扩展性的同时,提高了存储I/O的可靠性。

SAN有FC-SAN和IP-SAN等实现方式,FC-SAN采用高速的光纤通道构成存储网络,IP-SAN则是架构在IP网络上的存储网络,通过IP网络来传输数据。

3)列车司机监视方式比选

列车司机可通过站台前端、无线方式设置监视器两种方案监视站台和乘客上下车情况。

方案一:在上、下行站台列车驾驶室停车位置的一端各设置1台42英寸彩色监视器,接收本侧站台摄像机的图像供司机观看。

方案二:在列车驾驶室内设置1台14英寸彩色监视器(每列车2台),接收由本侧站台定向天线发射的站台图像信号,供司机观看。

方案一可完全满足司机对站台情况的监视,因为不涉及无线传输,减少了维护人员工作内容,对外界无干扰,同时建设投资较低。方案二可为司机提供高质量的图像信号,减少司机工作强度,解决了站台安装监视器的工程问题,但建设涉及范围广(需增设大量车上设备),增加维护人员工作内容,而且由于频点使用限制,涉及车辆、PIS、信号等专业接口,系统较为复杂,目前在地铁中很少采用此方案。

二、闭路电视的系统构成

以某地铁公司的闭路电视监控系统设置方案为例,在控制中心设置数字视频解码器、视频管理服务器、视频存储服务器、视频分析服务器及视频监控终端、录像回放终端,在各车站/车辆段/停车场设置视频管理服务器、高清摄像机、数字视频解码器、视频分析设备、视频存储设备、交换机、视频监控终端及司机上下行监视器,组成一个统一的三级监视和两级控制的闭路电视监视网络。

车站/车辆段/停车场和中心之间的传输通道,采用专用传输系统提供的以太网通道。

1. 图像摄取

车站:根据轨道交通运营监视以观看客流及列车到、发为主的特点,本工程采用彩色数字高清摄像机进行图像摄取,在上下行站台、站厅、自动/人工售票处、票务室、检票口闸机处、自动扶梯处、垂直升降梯内、乘客集散厅、出入口、变电所等处设置高清摄像机。在各主变电所新设高清摄像机,摄像机摄取的图像接入邻近车站视频监视系统。

高清数字摄像机的视频信号直接经以太网交换机后接入录像存储设备及传输通道,并选择4~8路图像接入视频分析服务器进行图像分析。

图像编码方式采用H.264数字压缩编码方式。

2. 图像显示、控制

视频监视系统在控制中心及各车站与综合监控系统（ISCS）互联，图像的显示及操控由综合监控实现。视频监视系统在相应位置设置监控终端作为综合监控系统操作工作站的后备。

车站值班员监视：正常情况下由 ISCS 系统提供图像的显示及操控。在 ISCS 系统异常情况下，使用 CCTV 系统在车控室设置的监控终端，供行车和防灾值班员可选择本站任一摄像机的画面进行监视。

站台监视亭值班员监视：在站台监视亭内设置视频控制终端和监视器，供站台监视亭值班员可选择本站任一摄像机的画面进行监视。

中心调度员监视：正常情况下由 ISCS 系统提供图像的显示及操控。在 ISCS 系统异常情况下，使用 CCTV 系统在本线调度大厅内行车、防灾、电力等调度台处设置的控制终端及液晶监视器，用于中心对各车站、变电所的图像进行实时调看。

各车站数字视频信号经以太网交换机接入专用传输系统进行远距离传输。在中心设解码器，被选中的图像信号经中心数字视频解码器解码后，输出至各调度员处设置的视频显示终端设备，并对大屏幕显示墙预留 8 路视频输出。

列车司机监视：在上、下行站台列车驾驶室停车位置的一端各设置 1 台 42 英寸彩色监视器，经数字视频解码器解码后的模拟图像，通过画面处理器后直接送至司机监视器供司机观看。

3. 图像存储

在各车站设置网络视频存储设备，采用 IP SAN，采用 H.264 图像数字压缩编码方式。

在控制中心设置视频存储服务器和录像调看终端，用于录像管理和录像调看。

4. 辆段/停车场安防系统

1）视频监视系统

在车辆段/停车场周界围墙及段/场内重要区域（咽喉区、停车列检库内等）设置高清数字摄像机进行图像摄取，对任何翻越车辆段/停车场围墙的人和物进行图像监视，对段/场内重点区域工作人员的情况进行监视。

高清数字摄像机的视频信号直接经以太网交换机后接入录像存储设备及传输通道；图像编码方式采用 H.264 数字压缩编码方式。

在车辆段/停车场设置监控工作站，对车辆段/停车场的图像进行监视、调看；中心可根据需要调看车辆段/停车场各摄像机的图像及点播历史图像。

车辆段/停车场通信设备室设置视频存储设备，可对所有摄像机信号进行存储，存储时间为 15d。

周界及出入口区域摄像头增加视频分析模块，实现视频分析功能。

2）周界报警系统

周界报警系统由红外对射入侵探测器、报警主机、操作终端、网管等设备组成。

周界红外对射入侵探测器与围墙上的周界摄像机存在位置对应关系，以 1 台摄像机的监控范围为一个防区单元，每个防区单元安装 1 对 4 束红外对射入侵探测器。

在通信设备室设置报警主机，报警主机输出干接点信号联动视频监视系统，自动弹出与报警点对应的图像。

在车辆段/停车场设置操作终端（包括声光报警设备），用于对周界报警系统的操作及控制。

为便于统一管理,周界报警系统网管纳入到中心视频监视系统网管工作站当中;同时在车辆段/停车场设置周界报警网管终端设备,通过网管设备可对周界报警系统所有设备进行参数设置、编程及故障告警等综合管理。图 6-19 所示为常用摄像机,图 6-20 所示为时间、日期及字符叠加器。

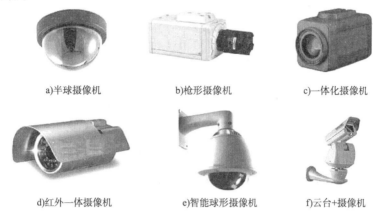

a)半球摄像机　　　　b)枪形摄像机　　　　c)一体化摄像机

d)红外一体摄像机　　e)智能球形摄像机　　f)云台+摄像机

图 6-19　常用摄像机

三、视频监视系统的控制

视频监视系统的控制,可采用以下几种方式:

1. 使用综合监控系统工作站控制

现在综合监控系统一般均集成了视频监视系统的控制功能,可通过综合监控系统工作站,选择相关视频源,并能够对云台摄像机进行控制,用以调整摄像机视场角大小,角度倾斜或进行图像拖动,并可设定优先级。综合监控工作站的界面,如图 6-21 所示。

图 6-20　时间、日期及字符叠加器

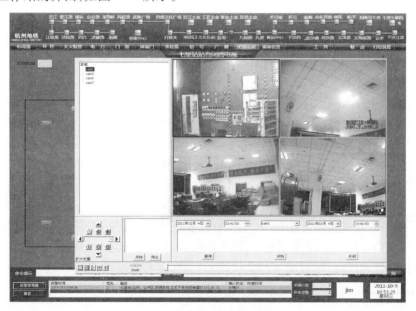

图 6-21　综合监控工作站界面

215

2. 使用后备键盘直接控制

视频监视系统配置了后备键盘,在重要时刻,可直接使用后备键盘的摇杆对带云台的摄像头进行直接控制。后备键盘实物,如图 6-22 所示。

图 6-22 视频监视系统后备键盘

任务五 广 播 系 统

广播系统作为城市轨道交通运营行车组织的必要手段,具有快速响应的能力,它用于对乘客进行广播,通知列车到站、离站、线路换乘、时刻表变化、列车晚点、安全状况等信息;在突发事故或紧急情况时,作为事故抢险、组织指挥的防灾广播,对乘客进行及时有效的疏导和指引,提高应急响应能力。此外,广播系统还可以对运营人员进行广播,发布有关通知信息,便于协同配合工作,提高服务质量。广播的作用和使用见二维码 29。

二维码 29

一、广播系统的组成和分类

1. 广播系统的组成

广播系统一般又称为扩声音响系统,其作用是将语音信息,通过扩声系统发送并能重现声音。广播系统主要由听觉系统(人的耳朵)、硬件系统(器材)、软件系统、音响系统及听音环境组成。

自然声源(如播音员的播音、演讲、乐器演奏和演唱等)所发出声音的能量是有限的,其声压随传播距离的增大而迅速衰减;由于环境噪声的影响,使声源的传播距离减至更短。因此,在公众活动场所必须用电声技术进行扩声,将声源的信号放大,提高听众区的声压级,保证每位听众能获得适当的声压级。

2. 广播系统的分类

广播系统的分类方式很多,按安装位置可分为室外广播和室内广播;按安装方式可分为流动演出广播和固定广播;按使用场所可分为公共广播、会议广播和车载广播。

(1)室外扩声系统。它主要用于体育场、广场、公园、艺术广场等。其特点是服务区域面积大、空间宽广、声音传播以直达声为主。如果四周有高楼大厦等建筑物,扬声器的布局又不尽合理,因声波多次反射而形成超过 50ms 以上的延迟,会引起双重声或多重声,甚至会出现回声等问题,影响音质清晰度和声场的定位。室外系统以语言扩声为主,兼用音乐和演出功能。音质受环境和气候条件影响大、干扰声大、条件复杂,因此需要有很大的扩声功率。

(2)室内扩声系统。它是应用最广泛的系统,包括各类剧场、礼堂、体育馆、歌舞厅、卡拉OK 厅等。其专业性较强,不仅要考虑电声技术问题,还要涉及建筑声学问题;不仅要作语言扩声,还要能供各种文艺演出使用,对音质的要求很高,受建筑声学的影响较大。

(3)流动演出广播系统。其扩声系统有固定系统和流动系统两大类。流动系统是在固定系统的声学特性条件不能满足文艺演出使用时临时安装的一种便于安装、调试和使用的高性能、轻便的扩声系统。常用于各种大型场地(如体育场、体育馆、艺术广场和大宴会厅等)作文艺演出时使用。这种系统的投资较大,通常由专业单位提供出租使用。

(4)公共广播系统。它为城市轨道交通、机场、宾馆、商厦和各类大楼提供背景音乐和广播节目;同时又兼有应急广播的功能。公共广播系统的控制功能较多,如选区广播和全呼功能、强切功能、优选广播权功能等。

(5)会议广播系统。它包括会议讨论系统、表决系统和同声传译系统。近年来发展很快,广泛用于会议中心、宾馆、集团公司、会场和大学教室等场所。

(6)车载广播系统。车载广播包括公交车广播、城市轨道交通列车用车载广播等。车载广播一般为乘客提供到站及换乘信息和一些背景音乐等。

3. 广播系统设备的基本组成

广播系统一般由音源、放大和扬声系统组成,如图6-23所示。其音响效果与系统的配置有关,也与播放环境有密切关系。

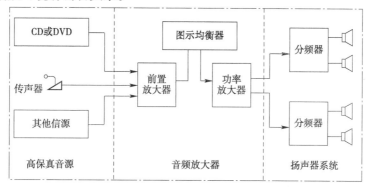

图6-23 广播系统设备示意图

二、广播系统在城市轨道交通的应用

轨道交通广播系统由正线广播系统、车辆段/停车场广播系统、列车广播系统组成。

1. 系统功能

正线广播系统主要用于向控制中心和各车站的运营管理、维护人员播发相关公务信息,向乘客播报各种公告信息,包括列车运营信息、乘客服务信息等,同时兼做发生灾害事故时的应急广播。

车辆段/停车场广播系统为一套独立的区域广播系统,供车辆段/停车场运转值班员对运用库播音区进行定向语音广播、现场工作人员通过设于库内四周墙上的插播控制盒插入询问应答播音,专为车辆段有关值班人员在车辆段内进行调车和检查作业而独立设置的广播系统。

列车广播系统主要用于向乘客播报各种公告信息,同时兼做发生灾害事故时的应急广播。列车广播设备有自动和人工两种播音方式,可接受控制中心调度员通过无线通信系统对运行列车进行广播。列车广播系统由车辆专业及车辆供应商负责实施。

正线广播系统采用车站和控制中心两级控制方式。正常情况下控制中心的播音优先权高于车站,可实现人工和自动方式进行广播。应急时根据"就近原则",站台、车站广播具有更高优先权。

控制中心级可以向各车站发送各种广播信息,可以单选、组选、全选任意车站的任意广播区域进行广播;控制中心在进行广播的同时,可以同步录音,并记录广播的日期和时间;控制中心广播控制设备可预设常用的广播内容,方便和规范中心人员对车站的广播。

车站级广播用于向本站乘客提供列车停靠、进出站信息、安全提示、导向、音乐以及向工作人员播发通知等。车站广播设有自动、手动和应急广播模式;广播内容采用定型语音合成和人工直播方式,广播内容应至少能够采用英语、普通话播出;车站值班员在车站播音控制盒上可进行信源、广播区域的选择;系统设有监听功能,在站台、出入站口设置噪声自动检测音量回授装置,根据现场情况人工或自动调节输出音量;在站台设置广播插播盒,供站台工作人员在必要时对本区域进行定向广播;具有自我检测功能,能对系统内部的设备进行故障大致定位,检测结果送监测管理系统。

正线广播系统设维护检测终端,用于监测系统的工作状态,并对各车站进行远程测试。

车辆段/停车场广播系统用于车辆段内辅助有关值班员控制作业和生产调度。

本线运营时,控制中心和车站两级广播系统的播音和操控由 ISCS 实施集成,本系统提供播音控制盒作后备。

2. 系统构成

1)正线广播系统构成

正线广播系统由控制中心中央级广播设备和系统监控设备、车站级广播设备及传输通道构成二级控制广播网。

(1)中央级广播系统。控制中心广播系统设备由广播控制设备、各调度台播音控制盒(含话筒)、信源设备、通信接口装置、状态显示装置、数字录音装置(也可以接入专用电话系统的数字录音设备)、电源等组成。

各调度台广播控制盒作为相应的调度工作站的后备控制方式,ISCS 调度员工作站完成正常的广播监控功能。

控制中心设置正线广播系统集中监控终端一套,用于监测整个广播系统的工作状态。

(2)车站级广播系统。车站广播设备由播音控制盒(含话筒)、信源设备、控制器、功放立柜、站台插播盒、音量回授控制设备以及扬声器等组成,其中控制器带有远程播音控制接口。

车站播音区按上行站台、下行站台、站厅、办公及出入口区域 5 个区域进行设置。每个播音区采用二路扬声器按奇偶跨接法连接,当 1 路发生故障时,保证另 1 路能正常工作。为了提高广播的清晰度,站台和站厅播音区扬声器以小功率大密度的方式布置,扬声器功率为 5W,吊顶内主要采用吸顶镶嵌式安装方式;办公区扬声器设在相应的办公管理用房和走道,采用吸顶式及壁挂式扬声器,功率为 1W。

在每个车站站台上设置站台插播盒,供站台服务人员对本站台区域进行广播,对区域进行疏导管理。

为保证语音的清晰度,保证声场的强度和播音信噪比,在各车站的站厅、站台层设置噪声探测器,自动调节播音域音量的大小。噪声探测器按每回路 1 个设计。

城市轨道交通线路的播音及操控由 ISCS 系统实施集成,广播设备均通过 ISCS 系统的 FEP 设备接入 ISCS 系统;本系统的播音控制盒(含话筒)作为后备,又称为后备操作盒;后备操作盒设在控制中心行车调度、环控调度、总调度和各车站值班员处。

(3)传输通道。控制中心广播控制设备与车站广播设备间传输的信息,包括广播语音信息和广播控制信息。控制中心至各车站之间采用 10M 以太网通道方案。

2)车辆段/停车场广播系统构成

车辆段/停车场广播系统是车辆段内部的独立广播系统,供室内值班员、调度员等生产指挥人员向室外流动的工作人员发布作业命令及有关安全通告等,在灾害时可作为防灾广播。

通常使用广播系统的人员是:信号楼行车值班员、运用库运转值班员、列检值班员及防灾值班室等,均配置有广播控制盒。运转值班员的广播操作台应具备对其播音区的监听功能。

室外流动的工作人员也可通过语音插播盒向本播音区进行广播。

系统由播音控制盒、功放及控制、扬声器网(含广播电缆)、现场的语音插播盒等设备组成。功放及控制立柜一般设在车辆段/停车场通信设备室。室外一般设置15W音柱,库内设置10W音柱,室内设置1W或3W的纸盆式扬声器。

车辆段/停车场广播系统的播音及操控也是由综合监控系统实施集成;但车辆段广播是独立的广播系统,不接受控制中心广播系统的远程播音控制。

3)列车广播系统构成

列车广播系统是列车的一部分,由列车供应商负责配置,但需预留与信号系统及无线通信系统的接口,便于触发自动广播及接入控制中心调度员对运营列车的紧急广播。

广播系统的构成方案,如图6-24所示。

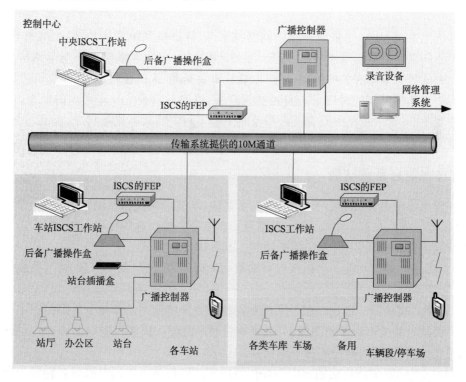

图6-24 广播系统的构成方案

三、广播系统的控制

广播系统由控制中心和车站两级控制,正常情况下以车站广播为主;事故抢险、组织指挥,以控制中心防灾广播为主。为了运营防灾的需要,控制中心环控调度员有最高优先权。

在优先级上,环控调度高于行车调度,行车调度高于维修调度,控制中心调度员高于车站值班员、站长广播台高于站台广播员。同一广播优先级是,预存语音信箱高于人工广播,通常在预存信息中防灾广播优先级最高。当多等级信息相继触发时,正在播放广播中断,自动进入按序等待状态。

广播系统主要由中央智能广播台、站长广播台、站台广播台、桌面广播台、车站广播和车辆段广播组成。

(1)中央智能广播台。它设置在控制中心,具有语言、信号等控制能力,供环控调度、行车调度、维修调度使用;紧急情况时,调度人员可对中心和车站任何区域广播。

(2)站长广播台。它设于车站控制室,具有语音、信号及各种控制功能;它包括人工广播、线路广播、预存广播,车站值班员可对站台、站厅、办公区广播。

(3)站台广播台。它为全天候、有防护门的对讲台,可以防水并在恶劣环境下使用。站台广播设于站台中部的墙上,每个站台一个,对站台定向广播;轨旁广播设于车辆段及地面站轨道沿线,对检修区域定向广播。

(4)桌面广播台。它为车辆段范围的通号楼、检修楼、运用库,对车辆段道岔群、检修主厂房、运用库定向广播。

任务六　乘客信息系统

乘客信息系统(PIS)是依托多媒体网络技术,以计算机系统为核心,以车站和车载显示终端为媒介向乘客提供信息服务的系统。系统不但可以向乘客播放地铁列车到达预告、换乘信息及时间等与乘车有关的信息,还可以播放重要新闻、天气预报、广告等资讯信息。

乘客信息系统可实现对列车的实时视频监视,将列车驾驶室及车厢内的监控画面实时传送到控制中心;便于控制中心有关人员及时了解车厢内的乘客流量状况,提高运营管理水平及安全管理能力。乘客信息系统的使用见二维码30。

二维码30

一、乘客信息系统功能

乘客信息系统由分线中心子系统、车站子系统、车载子系统以及网络子系统组成;信源的采编在控制中心完成,车站及列车主要完成信息的接收与播放功能,同时具有监视车厢内异常情况的功能。其具体功能如下:

(1)运营信息播放功能。可以接收并播放列车时间表、列车到发信息、换乘路线信息、乘客须知、公告等。

(2)视频监视功能。通过车载子系统和网络子系统将列车的图像上传到控制中心;中心调度员可以同时监视多列车的图像,可选择调看列车的任一摄像机摄取的图像,可用各种时序自动循环切换,也可由操作人员手动切换。

(3)预先设定紧急信息功能。中心操作员或车站操作员可以即时编辑各种警告信息,发布至指定的显示屏播放乘客警告信息及人流疏导信息;为应对紧急情况,可以预先设定多种紧急告警模式,方便自动或人工触发,出现紧急情况时,由综合监控系统或人工触发。

(4)形象宣传功能。通过形象视频、图片、文字的播出,可以为城市轨道交通带来更多的形象宣传,提升其形象与地位。

(5)广告播出管理功能。可以预先编辑好各种商业广告节目,通过广告审片/广告管理工作站,编辑时间表指定广告节目的播放顺序及播放位置,最后将时间表和广告节目数据发布至指定终端显示屏。还可以提供完善的广告合同管理功能,对广告播出收益具有计时、统计、查询、收费进行管理等。

(6)播放控制功能。可按播放列表定时自动播放;还可以进行优先级播放,多路播放。

(7)系统管理功能。具有用户权限管理及系统监控管理功能。

(8)资讯服务功能。乘客通过设在车站付费区的信息查询终端的触摸屏,查询预定义的、实时更新的信息。

二、技术要求

PIS 系统所需通道主要由两部分构成:一是控制中心至车站之间的有线通道;二是车站至列车之间的无线通道。

1. 有线通道带宽要求

PIS 系统有线通道所需带宽主要由两部分构成,中央至车站和列车下传信息所需带宽,列车至中央上传视频信息所需带宽。下传至车站高清质量 MPEG-2 彩色活动图像的带宽为 30Mb/s 计算,全线按广播方式考虑;下传至列车的图像按每路高质量 MPEG-2 彩色活动标清图像的带宽为 6Mb/s 计算,下传图像按广播方式考虑;全线列车播放同样的图像,下传带宽为 6M。上传一般按每列车同时有两路 MPEG-4 或 H.264 彩色图像计算,每列车共需 2×2Mb/s;考虑到以太网的传输效率,本次 PIS 系统中央至车站之间的有线通道带宽按 400Mb/s 考虑。

2. 无线网络要求

(1)应保证无线(移动)宽带网的信号场强能够在全线无缝覆盖。

(2)移动宽带网络系统应充分考虑列车在高速情况下的切换问题(80km/h),保证在车上的实时播放不中断(切换时间应小于 50ms),且播放质量不受影响。

(3)车-地无线网络的有效带宽应满足每列车同时上传 2 路视频(4Mb/s)及下传 1 路标清视频信号(6Mb/s),无线带宽应有 QoS 分级控制。所传图像要顺畅清晰,不能出现画面中断或跳播现象;图像压缩编码可以是 MPEG-4 或 H.264 格式。车-地无线网络的有效带宽至少 13Mb/s 以上。

(4)移动宽带网系统的空中接口、频点范围和加密措施,应满足国家有关标准和规定。

(5)系统应采取安全措施以保证系统数据安全。系统应能防止外部对传输数据的破坏和操控,确保数据安全。同时,在正常使用时不应对其他系统造成影响。

三、乘客信息系统的构成

PIS 系统主要由中心子系统、车站子系统、车载子系统、网络子系统等构成。

1. 中心子系统构成

中心子系统由中心交换机、中心数据服务器、视频服务器、磁盘阵列、切换矩阵、直播数字电视编码器、接口服务器、操作员工作站、系统管理工作站、车载视频监控服务器及监视器,以及有关软件等构成。

中心服务器负责发布图文资讯信息、播表/版式信息、设备控制指令,负责收集设备状态信息、系统日志等信息;同时中心服务器对以上信息进行统一存储。存储的数据和信息能够通过中心各功能工作站进行查询和管理,操作员工作站将图文资讯信息和播表/版式信息存储到中心服务器。

由中心服务器负责向车站子系统和车载子系统进行发布,操作员工作站的设备控制指令由中心服务器负责执行;中心服务器收集系统内全部设备的状态信息,并提交网管工作站进行监控;中心服务器还负责存储系统每天生成的各种日志文件。

视频服务器负责对视音频资讯信息进行存储和发布。视音频系统以视频服务器为核心构成了采集、存储、播出、编码一体化的系统;周边设备包括视音频矩阵和直播数字电视编码器。系统的控制由播控工作站来完成。视音频矩阵为视音频信号在各设备间的输入和输出做路由指派。所有的信号源的输出都进入视音频矩阵的输入端口,再由矩阵的输出口送出一路选定的信号源给直播数字电视编码器,作为直播信号。同时,视频流服务器的输入和输出通道口也都接入视音频矩阵,在运营时可以利用视频流服务器作为缓存做延时播出,提高系统播出的安全性;在非运营时可以利用视频流服务器采集备播的视音频素材。

接口服务器实现 PIS 系统与时钟系统、信号系统、广播系统、自动售检票系统、火灾自动报警系统等系统的互联,实现信息共享与互传。

车载视频监控服务器实现控制中心对多列车监控图像的任一路或多路图像进行实时调看,可用各种时序自动循环切换,也可由操作人员手动切换。

PIS 系统通过接口服务器与综合监控系统互联,车载视频监控图像在控制中心的显示及操控终端由 ISCS 实施集成,图像显示在 ISCS 的工作站及综合大屏幕上。PIS 车载视频监控系统设置后备监视器。

PIS 系统软件是基于 C/S 结构实现,中心服务器是整体系统的服务核心,完成包括本身中心子系统、每一车站子系统、网络子系统的各项管理及其他功能。每一车站的车站服务器集中管理本车站内的所有系统节点,各车站服务器接入中心服务器。系统应用软件采用 C/S 的构架。

2. 车站子系统构成

车站子系统由车站交换机、车站服务器、媒体播放控制器、车站操作员工作站、显示屏等构成。

LCD 显示器的大小建议站台按 42 英寸,站厅按 50 英寸考虑。在每边站台各设三组(共 6 台)LCD 显示器;在站厅相应位置设 4 台 LCD 显示器;LED 显示屏按每个出口一个及上下扶梯口(对面)一个考虑,8 块/站。

显示的主要内容,如表 6-4 所示。

显示屏安装位置及显示内容表 表 6-4

显示内容类别	内容简述	进、出站显示屏(LED)	站厅显示屏(LCD)	站台显示屏(LCD)	车厢显示屏(LCD)	司机显示屏(LCD)	控制中心监视屏
公告	运营管理者向乘客发布的公告	√	√	√	√		
乘客须知	完整乘客须知						
	摘要乘客须知	√	√	√			
日期和时钟	日期信息	√	√	√			
	时间信息(数字式或模拟式)	√	√	√	√		

续上表

显示内容类别	内容简述	进、出站显示屏(LED)	站厅显示屏(LCD)	站台显示屏(LCD)	车厢显示屏(LCD)	司机显示屏(LCD)	控制中心监视屏
专业服务	提示信息		√				
	列车信息	√	√	√	√		
	首末车时间	√	√		√		
	列车时刻		√				
			√	√			
	乘降提示信息			√			
提示	温馨提示	√	√	√	√		
公共服务	天气预报		√	√	√		
	股市行情		√	√	√		
	电视节目转播		√	√	√		
	实时新闻		√	√	√		
	换乘信息		√	√			
广告	商业广告	√	√	√	√		
公益	公益信息	√	√	√	√		
监视	车厢情况监视					√	√

车站子系统软件由车站服务器软件及显示控制器软件组成。

3. 车载子系统构成

车站子系统主要包括天线、车载无线设备、车载信息播出系统和车载视频监视系统。

车载信息播出系统主要由 LCD 显示控制器、分屏器、LCD 显示器等构成；车载视频监视系统主要由视频服务器(带存储功能)、摄像机、视频监视器(带触摸屏)、交换机等构成。

车载设备主要负责通过移动传输网络设备接收发布列车运营信息、紧急信息以及其他乘客服务信息等内容；通过车载 LCD 显示控制器进行解码合成后，在本列车的所有 LCD 显示屏上实时播放。车载信息显示系统能够实时播放各种信息。

每节车厢设 8 个 19 英寸的 LCD 显示器，配备一台八分屏器(列车数模转换分配设备)；两端驾驶室还要各设置一台控制器及 LCD 视频监视器，LCD 显示控制器软件功能与车站显示控制器软件基本相同。

车载视频监视系统，在列车两端驾驶室设置的司机监视器，车辆客室两端分设一体化数字球机，实现对客室的视频监视。同时，利用 PIS 的车-地间无线通道将运营车辆的情况传送至车站或控制中心。

4. 网络子系统构成

网络子系统主要由中心至车站的有线网络及车-地无线局域网组成；中心至车站的有线网络利用专用通信系统的以太网通道，车-地无线局域网主要由中心的无线控制器、无线接入点(AP)、天线、光纤收发器、光缆等设备和线路组成。

无线网络覆盖采用天线时，轨旁和列车采用的天线都为定向天线。由于无线电波在隧道中传播时具有隧道效应，信号传播是墙壁反射与直射的结果，直射为主要分量。

5. 车辆段/停车场 PIS 设备

车辆段/停车场 PIS 设备主要负责从控制中心接收、下载数据；然后将数据通过移动存储介质和无线传输网络设备向车载 PIS 传送数据。车辆段/停车场设备主要由车辆段服务器、工作站、无线局域网设备等组成。车辆段/停车场 PIS 设备主要技术指标基本同车站子系统。

任务七　时　钟　系　统

时钟系统主要为生产人员、乘客和其他自动化系统提供标准的时间信号。

一、系统功能

时钟系统为控制中心、车站、车辆段等各部门工作人员及乘客提供统一的标准时间信息。

(1)时钟系统为轨道交通 ISCS、SCADA、ACS、AFC、信号等系统提供高精度的时钟信号,信号的精度均可满足各系统要求。

(2)同步校对。中心一级母钟设备接收 GPS 或上一级的标准时间信号,产生精确的同步时间码;通过传输通道向各车站、车辆段的二级母钟传送,统一校准二级母钟。二级母钟在传输通道中断的情况下,应能独立正常工作,产生各子钟的驱动信息,使各子钟能够进行正常的时间显示。

(3)时间显示。中心一级母钟和二级母钟均按时、分、秒格式显示时间。指针式子钟显示时、分;数字子钟显示时、分、秒(或可选用带日期显示)。

(4)日期显示。中心母钟应产生全时标信息,格式为年、月、日、星期、时、分、秒、毫秒,并能在设备上显示。

二、系统构成

时钟系统主要由中心一级母钟,车站二级母钟及子钟设备组成。

1.一级母钟

控制中心设有一级母钟及 GPS 接收设备。控制中心一级母钟和车站(车辆段、停车场)二级母钟之间的信息通道采用传输系统提供的数据通道,统一校准二级母钟。

2.二级母钟

在车站、停车场、车辆段设置二级母钟,定时接收一级母钟发送的标准时间编码信息,消除累计误差,与中心一级母钟保持同步,并向中心设备回馈本地二级母钟及子钟的工作信息。二级母钟本身具备晶体振荡源,当一级母钟或传输通道发生故障时,仍可继续驱动子钟工作并记录故障信息。二级母钟可以输出时间驱动信号,用于驱动本地的所有子钟。

3.子钟

子钟安装于各车站、车辆段综合控制室、控制中心、各变电所及有关的办公场所等,为运营部门和乘客提供准确、统一的时间信息,并可将子钟自身状态信息回馈给二级母钟。子钟本身具备晶体振荡源,在脱离母钟时能够单独运行。由于站台设置的乘客信息显示屏已具备子钟的功能,车站公共区不独立设置为乘客显示时间信息的子钟。

子钟有数显式子钟和指针式子钟两种类型,行车部门、有关办公部门采用数显式子钟。所有子钟设备应能够适应室内外温、湿度的变化,以保证常年稳定工作。

4. 同步

控制中心设置通信综合定时供给系统 BITS。BITS 时钟源为 GPS + 时钟方式，GPS 信号与一级母钟同源。

5. 网管系统

在控制中心新设本工程的时钟系统的网管，将时钟系统的网管纳入到控制中心新建的集中监测告警系统中，实现集中监测告警。维护人员通过集中监测告警系统可以监控二级母钟和子钟的工作状况。

6. 传输通道及接口

一级母钟与二级母钟间的联络通道由通信传输系统提供，接口为 RJ45，通过以太网网络传输，利用网络的 NTP 协议，一级母钟提供标准时间信号给以太网网络，二级母钟通过网络获得时间信息。接口为 10/100Base-Tx 以太网接口。二级母钟与子钟间仍然通过电缆连接。

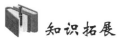

广州地铁的广播系统实例

广州地铁车卡内报站语言依次为普通话、粤语和英语。报站完毕后会使用普通话介绍站点附近的道路、地方、机构、建筑物（部分由商家赞助）。5 号线开通后还在最后用普通话加上一句"列车即将到达××站"，后来其他线路也加上了这句。及后再在原句后面加上"请小心列车与站台之间的空隙"，而部分客流量大车站会再在列车上播出"请需要下车的乘客提前到达车门处做好准备"和安全提示、文明提示的广播，但同样只以普通话播放。

与香港地铁、深圳地铁相比，广州地铁报站冗长且累赘。首先香港地铁在任何情况下都不会使用单一语种广播，无论安全警示又抑或普通报站，都有三语广播（依次为粤英普），车卡广播也没有介绍附近商家的赞助服务。而广州地铁的普粤英比例不平等情况严重，虽所有车站站台在列车到站后都有以普通话、粤语及英语的欢迎广播提示提醒到站乘客，但部分车卡及车站的安全提示、部分转乘指引（3 号线体育西路报站只有普英），以及车站手扶电梯附近的扩音机安全警示（6 号线各站除外），都只有普通话。因为对邻近赞助商家的广播占用太多时间，行车方向、安全提示、文明提示等广播就因此只能使用普通话。（普通话和粤语）下一站东山口可转乘 6 号线。

英语：The next station is Dongshankou, the interchange with line 6.

普通话介绍周边环境；

普通话播报地铁安全信息及注意事项；

普通话：列车即将到达东山口站，请小心列车与站台之间的空隙。

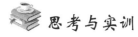

实训 6-1 调度电话使用操作

一、实训目标

认知调度电话盘面，熟练使用调度电话模拟操作。

二、实训设备

调度电话一台，沟通分机若干。

三、实训步骤

1. 盘面介绍

盘面介绍，如图 6-25 所示。

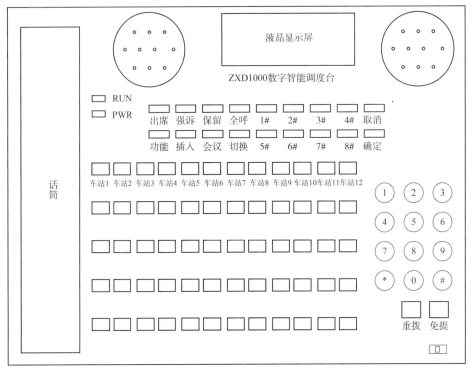

图 6-25 调度电话的盘面

(1) 显示屏。中文显示呼叫车站、来电号码、日期、时间和通话的状态。

(2) "1~8号"分组。组呼已储存的组，每组可储存不多于30个调度电话。

(3) 会议。可以同时选定多个号码（通过固定车站键选定）进行电话会议，调度员可控制调度分机能否发话，并可对各调度分机送话。

(4) 保留。正在通话中，有另一方呼叫，用该键后，不挂断前者，即可与另一方通话。

(5) 重拨。重复拨号。

(6) 免提。用扩音器通话。

(7) 取消。中断通话、取消拨号（每按一下取消一位所拨的号码）。

(8) 固定车站键。每个车站固定一个按键，需要与该站通话时，直接按该按键。

(9) 两路分机。每一门调度电话都有两路分机，两路分机可以进行切换并能同时通话，互不干扰。

(10) 分机1。分机1使用话筒进行通话，能够使用所有的通话功能。

(11) 分机2。分机2使用免提进行通话，能够使用所有的通话功能。

2. 主要操作

(1) 单个呼叫。直接按固定车站号码键即可接通；也可通过拨号按键呼叫，呼叫前先拿起话筒或按免提键。

(2) 组呼。可以选固定组，按相关固定键。

(3) 全呼。按全呼键，可以接通全部车站调度电话分机。

（4）切换。用分机1在与一组车站进行通话时，如果需要再和另外的一组车站通话可以按切换键，将通话切换到分机2；切换后无须再按其他键即可使用免提进行通话。

（5）呼入。当有电话呼入时，该站固定按键上方的红色指示灯会闪亮，按一下该键即可接听；接听时无须断开其他通话，自动保持通话连接。

实训6-2　绘制地面广播系统示意图

一、实训目标
通过绘制地面广播系统示意图，了解地面广播系统的构成和现场运用能力。

二、实训设备
绘图工具，A4纸若干，地面广播系统示意图一张。

三、实训步骤

1. 了解地面广播系统的组成

地面广播系统一般由车站设备、传输线路和控制中心设备组成，如图6-26所示。

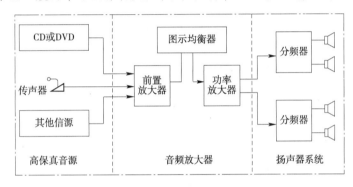

图6-26　地面广播系统的组成

（1）车站广播系统设备

车站广播系统由车站值班员操作，通过操作车站广播控制台的键盘对信源、广播区、控制模式进行选择，对车站各广播区定向广播。

①选区广播功能：控制台可对车站内的4个广播控制区的单一区域、多个区域或全部区域进行广播。

②播放声源选区功能：控制台可通过按键选取声源，声源的种类包括传声器、语音合成、CD或DVD播放机。

③音量调整功能：播音人员可通过控制台音量按键来调节扬声器的音量，有些系统还具有自动调节音量的功能。其工作原理是：系统安装噪声检测控制器，用来采集广播声场的背景噪声，向车站广播控制设备提供量化后的噪声电平数据。根据噪声的大小计算后自动调整音频信号的幅度，使现场的声音保持一定的强度，达到良好的收听效果。

④优先级功能：站台广播控制台是为站台值班人员进行广播而设置的，当其正在广播时，车站控制室内控制台可直接强拆其广播进行播音，车站广播控制台具有高优先级广播功能。

⑤监听选择功能：中心控制调度员可选择监听各车站广播区工作状态与广播内容；车站值班员可监听本站广播区工作状态和广播内容。

⑥语音合成广播功能：车站的日常业务广播用语及专业用语可录制在语音合成储存器内，播音员通过键盘操作控制台播放已经存储的话音。

(2)控制中心广播系统设备

控制中心设备主要由调度人员操作,控制中心可对任意一个或多个车站的任意广播区进行广播,可对车站播放语音进行监听等。

(3)传输线路

广播系统传输线路包括两部分:一部分为本地传输线路,另一部分为控制中心到车站的传输线路。

(4)自动广播设备

随着城市轨道交通系统中通信与信号新技术的应用发展,二者之间的联系越来越紧密。有些信号系统可向广播系统提供列车进出站触发信号,广播系统设备将这些信号转化后,由广播控制台启动自动广播设备进行全自动广播。其内容包括:列车停靠、进出站信息,安全提示和向导信息。

2. 掌握车站广播控制台的工作模式

车站广播控制台操作

车站广播控制台面板上设有传声器、液晶显示屏、键盘区等设施,键盘区分为信源选择键、广播区编组键和语音合成选择键、监听控制功能键、应急广播操作键等。下面介绍其常用的工作模式。

(1)语音合成选广播区模式。

①广播区编组。在车站广播控制台上可实现向本站的单一区域、多个区域、全部区域进行语音合成广播。如图6-27所示,广播区编组键,可通过编组键对几个区域进行编组广播,也可通过删除键将已编好的广播组删除,重新编组。

②语音合成。语音合成键是将编制好的语音信息播送出去,如图6-28所示,播放时选择需要播放的信息数字键即可,停止时按"停播键"。

图6-27 广播区编组键

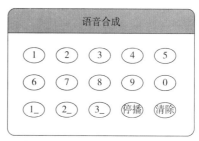
图6-28 语音合成按键

③语音播送。如果需要对已经编好组的"1""2"广播区进行播音,内容为语音合成中的信息"3",按以下顺序即可进行播音,如图6-29所示。

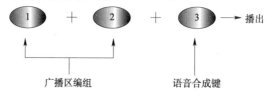
图6-29 语音合成播送过程

(2)传声器广播模式

在广播控制台上选择话筒按键;再选择播放区域,即可对所选择的区域进行人工广播,如图6-30所示。

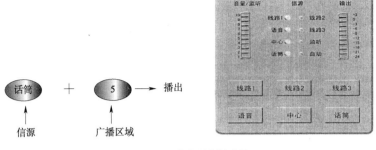

图 6-30 传声器广播过程

 思考题

1. 专用通信子系统包括哪些内容？
2. 通信传输系统能实现哪些功能？
3. 什么是专用电话系统？可以实现哪些功能？
4. 无线通信系统有哪些功能？
5. 如何对视频监视系统进行控制？
6. 闭路电视系统有哪些功能？
7. 什么是乘客信息系统？由哪些构成？
8. 乘客信息系统实现哪些功能？
9. 时钟系统的构成及功能有哪些？

《城市轨道交通通信信号设备运用》课程标准

1 前言

随着城市轨道交通建设的提速,城市轨道交通已快步进入高速时代,有了质的飞跃,城市轨道交通信号与通信设备的地位日渐突出。计算机技术、网络技术、现代通信技术的发展,城市轨道交通信号与通信现代化越来越成为现代化的重要标志,是实现城市轨道交通行车向高速度、高密度和重载发展的重要保证。随着城市轨道交通现代化的发展,信号与通信设备在城市轨道交通运输中担负着越来越重要的作用,在对国外技术的引进、消化、吸收、再创新的基础上,我国城市轨道交通的新设备不断出现,有关规章不断更新完善,对行车岗位人员的专业素质和工作技能提出了更高的要求。

1.1 课程定位

《城市轨道交通通信信号设备运用》课程是城市轨道交通运营管理专业(三年制)的专业必修课程,在专业教学课程体系是一门专业基础课程。其先修课程为《计算机基础》《大学数学》,后续课程为《城市轨道交通车站行车工作》《城市轨道交通客运组织》《城市轨道应急处理实务》。学生通过学习该课程,熟知城市轨道交通信号系统和通信系统的基本设备器材、轨道交通信号系统的基本联锁关系、轨道交通信号系统的基本闭塞原理、轨道交通列车自动控制的基本原理与控制方式等基本知识。

1.2 课程设计

基于工作过程系统化要求,按照通信信号设备在运营中的作用为载体,课程共设计六个学习单元,以各职业岗位的运营对信号通信设备设施的需求为基础,将各类运营设备设施以及自动化系统的基本知识和操作技能有机的融为一体,并将"学中做,做中学"的理实一体理念融入教学。

每个学习单元均按照事物普遍认识规律,即"由简单到复杂"的认识规律作为每个学习任务设计的基本思想,再结合各职业岗位基础能力不同的需求,将学习任务按照"认知—使用—维护"的模式进行设计,六个学习单元共形成27个学习任务,如下表所示。

《城市轨道交通通信信号设备运用》课程分析与设计表

典型工作任务	行动领域归并		学习领域转换	学习单元	设计思想	学习任务
	行动领域名称	归并原则				
◆监视行车控制台的进路开通方向、道岔位置及信号显示; ◆在实行车站控制时,按列车运行图及行车调度员下的列车运行计划办理闭塞,排列进路,开闭信号,接发列车; ◆监控线路内各车站站内情况; ◆信号设备故障时组织有关人员实行列车出入场降级运行	信号设备认知与使用	设备相同	城市轨道交通通信信号设备	城市轨道交通通信信号系统概述	基础运营设施认知	城市轨道通信信号系统认知
				城市轨道交通信号系统基础设备	相关设备的使用	继电器认知
						信号机认知
						轨道电路认知
						转辙机使用
						计轴器使用
						应答器使用
				联锁	相关设备的使用	联锁及联锁关系认知
						车站联锁设备
						车辆段联锁设备
				闭塞设备	相关设备的使用	闭塞的基本概念及组成
						自动站间闭塞设备的认知
						准移动闭塞设备的认知
						移动闭塞设备的认知
				列车自动控制系统	相关设备的使用	ATC 系统认知
						ATC 系统分类
						CBTC 系统的认知
						信号系统的后备运营
						信号系统的控制模式
				通信系统	相关设备的使用	传输系统认知
						电话系统的使用
						无线集群调度系统的使用
						视频监视系统的使用
						广播系统的使用
						乘客信息系统的使用
						时钟系统的使用

2 课程内容和要求

教学时间安排:68 学时

教学目标

学生学完本课程后应达到以下目标要求:
1. 掌握主要城市轨道交通信号设备的基本构造、工作原理及使用方法;
2. 了解主要城市轨道交通通信设备的工作原理及使用方法;
3. 正确运用 6502 电气集中联锁及计算机联锁控制台进行接、发及调车作业的有关操作;
4. 正确使用车站 ATS 工作站进行排列进路、转换道岔、开放引导、重置计轴、设定限速等相关操作。

5. 了解 ATC 系统的组成和作用。
6. 学习通信系统组成及各部分设备功能、原理

学时分配

学习项目	学时分配			
	合计	理论学时	实训	社会实践(周)
城市轨道交通通信信号系统概述	4	4	0	
城市轨道交通信号系统基础设备	16	10	6	
联锁设备	30	18	12	
闭塞	2	2	0	
列车自动控制系统	12	8	4	
通信系统	4	2	2	
总课时	68	44	24	

学习组织形式与方法
根据学习内容组织学生现场参观;按班级大概 5~7 人为一小组,组长组织组员安排角色进行实际操作;教师观察小组操作情况并考核

学业评价
1. 采用以小组评价为主,自我评价和教师评价相结合的方式。
2. 注重过程评价。
3. 关注学生的合作能力、实际动手能力。
4. 评分等级以小组为单位评为 A、B、C、D 四个等级

3 学习单元设计

学习单元		学习目标	学习内容	学时	教学方法与手段
项目一 城市轨道交通通信信号系统概述	任务一 城市轨道交通信号系统认知	了解城市轨道信号系统的特点; 了解城市轨道信号系统的组成; 了解城市轨道信号系统的地域分布; 了解信号系统的功能及实现	1.城市轨道交通信号设备的特点;城市轨道交通对信号系统的要求;城市轨道交通信号系统的特点; 2.城市轨道交通信号系统的组成;列车运行自动控制系统;车辆段联锁设备; 3.城市轨道交通信号设备的地域分布; 4.城市轨道交通信号系统的功能及实现	3	引导文教学法、演示教学法、实例讲解法
	任务二 城市轨道交通通信系统认知	了解城市轨道通信系统的特点; 了解城市轨道通信系统的组成	1.城市轨道交通对通信系统的要求;城市轨道交通通信系统的特点; 2. 城市轨道交通通信系统的组成	1	

续上表

学习单元		学习目标	学习内容	学时	教学方法与手段
项目二 城市轨道交通信号系统基础设备	任务一 继电器	了解继电器的类型、不同继电器作用；掌握继电器工作原理；会对继电器电路分析	1.继电器认知：继电器的作用；继电器的类型、工作原理； 2.继电器应用：继电器的表述；继电器线圈的使用；继电器基本电路	2	引导文教学法、演示教学法、微格教学法
	任务二 信号机	了解信号机基本结构、工作原理、类型；了解信号色含义；掌握信号机设置方法；会判断各类位置信号机作用	1.色灯信号机：色灯信号机类型、结构；信号色含义及灯光配列； 2.信号机设置：地面信号机的设置方法及含义	2	
	任务三 轨道电路	了解城市轨道交通中的轨道电路基本原理；了解轨道电路的基本结构；掌握轨道电路的工作原理；能结合联锁和闭塞概念理解轨道电路的作用	1.轨道电路认知：轨道电路的设备组成、基本原理；轨道电路的作用；轨道电路的分类；轨道电路的基本要求；交流工频轨道电路；数字轨道电路； 2.道岔区段轨道电路：道岔区段轨道电路结构的特点、工作原理及作用； 3.轨道电路的划分和命名：正线轨道电路划分；车辆段轨道电路的划分；道岔区段轨道电路命名；无岔区段轨道电路命名	4	
	任务四 转辙机	熟悉道岔使用；了解转辙机作用和基本结构；掌握转辙机的操作方式；了解新型转换设备的特点	1.道岔的认知：道岔的结构、号数、位置和状态； 2.转辙机认知：转辙机作用及分类；转辙机的设置；转辙机的操纵和锁闭； 3.转辙机手动操作：手摇道岔操作方法，步骤	4	
	任务五 计轴器	掌握计轴系统的工作原理、工作过程；了解对列车运行方向的判定过程；了解计轴系统的部件与组成；熟悉计轴器的使用	1.计轴器认知：计轴系统的基本原理；计轴器的工作过程； 2.计轴器的组成与使用：计轴器的结构；各元件作用；计轴器在城市轨道系统中的使用	2	

续上表

学习单元		学习目标	学习内容	学时	教学方法与手段
项目二 城市轨道交通信号系统基础设备	任务六 应答器	熟悉应答器在信号系统中的作用；熟悉应答器的工作原理；掌握应答器的分类	应答器的作用、分类；应答器的工作原理	2	引导文教学法、演示教学法、微格教学法
项目三 联锁设备	任务一 联锁的概念、内容及设备分类	掌握进路的概论；了解联锁的概念；掌握联锁的基本内容；掌握联锁的基本原理；掌握基本联锁设备；会分析联锁关系	1. 进路的概念：进路的分类，敌对进路的概念；2. 联锁及联锁要求：联锁的定义；联锁的要求；3. 分析联锁关系：信号、进路与道岔之间的联锁关系	2	引导文教学法、小组讨论法、头脑风暴法、教学做一体化教学法
	任务二 车辆段联锁设备	了解车辆段联锁设备技术要求；能熟练使用计算机联锁设备；能熟练使用6502电气联锁设备；能熟练进行计算机联锁设备的基本操作办理	1. 车辆段联锁设备功能；2. 6502电气集中联锁设备的使用；3. 计算机联锁设备的基本操作	14	
	任务三 正线联锁设备（CBI系统）	掌握车站进路控制；了解车站联锁设备的功能；熟悉SICAS联锁设备工作原理及操作；熟悉iLOCK联锁设备工作原理及操作	1. 正线进路控制原理；2. 车站联锁设备的功能；3. SICAS联锁设备工作原理及使用方法；4. iLOCK联锁设备工作原理及操作	14	
项目四 闭塞	任务一 闭塞的基本概念	熟悉闭塞的概念；了解闭塞种类和发展；掌握闭塞作用	1. 熟悉闭塞的概念；2. 了解闭塞种类和发展；3. 掌握闭塞作用	0.5	引导文教学法、演示教学法、微格教学法
	任务二 自动站间闭塞	能熟练使用自动闭塞设备	1. 传统自动闭塞的概念；2. 自动站间闭塞在城市轨道交通中的应用	0.5	
	任务三 准移动闭塞	能熟练使用准移动闭塞设备	1. 准移动闭塞的概念；2. 准移动闭塞的工作原理	0.5	
	任务四 移动闭塞	能熟练使用移动闭塞设备	1. 移动闭塞的概念；2. 移动闭塞的基本原理	0.5	

续上表

学习单元		学习目标	学习内容	学时	教学方法与手段
项目五 列车自动控制系统	任务一 ATC系统的认知	了解ATC系统的组成、功能；掌握ATC系统的各子系统的功能和组成	1. ATC系统的组成与功能； 2. ATP子系统的结构和功能； 3. ATO子系统的结构及功能； 4. ATS子系统的结构及功能	4	理实一体化教学法、引导文教学法、案例教学法
	任务二 ATC系统的分类	了解基于闭塞制式的ATC系统分类；掌握各类ATC系统的工作原理	1. 固定闭塞ATC系统基于传统多信息音频轨道电路的固定闭塞ATC系统工作原理；基于点式应答器的固定闭塞ATC系统工作原理； 2. 基于报文式轨道电路的准移动闭塞ATC系统工作原理； 3. 基于通信的移动闭塞ATC系统工作原理	2	
	任务三 基于通信的列车运行控制（CBTC）系统	了解CBTC系统的发展；掌握CBTC系统的实现方式；CBTC系统工作原理	1. CBTC系统的发展历程及应用； 2. CBTC系统的分类及各系统优缺点； 3. CBTC系统的工作原理； 4. 基于感应环线的CBTC系统的使用	2	
	任务四 信号系统的后备运营	了解信号系统的后备运营必要性；掌握后备运营的不同实现方式；学习信号系统后备运营模式的应用	1. 后备运营信号系统的概念及意义； 2. 后备运营信号系统的等级；联锁级后备运营信号系统的工作原理；点式ATP级后备运营信号系统的工作原理；点式ATO级后备运营信号系统的工作原理； 3. 后备运营信号系统的应用	2	
	任务五 信号系统的控制模式	掌握ATC系统的控制模式；学习不同模式之间的转换条件；掌握列车驾驶方式	1. ATC系统控制模式：控制中心调度指挥方式；车站现地控制方式；车辆段列车控制方式； 2. 各控制模式间的转换：中央转换至站控；强制转换至站控；站控转换至中央； 3. 列车运行控制模式：列车驾驶模式；各驾驶模式间的转换	2	

续上表

学习单元		学习目标	学习内容	学时	教学方法与手段
项目六 通信系统	任务一 传输系统	了解通信传输系统的结构；掌握传输系统功能	1.通信传输系统基础知识；2.通信传输系统组成及功能	4	理实一体化教学法、引导文教学法
	任务二 电话系统	能熟练使用电话系统设备	1.公务电话的使用；2.专用电话的使用		
	任务三 无线通信系统	能熟练使用无线集群调度系统设备	1.移动通信的分类；2.集群通信系统；3.无线集群调度系统应用		
	任务四 视频监视系统	能熟练使用视频监视系统设备	1.视频监视系统的基本作用；2.视频监视系统组成；3.视频监视系统的应用		
	任务五 广播系统	能熟练使用广播系统设备	1.广播系统组成；2.广播系统的应用；3.广播系统操作		
	任务六 乘客信息系统	能熟练使用乘客信息系统	1.乘客信息系统功能；2.乘客信息系统的技术要求；3.乘客信息系统的构成		
	任务七 时钟系统	能熟练使用时钟系统设备	1.时钟系统功能；2.时钟系统组成；3.时钟系统运作模式		

4 教学条件

4.1 教师团队及职业背景

(1)具备在城市轨道交通运营管理企业各运营管理职业岗位工作能力；

(2)具备熟练操作通信信号设备，处理复杂综合性事件的能力；

(3)具备熟练操作设备设施模拟控制软件的能力；

(4)具有按照先进高职教育理念组织教学(如能灵活运用项目教学法、案例教学法、引导文法、小组协作法等组织教学)，并指导学生实践的能力。

(5)具有项目设计能力、项目组织经验、项目管理经验。

4.2 教学条件配备建议

(1)信号机构：各种类型信号机构至少两套。

(2)转辙机：按照每五名学生一台配置。

(3)6502电气集中联锁设备：至少五套，并能联机工作。

(4)计算机联锁设备：至少五套，并能联机工作。

(5)轨道电路模拟软件:一套。
(6)线路设备:至少一套。
(7)多媒体课件;
(8)引导文;
(9)任务单;
(10)视频文件;
(11)电子教案。

4.3 教学评价

职业综合能力的考核评价包括专业能力、方法能力和社会能力评价三项内容。本课程采用过程考核与综合考试相结合,学生自评、互评和教师评价三者相结合,对学生的职业综合能力做出真实的评价。

4.4 课程资源的开发与利用

(1)城市轨道交通行业规范、标准、指南,城市轨道交通运营职业岗位群标准;
(2)教材、多媒体课件、课程网站、仿真软件;
(3)城市轨道交通运营管理专业图书资源(书籍、报刊、杂志、电子资源);
(4)城市轨道交通行业网站及网址;
(5)积极开发课程网络资源;
(6)行业期刊。

参 考 文 献

[1] 贾毓杰.城市轨道交通通信与信号[M].北京:机械工业出版社,2014.6.
[2] 林瑜筠.城市轨道交通信号设备[M].北京:中国铁道出版社,2006.
[3] 张利彪.城市轨道交通信号与通信系统[M].北京:人民交通出版社股份有限公司,2015.
[4] 李伟章.城市轨道交通通信[M].北京:中国铁道出版社,2009.
[5] 徐金祥.城市轨道交通信号基础[M].北京:中国铁道出版社,2010.